CITADELS of PRIDE

SEXUAL ASSAULT, ACCOUNTABILITY, and RECONCILIATION

MARTHA C. NUSSBAUM

瑪莎·納思邦 著
堯嘉寧 譯

傲慢的堡壘

重探性侵害的問題根源、
問責制的未竟之業，
以及追求性別正義的道路該如何前進？

目錄

Courant 書系總序 楊照／5
推薦序 狙擊權力濫用 王曉丹／9
前言／15
第一部分 奮鬥的場所
第一章 物化／31
把人當作物品看待
第二章 支配之惡／57
傲慢與貪婪
第三章 受害者之惡／85
憤怒成為弱點

第二部分　法律開始正視此問題

法律行動的範圍／113
第四章　性侵害的可問責性／123
簡短的法律史
第五章　傲慢的男性職場中的女性／151
性別歧視表現為性騷擾
插曲　對大學校園性侵的想法／193

第三部分　還在頑抗的堡壘：司法、藝術、運動

權力的濫用與缺乏可問責性／209
第六章　傲慢與特權／215
聯邦司法機構

第七章　自戀與免於究責／249
表演藝術
第八章　男子氣概與腐敗／301
大學體育的病態世界
結論　前進的道路／363
問責不帶惡意，寬容而非投降
謝辭／375

Courant 書系總序

楊照

進入二十一世紀，「全球化」動能沖激十多年後，我們清楚感受到最快速、最複雜的變化，其實發生在觀念的交流與纏捲上。來自不同區域、不同文化傳統、不同生活樣態的各種觀念，在「全球化」的資訊環境中無遠弗屆到處流竄，而且彼此滲透、交互影響、持續融會混同。面對這些新的、雜混的觀念，每個社會原本視之為理所當然的價值原則，相對顯得如此單純無助，失去了穩固的基礎，變得搖搖欲墜。

我們不得不面對這樣的宿命難題。一方面「全球化」瓦解了每個社會原有的範圍邊界，擴大了社會的互動領域，因而若要維持社會能夠繼續有效運作，就需要尋找共同價值，讓大家能在共同價值的追求下，發揮集體力量。但另一方面，現實中與價值觀念相關的訊息，卻正在急遽碎裂化。不只是觀念本身變得多元複雜，就連傳遞觀念的管道，也變得越來越多元。一種管道聚集一種人群，也就同時形成了一道壁壘，將這群人和其他人在觀念訊息上區隔開來。

過去形塑社會共同價值觀的兩大支柱，最近幾年都明顯失能。一根支柱是教育，共同的教育內容讓大家具備同樣的知識，接受同樣的是非善惡判斷標準。然而在世界快速變化的情況下，臺灣的教育完全跟不上步伐，只維持了表面的權威，孩子還是不能不取得教育體制所頒給的學歷證書，但骨子裡落後僵化的內容則和現實脫節得越來越遠，以至於變成了純粹外在、形式化的過程，無法碰觸到受教育者內在深刻的生命態度與信念。

另一根支柱是媒體。過去有「大眾媒體」，大量比例的人口看同樣的報紙或廣播、電視內容，流行的名人、現象、事件，可以藉由「大眾媒體」的傳播進入每個家戶，也就會從中產生主流的是非善惡判斷標準。現在雖然媒體還在，「大眾」性質卻瓦解了。媒體分眾化，在接收訊息上每個人都多了很大的自由，高度選擇條件下，每個人所選的訊息和別人的交集也就越來越少。於是賴以形成社會共同價值的共同知識都不存在了。

在特別需要冷靜判斷的時代，偏偏到處充斥著更多更強烈的片面煽情刺激。以前所說的「潮流」，一波一波輪流襲來的思想與觀念力量，現在變成了湍急且朝著多個方向前進的奔流、狂流。當下迫切需要的，因而不再只是新鮮新奇的理論或立場，而是要在奔流或狂流中，尋找出一塊可以安穩站立的石頭，讓我們能夠不被眩惑、不被帶入無法自我定位的漩渦中，居高臨下看明白周遭的真切狀況。

這個書系選書的標準，就是要介紹一些在訊息碎裂化時代，仍然堅持致力於有系統地將訊息整合為知識的成果。每一本納入這個書系的書，都必然具備雙重特性：第一是提出一種新的思想見地或主張，第二是援用廣泛的訊息支撐見地或主張，有耐心地要說服讀者接受乍看或許會認為突兀、基進的看法。也就是說，書裡所提出來的意見和書中鋪陳獲致意見的過程，同等重要。因而閱讀這樣的書，付出同樣的時間，就能有雙重的收穫——既吸收了新知，又跟隨作者走了一趟扎實的論理思考旅程。

推薦序　狙擊權力濫用

王曉丹（政治大學法學院特聘教授）

二〇一七年#MeToo運動席捲全球，納思邦從中反思，個人主義與女權運動興盛的美國社會，竟然還有這麼多權勢性侵的黑數存在。《傲慢的堡壘》描繪了美國司法界、演藝界與運動界的權力濫用，性侵害情節令人怵目驚心。這顯示出，權勢性侵的根源不是一般認為的「性」衝動，而是「權力」慾，特別是顯赫人物絕對的權力，造成的人性腐敗。作者納思邦為享譽國際的政治哲學、女性主義者，她以一貫的冷靜口吻，緩緩從加害人的情緒著手，寫出男子氣概的病理學分析。

在本書出版之前，納思邦已經寫了數本關於「法律與情緒」的著作，而且都有中譯本問世。她具有創見地主張，情緒一方面提供懲罰犯罪的正當性理由，例如對不法行為的憤怒、對我們安全的恐懼、對他人痛苦的同情，這些都勾勒了權利保護的輪廓。與此同時，噁心等情緒所構成的犯罪，也在人類歷史上造就不平等的來源。在《逃避人性：噁心、羞恥與法律》中，納思邦指出了情緒如何驅使人們運用認知與行動，將自身討厭的人視為不正常，而以犯罪將之排除於人類社會之外。《從噁心到同理》歷數同志的性行為與同婚如何被法律所不容，形成迫害。另一方面，憤怒等情緒也可能協助我們重新反思法律，《憤怒與寬恕》則將轉化的憤怒作為法律中情感價值的核心基礎。

而在《傲慢的堡壘》中，納思邦更進一步，一反過去針對社會大眾與受害者情緒，轉而從加害者的「傲慢」著手，並且使用但丁的隱喻，將這樣的人描寫為身體對摺的人。「他們雖然身而為人，卻從不曾正眼的看待其他人、承認其他人有完整的人性，他們就只盯著自己看」。納思邦的核心論點認為，男性行為不端是因為他們將女性物化——而父權社會灌輸給男性的「傲慢的惡習」是比較性的，因為整個觀點建立在認為自己比別人更好之上。而與傲慢相伴隨的，就是貪婪和嫉妒的情緒，使人們對於他人的現實視而不見。納斯邦指出，美國的男子氣概執著於通過財富和性征服來獲得「比較地位」，充滿了對於前述的自豪感，擁有女性往往被視為「金錢和地位的象徵」。這正是權勢性侵的根源。

納思邦最敏銳的洞察力是，壓迫通過扭曲女性的性情和慾望，對女性造成了極大的侮辱。事實上，正如許多思想家都曾經觀察到的，女性的個性和願望在不平等的情況下受到嚴重扼殺。納思邦指出，如果我們能夠毫髮無傷地逃離一個我們「被教育為奴性並且鼓勵剝奪自主性」的社會，那才令人震驚。認真對待父權制的危害，就是要認真看待腐蝕受害者的程度。更令人擔憂的是，生活在父權制下的女性往往會發展出社會科學家埃爾斯特（Elster）所說的「適應性偏好」，或對所謂的「酸葡萄」的品味——暗指伊索寓言中的一隻狐狸，很快就知道葡萄對牠來說是遙不可及的，就讓自己學會不想要它們，並稱之為「酸的」。女性學會以酸葡萄為生，忘記了她們曾經有能力渴望更豐富的食物，表現出統治者賦予自己的形象。噁心情緒的自貶、羞恥情緒的認可、憤怒情緒的迴避，這些都可能是回應壓迫體制的一種表現，無助於社會與侵害體制的和解。我們欣賞傲慢的自戀者，追求被肯定的向上心，都可能被利用，構成權勢性侵的溫床。

《傲慢的堡壘》主張具體的法律和文化改革，以減少性暴力的普遍性。其中包括更深入地鞏固和理解「不」就是「不」的原則，以及工作場所不受掠奪的權利。因為納思邦的分析，我們得以檢視，權勢性侵包藏在正常、進步、向上體制的情緒控制之中，造就出等級制度下人與人的疏離與異化，破壞了權勢性侵法律的可問責性。納思邦具有一種罕見的能力，可以在複雜的道德情況下表達真正的同情心，並闡明這種同情心需要什麼。她認為，在某些情況下，對施虐者進行仔細狙擊的懲罰確實可以產生威懾和教育效果。讀者可以從這本書中尋找靈感，思索性侵害和性騷擾司法改革的方向。

邀請大家一起閱讀這本好讀的哲學書，淺白卻寓有深意。這將是一場學習辨識傲慢堡壘的旅程，理解它對我們性情的侵蝕。納思邦以晶瑩剔透的寫作引證但丁和亞里斯多德，提醒我們，善與惡是經過反覆練習之後，所形成的情緒與選擇模式。我們應努力瞄準並狙擊權力濫用，讓罪惡現形。

獻給瑞秋・納斯邦・威契特（Rachel Nussbaum Wichert, 1972 - 2019）

前言

對美國的男女而言，現在是一個革命的時代，最近出現的一連串證言，顯示美國社會從幾代以來一直隱藏著性暴力和性騷擾的文化。有太多、太多女性只被當作是供男性娛樂和使用的物件——她們的尊嚴被踐踏，她們內心的經歷遭到無視。這個問題存在已久，而它現在正用一種新的方式來到眾人關注的鎂光燈下，激勵所有美國人不能忘記女性也需要正義、需要平等的尊重，這個需求已經被忽略太久了。美國社會的正確行徑和基本正義都還在未定之天。

二〇一七年展開了#MeToo運動，它帶來的其實不是什麼新資訊。在超過五十年的時間中，美國女性一直在訴說她們遭到性暴力和職場騷擾的故事，希望替所有女性追求正義，還有許多富創造力和堅定的律師與決策者，致力於重新形塑刑法和民法，以便更適合於解決性侵害（屬於刑事犯罪）和性騷擾的問題（性騷擾在美國屬於《一九六四年民權法案〔*Civil Rights Act of 1964*〕第七章》的範疇，它被定義為性別歧視的民事違法行為）。本書的目的之一是說出一些經常被忽略的故事，讓我們理解美國通往正義的道路十分漫長，正義之路是由許多無名英雄堆砌而成，不只是最近的這些名人——雖然他／她們的貢獻當然也不可小覷。

美國這場未竟的性別平等革命多年來已經有所進展，#MeToo運動又帶來更多進步。不過要走到完全的可問責性（accountability），還有巨大的障礙。本書的第二個重要目的是標示出那些抵死不從的領域，並且分析何以他們如此抗拒改革。我認為貪婪是一大阻礙：那些看起來難以取代的男性和能夠為其他人賺進大把鈔票的男性（尤其是在運動界和藝術及媒體界），還是很可能規避完全的問責，得以掩蓋他們的罪行。聯邦司法機構則是另一個同樣可以規避的領域——對那些利益攸關的人而言，其中的大人物似乎也同樣不可或缺——至少到很近期為止，這個領域的改革都還遠遠不夠。貪婪造成可問責性的缺陷，這需要制度和結構性的解決方針，我也會針對各個領域提出一些解決方針。

最重要的是，我認為傲慢的惡習依然存在，只把女性視為物件、不認為她們可以享有同等尊重和完全自主的想法，仍然是再常見不過。我將在後文詳細描述傲慢的邪惡包括認為自己優於其他人、其他人不是完全真實存在的人。美國歷史中幾個最深層的問題，在它們的源頭都可以發現這種邪惡——包括種族的傲慢和特權，還有對階級構成的冷漠和蔑視。傲慢絕對會支配男女之間的關係。具優勢地位的男性拒絕承認女性是完整、平等的個人，也抗拒制定法律，讓女性捍衛身體的完整性、聲稱自己擁有主體性。就算已經計劃要制定這些法律了，許多男性仍然不願意受到規範，他們會創設自己的基地——能夠保護其傲慢的堡壘——繼續規避問責。

和其他重大的社會政治革命一樣，我們也正處於「最好的時代」，這意謂著完全正義的希望正在萌芽。但它也是「最壞的時代」——一個充滿痛苦和騷亂的時代——既定的模式遭到挑戰，但是人們對於如何前進還充滿不確定，而且通常兩方都感到憤怒（這是因為對於過去的不正義和面臨巨大的改變）。狄更斯（Charles Dickens）在描述法國大革命時，也是說它有這兩種特徵，當時他發現正義的推力可能會使報復性的情緒爆發，那將無益於正義，而且其實會妨礙人類的進步。我們的時代存在類似的危險，這無關男女。在我們的時代，女性可以清晰和自豪的發聲、要求正義與尊重。也有某些男性以恐懼和憤怒作為回應，為他們失去的特權感到憤慨不已，並將女性主義妖魔化成造成他們不滿的源頭。可惜的是，在這個時代，也有些女性不只要求平等的尊重，她們似乎也以報復為樂。這些女性要的不是正義與和解的願景，她們寧可要一種災難式的前景，她們極力貶低從前的壓迫者，並宣揚這種看法才是正義的。

不。正義與這截然不同，需要細膩的區分、差別和前瞻性的策略，才能把交戰各方帶上和平的談判桌。我要指出這個議題和許多其他議題一樣，報復性的情緒絕無好處。我們——男性和女性——都需要往前跨進一個共享的未來，我們現在就需要開始建構那個未來，而不是專注在過去被加諸的痛苦。這並不是說制度的解決方式不包括懲罰加害者。懲罰是有用的，通常也很必要，它可以嚇阻犯罪者、威懾其他人不要做出冒犯的事情、傳達社會最重要的規範，以及把良好行為的重要性教導給社會整體。但是懲罰要於法有據、要公平、要細膩，而且符合犯行的嚴重性，才能夠達到正當目標。在我們的#MeToo運動中，就有部分案件的懲罰不夠細膩或是精準，用公眾羞辱取代了程序正義。也有大量論述不是在提倡和解，反而是在宣揚報復式的勝者心態。

我要跟隨伊麗莎白・卡迪・斯坦頓（Elizabeth Cady Stanton）和小馬丁・路德・金恩（Martin Luther King, Jr.）的領導發起革命，完全承認所有人都享有平等的人性尊嚴，並且往前開創一個新的世界，一個——照金恩的說法——「不論男女都生活在一起」的世界，但是我要改成「不論女男都生活在一起」，因為現在，是時候讓美國人改變習慣的思考順序了。簡而言之，這是一本關於正義的書，而正義是為了尋求和解與共享未來。

這種正義在法律中占據了核心的角色。法律——以及「法治」（rule of law）——可以具體實踐對於平等的尊嚴和公平及正當法律程序（fair due process）的憧憬。雖然法律是有限的，它的程序也難免瑕疵，但是美國女性還是可以訴諸於法律和法律的變更，這不是隨便哪一國的女性都可以做到的——有些國家的法律深具瑕疵，而且從核心就已經腐蝕了。[1]但是法律要發揮作用，前提是人們具有足夠理解，而在今天的美國，對於追求女性正義有興趣的人，未必會了解相關的法律和它們的背景。我寫作這本書，有很大一部分的目的是要清楚描述相關領域的法律和其歷史，讓讀者在想要使用法律或是更進一步研究時，便可以適切的做到。這表示我的討論有時候會看起來很技術性，因為法律的公平其實是出自其技術性，要避免各具色彩的特色和個人的描述。

敘述也在法律的發展中佔有一席之地，因為美國是採取「普通法」（common law）法系，法律會隨著個案的累積而成長，我也會描述某些重要案件的故事。但是我希望本書讀者懷抱一個更大的目標，建立一個能夠代表所有人、對所有人平等視之的體制，能夠超越所有敘述，而且能夠（或者說應該）超脫於成見和偏袒之外。所以，若是您發現文字有點抽象難懂，請試著理解它是在具體呈現崇高的道德理想！我們一直在努力超越一個又一個個案故事，朝向所有人都能公平享有正義的遠景；人自然會嚮往故事的色彩，我們不能讓人的自然渴望背叛了我們的努力。這樣的法律就體現了和解的願景：每個人都能夠講述她的故事，但不只是為了她自己，法律追尋的結果是為了把所有人帶到一起、並且能夠代表所有人。

美國社會的女性缺乏完全的平等，這表現在許多方面：同工不同酬；政治上一直無法取得完整的代表性；照護工作這個令人頭疼的大問題和家庭內分配不均的問題，在整個國家處處可見；

1 身為一名女性主義者，我長期在發展中國家工作——尤其是在印度，那裡的女權運動者經常對於有人可以訴諸法律實現正義，感到驚訝不已。我相信其實印度的女性還是會透過法律、透過英勇的法律行動主義獲益，但是日常執法的延遲和腐敗，讓許多當地女性不得不抱持懷疑的態度——一件強暴案被控上法庭，經常需要花上九年的時間，在那段時間中，重要證據經常就會莫名其妙的消失了。

還有女性容易蒙受家庭暴力這個難題。這些問題都值得各自寫成一本書。[2]在本書中，我選擇專注於性侵害和性騷擾，這有部分是因為目前還是因為這些議題引爆了女性對正義的需求、引爆她們抗拒某些要求，偶爾還會走過頭，到想要報復。（這個主題當然和家庭暴力的議題有重疊，不過家庭暴力的議題有另外的重要性，所以不是本書關注的重點。）我相信只要找到好的方法接觸性侵害和性騷擾這類困難的議題，這樣的精神就表示其他議題也可以用有建設性的方法提出。法律對我關注的議題一直在犯錯誤，它沒有給女性適當的保護，而近期的法律工作已經開始嘗試解開歷史的錯誤。所以它提供了一場珍貴的演出，讓我們從中觀察法律和制度的改變以及潛藏的社會抗爭之間，是如何相互作用。

我會隨即在第一部分探討：是什麼態度和情感讓美國人陷入這個危機，而且阻礙了恆久的和平。我看到的第一個關鍵概念是物化（objectification）——只把人當作物品看待——如果可以對這個概念本身作出足夠的釐清，將可以照亮我們的大段前路。我接下來要關注的特性——傲慢——長期以來助長了對兩性完全平等的嗤之以鼻，它（和總是結夥出現的貪婪與嫉妒）撐起了許多權力的濫用。傲慢的人只看到自己，所以他們會把其他人當作物品看待。他們什麼也不聽，什麼也不看。傲慢在種族歧視和階級不平等、以及性別歧視中都扮演了有害的角色，因此，它讓我們了解這種虐待形式是如何與其他的形式彼此相關，尤其是當前美國歷史的這個時刻，它讓我們反思不健全的國家文化是如何交織出種族的從屬關係和性別從屬關係這類（不能接受的）面向。

如果受害者在心理上總能毫髮無損，情緒也總能永保積極和有益，生活當然會簡單得多。我將在第三章中指出但是事情並不總是如此，受害者的情緒反而可能會煽動報復主義，雖然那對事情並無助益。

在第二部分，我會轉向歷史與法律的探討。我會簡單描述刑法的漸進式革命過程，它讓強暴和性侵害有比較適當的標準，讓受害者獲得比較好的待遇。因為美國的大部分刑法屬於州法令，所以這個變革勢必是複數、混亂而且複雜的。而同時在聯邦層級，女性主義者又用了不同的策略尋求對職場性騷擾的保護，她們先是訴諸《一九六四年民權法案第七章》（譯者注：以下簡稱《第七章》），後來則是用（譯者注：《教育法修正案》）《第九條》。關鍵的理論轉向是要確保大家同意性騷擾構成性別歧視。性騷擾是民事違法行為，被告的不是犯罪者個人，而是機構。原告

2　近期有一本優秀的著作在處理照護工作的問題，作者是年輕的女性主義哲學家吉娜・舒頓（Gina Schouten）：Gina Schouten, *Liberalism, Neutrality, and the Gendered Division of Labor* (New York: Oxford University Press, 2019)。有關於家庭暴力的問題，可參見Rachel Louise Snyder, *No Visible Bruises: What We Don't Know about Domestic Violence Can Kill Us* (New York: Bloomsbury, 2019)。雖然家庭暴力顯然和我的主題有明顯重疊，不過我不會在這裡真正處理這個問題，我也很高興能夠引導讀者閱讀這本令人印象深刻的書。有越來越多的證據顯示：家庭暴力在COVID-19疫情期間甚至愈演愈烈：可參見B. Boserup, M. McKenney, and A. Elkbuli, "Alarming Trends in US Domestic Violence during the COVID- 19 Pandemic," *American Journal of Emergency Medicine*, April 28, 2020, https://www.ajemjournal.com/article/S0735-6757(20)30307-7/fulltext。

要勝訴的話，必須證明她在僱用中被要求了某種型式的「交換條件」，或是騷擾行為創造了一個「帶有敵意的工作環境」——儘管她一再抗議，也沒有得到任何補救。我會檢視哪些性別歧視的理論帶來這些法律發展，並且概述判例法的要點。性侵害和性騷擾其實可能會有重疊，因為騷擾通常包含某種形式的侵犯（雖然不必然是如此）。但是兩者牽涉不同的法律策略、標準和概念，我的目標之一就是消除這些區別的常見混淆。最後我會在〈插曲〉中，簡短的檢視一下目前在學院和大學的校園中，對於性侵害的相關爭論和不確定的氣氛，並且討論我們可以如何繼續往前，在被害者的可問責性和被告的正當法律程序之間，達到適當的平衡。

#MeToo運動既不是女性主義的法律革命起點，也不是它的終點。由於法律和政治在這幾年間的確實耕耘，法律在回應女性聲音這方面，已經往前邁了一大步。在最近傾瀉而出的#MeToo聲浪中，有許多女性作出可信的表述，鼓舞了更多女性走出來，而且看起來在未來，將有更多人願意相信她們。雖然許多被講出來的犯罪行為已經無法起訴了（因為法規的限制或是證據問題，例如缺乏鑑識證據），但是揭露已經促使多個州開始著手移除可問責性的障礙。我們要想辦法鼓勵案件被更快的揭露，因為單是資訊就能以很多形式幫助其他人。

#MeToo對於爭取可問責性是有幫助的。但是大部分#MeToo是社會運動，而不是法律運動，這帶來了一個問題：施予懲罰的不是公正的法律制度，而是恥辱和污名，這樣究竟要如何確保正義，並且保障平等的尊嚴呢？畢竟，這類團體行動一直以來都不遵守比例原則和正當法律程序的

限制。[3]諷刺的是，因為反對物化而開始的運動，有時候會產生相反形式的物化。[4]我在第一部分對於受害者情緒的分析，將帶領我們解決這個問題。

根本的問題不在於性別，而是權力。女性主義者一直力主性虐待和性騷擾是因為某些人濫用權力，這些人相信他們高於其他人，而且其他人並非真實的存在。從文化上來說，男性是權力階層中占據支配地位的一群，所以本書認為濫權者是指男性。但是權力階層中較低階的人——不論男女——都可能受害，所以本書也認為某些個案中會有男性受害者。我透過對「傲慢」的探討，取得了三個重要的結果：首先是應該認為性虐待和性騷擾與其他權力濫用——因為種族或階級而受到的虐待——相差無幾。再者，性虐待的對象有時候直接就是權力階層中較低階的男性。第三，某些女性在種族或階層的分級中也會成為權力濫用的對象，她們將更容易受到性虐待。本書在某種意義上是在講女性，但是其實是關於權力的階層結構和它造成的虐待——因為權力的階層讓某些人認為他們位在法律之上，而且其他人不是真實的存在。

第三部分會轉向美國人生活中一些冥頑不靈的領域。在某些領域中，就算有#MeToo運動，

---

3 我反對以恥辱施以懲罰，相關的論點可參見Martha C. Nussbaum, *Hiding from Humanity: Disgust, Shame, and the Law* (Princeton, NJ: Princeton University Press, 2004)，以及本書的〈結論〉。

4 有關於恥辱如何創造「受損的身分」（spoiled identity），可參見厄文・高夫曼（Erving Goffman）的經典著作《汙名》*Stigma: Notes on the Management of Spoiled Identity* (New York: Simon and Schuster, 1963)。

有權勢的男性依然凌駕在法律之上。如果長期以來的制度架構就是保護男性、賦予他們極大的權力，他們就會繼續有恃無恐的做一些錯事。這些「傲慢的堡壘」把物化和貶抑女性的男性隔離在裡面，免受問責。我會檢驗聯邦的司法機構，作為這個問題的例子之一。貪婪（它經常伴隨傲慢一起出現）又增加了有恃無恐的態度。我將以賺大錢的大學體育和藝術名人的文化作為這個問題的例子，為這兩個領域提供一些解決之道。我的分析是奠基在第一部分對於支配惡習所作的討論，並特別關注在傲慢與貪婪。

這是一本透著強硬的書，我不同意「溫情」可以當作軟弱或是規避可問責性的藉口。但是，這本書也在努力尋找一條可以往前的道路。第三部分會證明報復性的情緒、態度和要求不會帶來往前的道路。唯一真正能通往共享未來的，是對於可問責性的強力堅持——再加上積極建設的精神、寬大的靈魂，還有或許可稱之為「肯定（affirmative）的愛」。受傷的人很容易產生報復心，我們要體諒這種反應是出自真正的創傷。但是同理並不代表正當化。孩子被暴力犯罪害死的父母，經常堅持要求判處被告死刑。我們可以理解這種反應，但不表示死刑就是恰當的刑罰，或是同意父母的這種態度是健康或是有幫助的。整體的來說，我們常會在刑事司法中看到受害者通常想要以不健康的方式復仇，而且「關於被害人所受影響」之陳述（“victim impact” statements）經常會用過度的報復作法污染了刑事審判，危及刑事司法程序的公平性。只是因為被害者說了什麼，並不會讓一件事變成對的或是好的。要建立起「帶來和解的可問責性」文化，需要的絕對不只是情緒。而是如同小馬丁・路德・金恩所知與教導我們的，把心靈和情緒導引向正確的方向，是指引我們做出更具體的努力不可或缺的。

在美國南北戰爭結束的時候，亞伯拉罕・林肯（Abraham Lincoln）以最強烈的措辭譴責奴隸制度，並且承諾美國會擺脫這些醜陋的不正義。（顯然到了今天，我們還沒有擺脫，但是美國依然一步一腳印的慢慢朝向完全的種族平等前進，在二〇二〇年五月的喬治・佛洛伊德〔George Floyd〕謀殺事件之後，也催生了一些姍姍來遲的承諾。）但是林肯並沒有因為己方的勝利而歡聲高呼。相反的，他呼籲建設性的精神和積極的愛，才是跨越過去的極大罪惡的唯一道路：

> 不要對任何人帶有惡意；對所有人都應心懷慈悲；堅守正確之事，因為上帝讓我們看到何謂正確的，教導我們要努力完成這條道路；讓國家的傷口癒合；……我們要善盡一切努力，達成、並珍惜公平且持續的和平，維護我們之間的和平，還有與所有國家的和平。

林肯追求的是不存在惡意的正義，並且警惕的堅守所有判斷都要出於愛的精神，這是由於人

5 譯者注：在犯罪人被裁決為有罪到判刑之前，由緩刑官準備的一種不公開的官方文件，旨在向法官說明犯罪行為給被害人或其家庭帶來的影響，以供法官量刑時考慮。

性本善的可能性。許多年後——由於美國還沒有履行對於平等和尊重的承諾——金恩博士重新接下了這個任務，金恩博士延續並深化了林肯對心靈革命的呼籲，撇掉報復，創造一個和平的世界。

女性和男性也需要這種和平。本書一方面研究這場性別「戰爭」的起因，同時也提出了一些達到和平的策略——包括結構上和情感上的。

是什麼讓我在這個時刻決定投入這個議題呢？首先是三十多年來對女性主義的教學和研究。我從大約一九九〇年開始，便固定開設一門叫作〈女性主義哲學〉（Feminist Philosophy）的課，嘗試尊重並公平的處理女性主義中所有重大的差異，我也從我所有的教學文章中學到很多。甚至連下一代的學生都教了我很多，尤其是他們深具批判性的挑戰，讓我獲益良多。我也很幸運，過去二十五年間身處美國最頂尖的法學院之一，那裡總是有人與我談論刑法和民法，每天也都可以和一些最優異的法學思想家，針對這些議題進行對話，他們包括凱瑟琳・麥金儂（Catharine MacKinnon）——目前的性騷擾法律理論就是麥金儂開創的，她也會在我們的法學院固定開課；還有斯蒂芬・舒荷佛（Stephen Schulhofer）——舒荷佛是性侵害法的重要進步派評論家之一，我和他合開了一門叫作〈性自主與法律〉（Sexual Autonomy and Law）的課。我還曾經與兩名法官當同事——他們分別是理察・波斯納（Richard Posner）和迪亞娜・伍德（Diane Wood），波斯納剛從美國聯邦第七巡迴上訴法院退休，而伍德直到最近，都還是第七巡迴上訴法院的首席法官

——兩個人都對這個領域作出了重大的法律貢獻。雖然我是一名哲學家，而不是法律人，但是我有此機會向這些最優秀的法律頭腦請益，也激勵了我發表一些關於強暴法和性騷擾法的文章。

我也是一名女性。和社會中的許多女性一樣，我也曾經是性騷擾和性侵害的受害者。我寫過一篇關於我在哈佛（Harvard）研究所的文章，其中就提到我（和許多其他人）遭到兩名著名的教授性騷擾的事。[6]就在比爾．寇司比（Bill Cosby）遭到指控之後不久——當時許多人都認為寇司比的罪行只是個案，他只不過就是一顆「老鼠屎」——我也在《哈芬登郵報》（*Huffington Post*）發表了一篇文章，描述自己曾經遭到另一個著名演員的性侵害，那名演員也有差不多正直的好名聲，他也是一樣用權勢、並託辭他的才華可以為別人賺到錢，而擺脫了問責——他是拉爾夫．韋特（Ralph Waite），電視影集《沃爾頓家族》（*The Waltons*）裡的「老爹」。[7]我也曾經（那是另一個完全獨立的事件）遭到約會強姦。重新講一遍這些經驗，其實沒有什麼價值，我講出這些事情的目的，全然只是為了表明寇司比的案件並非偶發事件；我們現在都知道這類事情發

6 Martha C. Nussbaum, "'Don't Smile So Much': Philosophy and Women in the 1970s," in *Singing in the Fire: Stories of Women in Philosophy*, ed. Linda Martin Alcoff, American 1st ed. (Lanham, MD: Rowman and Littlefield, 2003), 93–108.

7 Martha C. Nussbaum, "Why Some Men Are above the Law," *Huffington Post*, January 15, 2016, http://www.huffingtonpost.com/martha-c-nussbaum/why-some-men-are-above-the-law_b_8992754.html. 我當時並沒有寫出韋特的名字，因為我想表明這是個一般性的問題，也不希望被模糊焦點，成為只是供人嚼舌根的小道消息。

生在許多女性身上。我也不希望這只是一段被害者觀點的描述，所以我試著找出一個對所有涉事者都公平的面向——我相信我們在生活中隨時都應該這麼做。

所以，讓我們把焦點轉向許多女性的故事，轉向法律的怠惰，轉向可以帶來改變的英勇獻身。

第一部分

奮鬥的場所

第一章 物化
把人當作物品看待

女性當真就是物件、商品——真實情況就是這樣——而又有些人顯得比其他人更高價；我們唯有時時、在任何情況下都不忘堅稱一個人的人性，她才能夠成為一個人，而不是一個東西。說到底，那才是我們奮鬥的核心。

——安德里亞．德沃金（Andrea Dworkin），《仇女》（*Woman Hating*）

「身為一個人，而不是一樣東西」

性暴力不只是個別「病態的」個人問題。它曾從美國社會一些常見的特徵中得到滋養。美國也和幾乎所有的社會一樣，長期以來培養的文化都在確認男性的特權，把女性視為附屬品，認為她們的價值遠不及男性。不過事情甚至還要更糟。我的論述會指出背景的文化——雖然也不乏尊重和情感的呼籲（其中有許多也是發自真心的）——不認為女性具有一些關鍵的特徵（享有完整和平等的人性），只是以某種方式將她們視為供男性使用的商品或物件。

完整的人具有兩個核心特徵，分別是**自主權**（autonomy）和**主體性**（subjectivity）——長期以來，我們的主要宗教和許多人共享的世俗文化都是這樣正確的教導我們。換句話說，人類是各種選擇交錯的核心，因此人可以為自己作出一些攸關人生的重要選擇，而不是讓自己的生活聽命於他人。[1]人類也居於各種深層的內心經驗的核心，他們的感覺和想法至關重要——不僅對他們自己是如此，如果事情繼續發展，對於與他們相處的其他人而言，也是如此。在現代的民主政體中，人們認為好的社會和政治制度要能夠保障自主權和主體性。健全的民主政體要能夠保障自主權，其方式就是讓人們有機會在重要的領域中為自己作選擇——例如宗教、言論、政治意見、職業、人際關係、性和婚姻。保障主體性的方式則是要承認人們需要空間形成自己的信仰（也是指宗教和言論自由），還要能夠滿足他們的情感（仍然是指形成關係的自由、締結婚姻與友誼的權利，至關重要的還有對性合意的保障）。

這些重要規範涉及許多社會生活領域，它們過去都對女性設下了限制——包括投票、教育和婚姻選擇。但是它們對我們目前的主題而言，具有特殊的急迫性。

性侵害和性騷擾能夠以深刻的方式侵害自主權和主體性。它們總是無視和踐踏女性表示同意的能力，一意孤行——或是以脅迫製造出同意的假象——把女性視為取悅男性的方便物件，不認為女性的決定具有任何重要性。同時，性暴力也不把女性的情感和想法當一回事，只有具備支配地位的男性渴望才是真實而重要的。有時候還更糟，他們太過徹底的忽略女性的想法和感覺，甚至於偽稱女性具有主體性，這當然完全符合男性的願望——例如會有「說不就是好」的想法，說女性對於被強加的性臣屬地位甘之如飴。

甚至這還不是最糟的，男性對女性的支配有時候是要驅使她們做出曲意的順從。如同約翰・史都華・彌爾（John Stuart Mill）在《婦女的屈從地位》（*The Subjection of Women*）一書裡所說的，[2]男性——他稱之為「女性的主人」，這是為了強化她們和奴隸的對比——並不以控制女性的身體為滿足。他們想要的是絕無二話的順從。「因此，他們將一切可以奴役她們思想的事付諸實行」（15）。他繼續指出：於是女性從小就被教導成理想品格是「不任性，以自我克制為管理，但是要順服，而且聽從其他人的管控」（16）。她們以為唯有自我克制才是女性該有的感情，而且還要對男性有性方面的吸引力，唯一該做的就是培養「溫順、服從，放棄一切個人意

1 在這裡，我對「自主權」採取比較廣泛和寬鬆的定義，我不否認宗教權威也可能是重要的選擇根源。有關於（比較狹義的）後者（主體性）行使之歷史，可參見Jerome Schneewind, *The Invention of Autonomy* (Cambridge: Cambridge University Press, 1997)。

2 本段的所有引用都出自John Stuart Mill, *The Subjection of Women*, ed. Susan Moller Okin (1869; repr., Indianapolis, IN: Hackett, 1988), 15–16。

志，都交到男人手上」（16）。女性可能會因此發展出我們所謂的反自主心態，還有（在某種意義上是）反主體的主體性，女性會告訴自己：她們的經驗和感覺不具備太大的重要性，保護或替自己主張什麼是不對的。這大大加深了對抗不平等性別環境的困難度。有時候，女性甚至為了謀求男性的目光，而把自己變成商品、一個取悅人的物件。彌爾謹守維多利亞時代的分寸，並沒有深入探討他對性暴力的見解（不過他在其後的章節中會抨擊家庭暴力和婚內強姦無法可管）。我們將會看到日後的女性主義者接下了這個挑戰，繼續拓展對這些議題的洞見。

與彌爾同時代的男性——和我們這個時代的大部分男性一樣——當然會極力否認他們的妻子和女兒受到他們的支配。然而，這些男性為他們聲稱摯愛的女性創造、確立和永久訂下了一個不對稱的法律制度，依照該制度的規定，已婚的女性沒有財產權、沒有投票權，也沒有離婚權（即使遭到虐待）。[3]時至今日，雖然這些權利都已獲得確保，女性也可以用工作養活自己，並且不乏許多男性真心支持女性的平等自主權，但是我們將會看到在法律中，還是殘留了許多這類抗拒平等的自主權與主體性的頑強痕跡，至於在我們的日常文化中，殘留的就更多了。

女性當然從未真正的成為物品。她們的個人特質——即使遭到忽略——還是在順從的束縛下躍然紙上。彌爾也知道許多女性在抵抗壓抑她們心靈的努力。就算心靈有某程度被「奴化」了，但是他筆下那些有害的自我轉化依然是可逆的：他強調人類有完整自我主張的渴望，即使受到壓抑，但是已經讓許多女性起而抵制現狀，這是所有女性都可能有的覺醒——他認為這同時符合女性和男性的利益。

長久以來，女性主義的思想都在探索完整的人性和僅只有物性之間的對比。如果對這個傳統作進一步的分析和詳細的闡述，將會提供給我們更多指引。

伊麗莎白・卡迪・斯坦頓對國會的演講

伊麗莎白・卡迪・斯坦頓（一八一六年—一九〇二年）和其他傑出的女性主義者一同受邀，在一八九二年向美國參議院司法委員會（House Committee on the Judiciary）作了一場演講，該場演講讓其他女性主義者感到驚訝的程度，應該不遜於議員們。斯坦頓長期以來在女性主義運動圈總是有點孤立，因為她有絕不妥協的基進主義傾向，尤其是她極力捍衛女性的離婚權。傳記作家薇薇安・戈尼克（Vivian Gornick）認為她是一九七〇年代基進女性主義的先驅，這個說法堪稱十分公允。[4]我們可能會預期她的演講定是有關於特定的女性主義要求，要挑戰最困難的投票權

3 彌爾介紹了英國議會（於一八六六年制定的）第一部關於婦女投票權的法案。他在一八五一年與哈莉特・泰勒（Harriet Taylor）結婚時，便聲明放棄了他可因結婚而取得的所有不平等權利。

4 Vivian Gornick, *The Solitude of Self: Thinking about Elizabeth Cady Stanton* (New York: Farrar, Straus, and Giroux, 2005). 下列文章是我對戈尼克之書評：“In a Lonely Place,” *Nation*, February 27, 2006, 26–30。

和離婚權。

事實上，斯坦頓的演講內容卻十分不同。這篇演講變得很有名：女性主義者露西・斯通（Lucy Stone）將全文刊登在《女性期刊》（*Women's Journal*），美國國會在一九一五年又加以重印，還在全世界送出一萬份複本。斯坦頓本人對此深感自豪。但是演講倒沒有像預期的那樣基進、或是專注在具體的政治需求。它在一開始甚至（怪異的）看起來和政治沒什麼相關：她只在講每個人在人生旅程中的孤立，「每一位人類靈魂的孤獨與隔絕」。

那篇演講比較像是詩，而不是全然的分析。我們必須重建這篇演講。斯坦頓在一開始就把每個靈魂的孤獨描述得令人驚心：我們都是獨自生活，也獨自死去。「不論貧或富、聰慧或無知、賢明或愚昧、善良或惡毒，也不論男女，大家都是一樣的，每個靈魂都必須完全依靠自己。」孤獨有時候是痛苦的，是一場「行軍」、一場「戰鬥」。但它也是無從避免的。因此——斯坦頓的結論是——女性需要透過教育達到自我發展，和政治上的機會，才能夠作好自己的決定，也才有足夠的配備好好引領自己的人生。

不過，她的演講中還出現另一幅——顯然截然不同的——關於孤獨的圖像，甚至與前述的內容有所衝突。斯坦頓認為每段人生都有一個珍貴的內在世界，沒有任何其他人可以完整的看到那個內心空間，對它的正確稱呼是「良知」和「自我」。良知包括自主選擇的權力和豐富的主體性，這些權力現在被看得極為珍貴，雖然它們「比（古埃及）省裡的洞穴更為隱蔽」。斯坦頓把這類孤獨的概念明確的連結到美國的新教傳統，[5]找出更多讓女性享有教育和政治權利的理由：因為這個內心的世界十分珍貴而且崇高，必須加以尊重。尊重它就表示讓它發展。斯坦頓在這裡談的是女性對於「個人良知和判斷的權利」，女性對「自我主權的天賦人權」。因此，她似乎認為就算是女性當真可以完全仰賴男性，但是如果沒有選擇的自由和發展想法及情感的機會，仍然算是一項重大侵害。

我們要如何把演講的兩個部分搭配在一起呢？它的基本重心顯然是認為必須尊重每個人本身的珍貴核心。前幾段是要告訴我們些什麼呢？從表面上來看，它與後來的幾段互相矛盾，前幾段把孤獨描繪成痛苦的，而不是隱藏在珍貴自我裡的一部分。孤獨當然可能兩者都是。我相信前幾段有其目的：要阻擋男性的防衛性回應。我們可以想像許多男性聽眾的想法：女性當然有良知，但是她們不夠成熟——像小孩子一樣——所以需要男性不斷的監督，才能夠運作良好。依照這類男性觀點，尊重女性並不會導出要讓她們接受高等教育或是政治權利這樣的結論——剛好相反：她們需要的是父親般的嚴密保護。為了要防堵這種回應，演講的前幾段才提醒聽眾：沒有人的一生可以在另一人的照看之下。新教的傳統認為每個人都得單獨踏上通往得救的旅程。教育女性和

5　不過這場演講並不涉及宗教；它代表一些流傳甚廣的美國想法。其中強調的個人選擇和能動性（agency），的確至少和某些形式的新教教義有衝突，不過和共通的美國傳統則無相悖之處。

給她們政治上的權利，主要的理由是得自規範的重要性和良知的珍貴、選擇和主體性的力量。不過，如果有人想讓一個對女性採取家父長式、非獨立的社會銘記住良知，就得知道孤獨是無法避免的：女性將在沒有準備的情況下，面對必然孤獨的死亡和判斷。

簡而言之：男性否認女性有完整的自主權和主體性。但是真正檢驗過之後，他們又只得承認女性與他們有一樣的靈魂（至少他們的宗教是這麼說的）。他們也得面對承認的後果：不應該再剝奪女性的機會，應該讓她們發展眾多選擇、或是以教育深化內心的世界。

這種分析型式和美國對宗教選擇自由的傳統論辯極為類似：斯坦頓和羅傑．威廉斯（Roger Williams，他創立了羅德島〔殖民地〕〔Rhode Island〕，還寫有許多關於宗教自由的書）堪稱是表親。[6]（威廉斯認為拒絕讓不同意見的人享有宗教表達的自由，是一種「靈魂強姦」。）因此，斯坦頓的聽眾很可能在文化上已經準備好要聆聽她的呼籲。

斯坦頓和許多重要的女性主義者——從瑪麗．沃斯通克拉夫特（Mary Wollstonecraft）到凱瑟琳．麥金儂——一樣，論述都過於概括了，沒有注意到還是有些男性懂得尊重女性的平等。不過，其實有兩個好理由可以解釋這個策略。首先是她想指出男性這種惡劣的行為是常態，而不是罕見的例外；如果我們的目光一直被導向特異的例外，就很容易忽略問題的嚴重性。再者，就算有些男性堪稱楷模，但是他們住在一個邪惡的法律制度中（女性在其中只有極端不平等的權利），卻沒有堅定的想作些改變。所以他們真的堪稱楷模嗎？這會是本書一直思考的一個問題，因為就連不會在職場中騷擾女性的男性，都認為把性騷擾看作法律課題會太過極端。這類例子不勝枚舉。

斯坦頓關注的焦點是投票權和高等教育。她在這裡沒有提到性暴力。不過那個議題是她終生工作的核心，她的聽眾想必也都知道。她始終堅持女性離婚權，主要的考量之一就是婚姻內的暴行。她在一八六八年發表了她最著名的演講之一，演講中極力主張女性要有投票權，因為男性的支配迄今為止都只帶來很差的暴力紀錄：「男性元素就是一種破壞性的力量——苛刻、自私、誇大、好戰、暴力、征服、掠取，在物質和道德世界中同樣滋生爭吵、失序、疾病和死亡。」[7]雖然此處的語言過份注重修辭性，反而顯得曖昧不清，而且她想要闡明女性和男性的本質，也沒有獲得令人滿意的結果，不過她的目的倒是很明確：我們根據經驗得知男性暴力的事實，而法律必須嚴正以對。她在一封信裡的用語則很明確：如果在婚姻裡無權對抗未經合意的性，那麼婚姻也無非只是「擁有法律上合法地位的賣淫」。[8]斯坦頓一直努力想改革婚姻法。把這兩篇言論綜合

---

6 我自己對於威廉斯論點的重建，可參見Martha C. Nussbaum, *Liberty of Conscience: In Defense of America's Tradition of Religious Equality* (New York: Basic Books, 2008)。

7 Elizabeth Cady Stanton, "The Destructive Male" (speech, Women's Suffrage Convention, Washington, DC, 1868), Great Speeches Collection, The History Place, https://www.historyplace.com/speeches/stanton.htm.

8 Elizabeth Cady Stanton to Susan B. Anthony, July 20, 1857, in *Elizabeth Cady Stanton as Revealed in Her Letters, Diary and*

起來看，她是在提醒我們：否認自主權和主體性的作法，除了男性拒絕女性大學受教權和投票權這種比較文雅的方式之外，還有性暴力也是。二十世紀繼承了斯坦頓的女性主義者，還會再繼續釐清這個連結。

插曲：性別歧視與厭女

我們在這裡需要介紹一種區分。有兩種不同的方向，均可能導致不願意讓女性享有權利和優待：我將一種稱為**性別歧視**（sexism），另一種則稱為**厭女**（misogyny）。我是依照女性主義哲學家凱特·曼恩（Kate Manne）在她近期的一本書（《不只是厭女》〔*Down Girl: The Logic of Misogyny*〕）[9]中對這些辭彙的定義，我在一定程度上接受她的分析，並在我自己最近的《恐懼之君主國》（*The Monarchy of Fear*）一書中，做了一些延伸。[10]（重點是確定這兩個有所區隔的有用概念，而不是掌握字彙的通常含義，因此其定義本身就可以告訴我們這兩個詞在特殊技術用法中的意義為何。）「性別歧視」是指該信仰體系認為女性在特定方面不如男性。性別歧視者會依照該信仰體系，拒絕讓女性享有投票權、接受高等教育等。相較之下，「厭女」則是一種執行的機制：厭女者代表的是根深柢固的特權，他們會繼續深掘、就是決心不讓女性分一杯羹。（厭女者不一定仇視女性，雖然通常使用這個詞會給人這種感覺：他們的策略大部分是出於自私，還有完全不願意讓女性加入男性的特權世界。）

這兩種對待女性需求的方法通常會結合在一起：為了把女性排除在外，厭女者也經常訴諸性別歧視的論點。但是，如果我們更加深入的探究，就通常就可以找出是以哪一種方式為主。性別歧視者的看法禁不起挑戰，很容易用證據反駁。結果就使得人們不至於太過仰賴他們。約翰・史都華・彌爾在一八六九年就已經說過：性別歧視者一定對他們自己的判斷（女性沒有能力）缺乏信心，所以他們才會這麼努力的阻止女性做這做那（否則依照他們自己的說法，女性根本沒有能力處理那些）：「男性的焦慮——他們擔心依自然的發展將無法成功達成目標——使得他們以自然為名出手干預，這完全是一種不必要的焦慮。如果女性在自然狀態下做不到某事，禁止她們做那件事，當然是十分多餘的。」

彌爾繼續說：的確，如果我們檢視一下建構社會的所有禁令和要求，得到的理性結論是男性其實並不相信「女性的天職是賢妻良母」。相反的，他們看起來一定認為這個職業對女性並沒有吸引力：「如果讓她們自由的做任何事——如果開放其他謀生方式，或是讓其他事情占掉她們的

Reminiscences, ed. Theodore Stanton and Harriet Stanton Blatch, vol. 2 (New York: Harper, 1922), 29–70.

9 Kate Manne, *Down Girl: The Logic of Misogyny* (New York: Oxford University Press, 2018).

10 Martha C. Nussbaum, *The Monarchy of Fear: A Philosopher Looks at Our Political Crisis* (New York: Simon and Schuster, 2018), chap. 6.

時間和技能……就沒有足夠的女性願意接受所謂女性的自然狀態了。」彌爾是在說：性別歧視者不讓女性享有基本的權利（包括離婚、投票和接受高等教育的權利，還有拒絕性的權利〔即使是婚姻內的性〕），據稱是出自他們認為女性較低等，但是深入檢視的話，會發現它是一場權力遊戲：男性使用性別歧視的修辭為女性設下障礙，不讓她們完全進入社會、讓她們為男性提供服務、供男性之用——就算他們是禮貌而且溫柔的指出女性需要庇護與保護。

彌爾的洞見（在曼恩對性別歧視和厭女的區別中有了進一步發展）有助於我們思考性暴力和性騷擾。大部分男性會否認他們在這類犯罪中也摻了一腳，而且堅稱他們對女性充滿愛和尊重。不過，只要他們支持法律和社會的權力結構，在制度上拒絕讓女性獲得完整的自主權和主體性，並因為這樣的權力結構而獲益，他們就算是被動的厭女者，帶來了權力和特權的不平等，讓傷害由此孳生。

物化

這把我們帶向物化——那是女性主義的重要概念，也是女性主義在過去五十年間的分析關鍵。斯坦頓那場如詩般的演講，和基進的女性主義者（例如凱瑟琳·麥金儂和安德里亞·德沃金）的嚴厲傳道看起來有很長的一段距離，但是其實她們的想法和分析有明顯的連續性。本章一開頭引用的安德里亞・德沃金的那段話，就恰恰可能是出自斯坦頓，近期的女性主義者也與性暴力有明確的連結，這也無疑是斯坦頓的重要關懷點（只是她可能缺乏詳盡的分析）。

基於性別的物化也是類似的概念。「物化」在過去相對是屬於術語（主要與麥金儂和德沃金的著作有關），現在則成了具有規範評價的一般用語，它會被用來批評廣告、電影和其他文化表達，不過也會用來批評個人的言論和行為。它幾乎總是貶義的，指的是評論者認為會引人反感的說話或行動模式，通常是（但不限於）性別和性的方面。因此我們會聽聞女性「被非人化，成為性的對象、物件或商品」，[11]女性主義理論家和許多女性在描述她們的日常生活時，都會把這種非人化（**dehumanization**）當作明顯的社會問題。這個問題的確可以看作女性主義的核心。

麥金儂還堅持她的下一步論點：物化無所不在，因此它在大部分情況下都存在、甚至是充滿在女性四周。她用了一個令人印象深刻的隱喻：「所有女性的生活都充斥著性方面的物化，就像是魚生活在水裡」——這句話的意思大概也是說：不僅是女性被物化包圍，女性自己也變成那樣了，所以她們也從中得到滋養和糧食。（她在此處和彌爾持相同的意見，瑪麗・沃斯通克拉夫特在更早時也提出過相同的論點。）但是女性不是魚，而麥金儂認為物化之惡，在於它阻斷了女性

---

11 可參見Catharine A. MacKinnon, *Feminism Unmodified: Discourses on Life and Law* (Cambridge, MA: Harvard University Press, 1987), 262n1。

（實際上出自於人性）的完整自我表達和自我決定。這種規範概念和斯坦頓的基進主義有明顯的連結。但是我們還需要進一步釐清：物化是什麼？它的核心為何？

物化表示把對象當作東西看待。但是把桌子或原子筆視為東西看待，並不會被稱為「物化」，因為桌子和原子筆的確**就是**東西。物化表示**被轉化成**一樣東西，把一個根本不是東西的人視為物品看待。[12] 因此，物化意謂著拒絕看到其中存在的人性，甚至更常的是主動否認完整的人性。但是我們必須更深入的挖掘，我們要問的是把某人視**為一個物品**這個想法，到底包含了什麼，因為對這個概念的分析並不總是有足夠的明確和細緻度。二十五年來，我一直認為我們需要做一連串更進一步的區分。[13]

不承認完整的人性有許多方法，所以「物化」應該被看作是一群概念的集合，包含（至少）七個不同的概念，有七種方法可以把人視為物品看待：

1. **工具化**（Instrumentality）：物化者視他們的對象（只）是為其目的服務的工具。
2. **否認自主權**：物化者認為他們的對象欠缺自主權和自我決定。
3. **無生命**（Inertness）：物化者認為他們的對象欠缺能動性，甚至不具備活動力。
4. **可取代性**（Fungibility）：物化者認為他們的對象可與(a)同類型的其他物品，及／或(b)不同類型的物品互相交換。

5. **可侵犯性**（Violability）：物化者認為他們的對象缺乏邊界的完整性，因此可以分解、碎裂、侵入。

6. **可擁有性**（Ownership）：物化者認為他們的對象屬於某人所有，或是可由某人擁有，可以進行買賣，或是被視為一項財產。

7. **否認主體性**：物化者認為其對象（就算有）的任何經驗和感情都不須列入考慮。

在性別關係和其他脈絡中（例如奴役、勞動關係等），可以看到用這幾種不同的方式將人物化。這七種概念各自有別，它們以各種複雜的方式相互關聯，造成了不同類型的物化。我們應該認識到物化的概念是一群在概念上交織在一起的獨立標準，而不是有一組必要且充分的條件。不過，雖然在概念上是獨立的，但是這些觀念還是在因果關係上，以多種複雜的方式連結在一起。舉例來說，當然可能有人會否認女性的自主權和主體性，不過並不認為可以用一名女性與其他女性替換。這些觀念的外觀和它們運行的方式均有不同。但是只要否認女性具有完整人性該有的核

---

12 或者應該說是有感情的生物，因為人類經常將非人類的動物物化。但那又是另一個主題了。

13 Martha C. Nussbaum, "Objectification," *Philosophy and Public Affairs* 24 (1995): 249–91，再版於Nussbaum, *Sex and Social Justice* (New York: Oxford University Press, 1999), 213–39。

心條件，那麼她和其他（一樣遭到否認的）女性之間的差異就變得很表面了，只限於外表，這等於我們也終將承認一個人可以被另一個人所取代。同樣的，也可能有人否認女性的自主權和主體性，但是不認為她可以由別人擁有、或者是一個市場商品。但是也一樣的，一旦這麼否認了，即使再用理由說明人類那推定而來的軀殼是不可以買賣的，也顯得不太站得住腳了。

根據女性主義者雷・蘭頓（Rae Langton）的看法，我在一九九五年討論的清單亦須增加此項：

8.使消音（Silencing）：將人物化者認為他們的對象無法言說。[14]

消音其實是否認自主權的表現之一，但是它實在太過普遍，所以值得單獨列為一項。[15]而且——這點也與蘭頓的意見相同——我們應該堅持前述的好幾點之間（尤其是2、7和8）存在區別，類似於我對性別歧視和厭女的區別。也就是說，可能有人不認為女性能夠自主；有人不認為她們能夠明確的表達想法和言論；有人不認為她們的想法和感覺值得注意。或是如前述所示，可能有人積極的否認或阻礙女性對自主、言論的追求，或是對自己內心生活的認可。甚至有人可能會因為侵害主體性、侵犯和殖民女性的內心世界，而得到樂趣。

斯坦頓認為大部分男性在大部分時間中，都會積極否認女性的自主權和主體性，雖然他們可能會用一種顯然是父權監護的說辭來掩飾他們的行為。女性的完整人性遭到積極的否認、也被厭女的態度強加非人的地位，為了不讓歸咎於男性似乎顯得太過極端或偏執，讓我們提醒一下自己：約翰・史都華・彌爾在分析女性的從屬現象時，的確有說「女性的主人」並不滿足於身體的支配，他們想方設法要侵犯、並控制女性的自主權和主體性。

物化的八個特徵並非等值，也未必會一起出現。所以這裡的問題是：核心的有害動作是哪一個，在物化女性這件事上，造成關鍵性傷害的是哪一個？我們現在先專注在其中三項特徵：否認自主權、否認主體性和工具化（或者說只把對象視為手段）。我在一九九五年指出只把一個人視為手段（而不是目的），是造成物化傷害的主因：這是由康德（Immanuel Kant）診斷出的錯誤，他堅持認為若是只把（自己或其他人的）人性視為工具而不是目的，這件事絕對是錯的。我認為這個說法依然成立，不過還需要更多解釋，說明這項錯誤和我所列的其他項目有什麼關聯。如果一個人只是把另一個人看作工具，那麼當然，接下來就會否認他／她的自主權和主體性。如果一個人的出現只被看作是為了做你想要她做的事、是為了你的目的而服務，她自己的選擇就會遭到

---

14 Rae Langton, *Sexual Solipsism* (Oxford: Oxford University Press, 2008).

15 蘭頓還要再加上「簡化成外觀特徵」（reduction to appearance）和「簡化成身體特徵」（reduction to body）。我認為前者可以用否認自主權和主體性加以掌握。我對後者保持疑問，因為我們當真就是肉體，那樣說也沒有什麼錯誤或低俗之處。

捨棄、被限縮在有利於你的限度內（自主權遭到否認），她的感覺也不會被完全列入考慮（否認其主體性）。但是，我們還是必須處理下列事實：有時候我們會否認完整的自主權，但是卻不存在工具化的問題，或是沒有否認對方的主體性——也就是我們覺得有正確的好理由，可以解釋另一個人不能夠（或是還不能夠）完成人的抉擇。因此，很小的孩子不能有完整的自主權，有嚴重精神障礙和大部分被馴養的動物也是，但是他／牠們可能都沒有被當作工具、都有被愛，我們也都很在乎他／牠們的感覺（只要他／牠們不超出我們的掌握）。簡而言之，就算性別歧視者當真說女性的能力不足，他們還是可能在否認她們的自主權和主體性的同時，並不把女性當作工具，而是視為目的本身。

在這一點上，我們又回到斯坦頓的論證：如果男性在口惠上承認他們的宗教和文化認同女性的靈魂和命運（而命運得靠自己的選擇追尋），性別歧視者又偽稱她們像小孩子，聽起來就是假話了，只能夠理解為厭女者想要確保支配者的特權。

為什麼男性要盡力強調女性很像小孩子呢——斯坦頓讓我們知道這個觀點和男性的其他信念其實互為矛盾？一個看起來可信的理由是：因為他們的內心並沒有當真把女性視為目的，主要還是看成僕人、要為他們做事的人。因此，他們否認女性的自主權，有很大一部分是出自於想讓女性成為工具。他們想要迫使女性作出合他們意的選擇。至於否認主體性：占據支配地位的男性可能會極力表示他們當然很在乎生命中女性的感覺和所想——但是只在某個程度內。如果她們所想的正是他同意的，而且不會威脅到他的地位，當然很好。其他想法大概就會被主動忽略、或是消音。同理，奴隸的主體性也未必總是遭到否認；主人可能會想像奴隸是個心智健全的人，足以承擔其命運。主人可能會對奴隸的歡樂或痛苦有部分（但是有限的）同理心。

在另一方面——再提一次——決定不把人類本身視為目的而只是當作工具，自然比較可能造成想像的欠缺。如果有人決定將他人作為工具，他大概就再也不會問一些通常道德會關注的問題了，例如：如果我做了某事，這個人會有什麼感覺？這個人想要的是什麼，我做了某事的話，會對他的這些渴望有什麼影響嗎？諸如此類。君主似乎也會落入這個模式：雖然在某種意義上，較低的階層仍然被視為人，但是能夠表現他們完整人性的主要特徵還是會遭到否認，因為他們的存在是為了君主的利益服務，更完整的承認其人性，勢必會威脅到這個有利的安排。

當然，接受這種分析的女性主義者不必然會認為絕對沒有反面傾向的男性。其實許多女性主義者在宣揚她們的主義時——包括麥金儂幾年來在法學院中滿懷希望的教學——前提都是男性也有其他更好的信念，他們也有自我批評和改變的能力。她們的論點是這類比較好的聲音沒有什麼機會傳播開來——只要法律和大社會的腳本都是由比較劣質的意見在主導。這就是為什麼今天的基進女性主義者也認為法律改革居於核心的地位——和斯坦頓一樣。

物化與性侵害

到目前為止，我還沒有提到暴力。但是，如果女性只被看作是有用的工具，卻否認她的完整自主權和主體性，那麼，她究竟是受到溫柔還是嚴厲的對待，就或多或少要取決於機會和情況了。就像是奴隸一樣，奴隸被視為有用的工具，有時候也會受到溫和的對待，並且有很好的伙食——因為那樣對主人一家會有幫助，可能也對主人的自我形象有幫助——「女性的主人」也是如此。溫柔深情的男性接受的還是法律和社會結構中的從屬關係，並且從中獲利，根據這樣的分析，他們和強暴或打女人的暴力男，兩者的差別只是環境和程度的問題，而不是品性全然的差異。我們多少也可以同樣認為：對於任何邪惡源頭的協力，與積極投入邪惡的行為，只不過是程度的差別。我們大概不太能想像一個中產階級已婚男性強暴他的老婆。有了婚姻這個有用的約定，便能夠有效的讓他不遭任何對抗，就以較溫和的方式取得自己想要的東西。**但是**，這也表示一旦他的利益有此要求，他將不至於遭到任何阻礙。（約翰．高爾斯華綏〔John Galsworthy〕的《福爾賽世家》〔*The Forsyte Saga*，一九〇六年—二一年〕一書中，便對這種糟透了的轉換展開深刻的探索，他描寫了索梅斯．福爾賽〔Soames Forsyte〕突然認為他「男人的面子」需要他強暴自己的妻子艾琳〔Irene〕，因為她頑固的拒絕成為他希望她成為的那種順從的伴侶。）這樣的男人當然會堅決反對法律改革。

我們必須再次重複：大部分男性都有良善的發言，他們反對暴力、主張愛和尊重。但是，只要法律立於相反面（在索梅斯的例子中，法律告訴他可以強暴自己的妻子，而不會受到處罰），他們就沒有什麼機會戰勝瀰漫整個社會的傲慢和自利。

現在，讓我們想一下這類關係是怎麼出現在美國的性別文化中，美國親密關係中的暴力並非罕見，而且其實大部分的暴力都是發生在某種類型的關係中。美國疾病管制暨預防中心（Centers for Disease Control and Prevention）公布的最新「全（美）國親密伴侶與性暴力調查」（National Intimate Partner and Sexual Violence Survey）指出：性暴力的發生率甚至比先前的研究認為的更高。[16]幾乎每五名接受調查的女性中，就有一名說她們曾經遭到強暴，或是有人試圖強暴她們，每四人就有一人說她們曾經被親密伴侶毆打。每六名婦女中，就有一名曾經被跟蹤。性暴力當然不只是針對女性，但是它對女性有不成比例的影響。有三分之一的女性說她們曾因某種形式的性侵害而受害。每七名男性中有一名經歷過性暴力，七十一人中有一人曾經被強暴（通常是在很小的時候）。女性的強暴受害者有超過一半是遭到親密伴侶的強暴，有百分之四十是被認識的人強暴。

16　Sharon G. Smith et al., *The National Intimate Partner and Sexual Violence Survey (NISVS): 2010–2012 State Report* (Atlanta: National Center for Injury Prevention and Control, Centers for Disease Control and Prevention, 2017), www.cdc.gov/violenceprevention/pdf/NISVS-StateReportBook.pdf.

這些數字都無法與傳統的父權態度劃清界線：我們這代的重要社會學家之一——愛德華．勞曼（Edward Laumann）——對美國人的性態度和經驗作了一番詳盡的調查，並發表在《性的社會組織》（*The Social Organization of Sexuality*）和另一本更大眾化的《美國的性》（*Sex in America*）書中，他發現了一些令人高度不安的事實。[17] 勞曼並非激進派，他甚至稱不上女性主義者，他只是一個極受尊敬、做量化分析的保守學者。

首先，美國男性普遍對男性性慾的認知，就是它很容易被激起，然後就控制不住了。一旦被挑起，男性就會「停不下來」。且普遍認為是女性對男性造成誘惑，她們的存在和身體魅力會讓男性失去控制；然後，男性就無法對他們所做的事負責了。男性的這種信念，還要加上一個對女性的迷思：她們其實想要性，即使她們嘴巴上說不要、即使她們對此做出反抗。勞曼用下述結論說明了這些態度是如何造成有問題的侵犯行為：

> 雖然男女之間對性的互動當然充滿了歧義和潛在衝突，但是除了誤解之外，還發生了其他事情。兩性對於何謂強迫的性行為，不只存在分歧，甚至是難以跨越的深溝。我們發現有許多女性說她們被男性強迫、做了某些她們不願意做的性事。但是極少男性回報說他們曾經強迫女性。男女對於性的發生有此差異，他們對性的體驗也存在差異，這有時候就表示存在兩個彼此區隔的性世界——他的世界和她的世界。[18]

尤其是勞曼發現有百分之二十二的女性說她們在十三歲之後，曾經在性方面遭受強迫（只有百分之零．六是遭到另一名女性的強迫）。而只有百分之二的男性曾經遭到強迫。這些女性中差不多有百分之四十認識強迫她們的男性，也有將近半數說她們與他有戀愛關係。

相較之下，男性幾乎清一色的否認使用強制力：只有百分之三說他們曾強迫過女性，百分之零．二說他們強迫過男性。可能有些人說謊，但是勞曼和他的共同作者（令人信服的）認為這樣巨大的差異不能用這種方式解釋。他們認為比較可能的解釋是「大部分強制性交的男性，並不認為他們的行為對女性而言具有十足的強制性」。[19]在他們猜測的情境中，丈夫晚上和其他男性出去玩，醉醺醺的回到家之後，立刻想要做愛，那是他應該享有的；年輕男孩與一名性感的女性約會，她提出也接受了一些進展，但是對性交說不。勞曼和他的共同作者的總結是：「他覺得兩人的性行為是雙方同意的。而她覺得受到強迫。」[20]

17 可參見Edward Laumann, *The Social Organization of Sexuality* (Chicago: University of Chicago Press, 1994)；與Edward Laumann, Robert T. Michael, John H. Gagnon, and Gina Kolata, *Sex in America: A Definitive Survey* (New York: Warner, 1995)。

18 Laumann et al., *Sex in America*, 223.

19 Laumann et al., *Sex in America*, 229.

20 Laumann et al., *Sex in America*, 229.

現在，讓我們把勞曼的發現與我們對物化的興趣連結在一起。男女這些互動的基本事實是男性覺得有些是他們應得的，他們其實有一半認為女性就是為了替男性做些什麼而存在的（前述的丈夫覺得性是「他應該享有的」；為約會買單的年輕男孩一樣覺得這是一筆交易，到頭來女性就是要滿足他的需求。）這些男性甚至不覺得他們使用了強制力，他們只認為自己是在這場有用的社會交易中，主張了自己的目的。由於他們的認知背景就是自己有此權利，工具化也成了他們的認知背景，因此就很容易否認完整的自主權（忽略了雙方並未合意）和主體性（「說不就是好」）。可替代性也在隱隱作祟：如果這名女性不符合我的利益，我就去找另一名符合的女性。

我們的網路和社群媒體文化放大了這些問題，使得否認一名（想像中的）女性的自主權和主體性變得不可思議的容易。網路上的色情內容讓人幾乎有取之不盡的馴服女性的形象，她們也有百分之百的可取代性，每一個動作和表達都助長了男性要掌控和權力的感覺。這些女性形象都缺乏自主權：她們的存在只是為了滿足男性的願望。她們的虛假主體性也能夠配合男性訂出的規範。這對於「真實世界」當然有外溢效應——就算是有人質疑其強度（甚至有人堅持某些色情內容對女性主義也有價值）。[21]網路文化與長期以來的廣告、色情印刷品和其他媒體對女性的描述，並沒有本質上的不同。但是它的程度差異令人不安：它構成了一整個世界——在那個世界中，觀看者完全浸淫在其中，其他什麼都看不到，就只看到能供他驅使的女性形象。今天有許多男性會花上數小時待在那個世界中。

因此，雖然始終有些男性無法吸引到女性伴侶，但是只有在今天這個網路的時代中，我們發現有「非自願獨身」（「incel」，involuntary celibate）的運動透過網路和社群媒體傳播開來，這個運動讓許多男性認為雖然他們遭到女性的拒絕，但是要求女性滿足他們，原就是男性的權利，這鼓動他們覺得如果「真實世界」中的女性不（像網路色情世界中的女性那樣）表現得足夠順從，就可以用暴力的方式處罰她。[22]

女性主義對物化的概念——再加上斯坦頓、彌爾和沃斯通克拉夫特的理論中提出的物化原型概念——有助於我們了解性傷害是什麼：有什麼事情正在發生，以及它為何重要。而我們還需要了解為什麼：是怎樣的根本情緒和慾望，造成了這類行為。

---

21 有關於色情內容和「真實世界的」因果關連，可參見Anne Eaton, "A Sensible Antiporn Feminism," *Ethics* 117 (2007): 674–715，在這篇文章寫作時，還沒有因網路而使色情內容到處充斥。有關於麥金儂對色情內容的論點，的確有些評論合理的指出：某些色情內容的價值在於讓女性、LGBTQ族群（女同性戀者、男同性戀者、雙性戀者、跨性別者、其他概指非異性戀的人）等更有力量。但是現在從量化來看，網路已經被某種物化女性的色情內容滲透了（即使其他類型還是存在）。

22 可參見曼恩在《不只是厭女》一書中對這個動向的討論，還有它造成的某些重大犯罪。

第二章　支配之惡

傲慢與貪婪

當我還是個孩子時，我就已經是超級巨星了。

——國家美式足球聯盟（NFL）球員與性愛狂魔詹姆斯．溫斯頓（Jameis Winston），出自他於自家獎盃室拍攝的自製影片，他稱呼那個房間是「砰砰房」。[1]

「物化」可謂是性暴力的核心——也是其他傷害的核心。不過物化是一種行為。它是潛在的性格特徵、持久的行為模式、幻想和情緒造成的行為。情緒是性格的重要部分，亞里斯多德（Aristotle）和許多後世的哲學家都強調過；但是情緒可能很短暫，而且有時候並不是表現出持續

1　其脈絡可參見第八章。

的特徵。我在這裡關注的是我們（或是其他）社會滋養出來的症候群，尤其是在男性身上的。傲慢是性格特徵，而不是相關的短暫情緒——它是了解我們的社會中何以常見到性物化的關鍵。

傲慢這種特質意謂著慣常覺得自己高於其他人，而且認為其他人不是很重要。傲慢有許多種形式，有些人只會展現出一種，而沒有其他的。（因此，具有種族傲慢的人不一定有階級傲慢，或甚至就是因為缺乏階級的傲慢，才以種族傲慢來替代。）然而，無論男性在美國的其他等級制度中處於什麼位置，都因為長久以來的傳統而培養出他們的性別傲慢——他們會認為女性沒有完備的價值，輕視她們也是應該的。也有某些其他不好的特質——尤其是貪婪和嫉妒——會激起傲慢。但是這些其他的特質如果和傲慢結合在一起，就會對社會帶來劇毒。

整體而言，傲慢是造成女性附屬地位的深層原因。但是本章的分析也打算讓我們最終可以了解：為什麼即使是在男性特權並非常態的領域（例如運動、媒體和司法界），性別的傲慢也如此猖獗——一個人整體而言愈是傲慢，就愈不容易聽到（或是看到）自己領域中的女性。受傷的自尊（和因之而感到的羞恥）也都具有破壞性，在大多數家庭暴力中扮演了巨大的角色。

不過，讓我們先來看一下傲慢，我們可以用深具洞察力的哲學家詩人但丁（Dante Alighieri，約一二六五年—一三二一年）提供的意象作為指引。但丁的詩深入探索了人類的善和惡，透過詩的意象，達到對人類的罕有理解。在他那偉大的三部曲中，中間的一部提到煉獄（Purgatorio）裡的靈魂不會永遠受到詛咒，因為他們已經悔悟了，但是還有更多犯下類似罪惡的人沒有悔悟，所以他們要下地獄（Inferno）。不過這些靈魂有些壞的性格癖好，所以他們必須盡力做出一些好的行為，並適當的關注其他人，才能夠做出改變、改掉這些癖好。但丁在煉獄的遊歷是由另一名詩人——偉大的拉丁語詩人維吉爾（Virgil）——引領的，但丁認識到自己也有許多罪惡，他但願在死前能夠至少消解一些。我認為但丁的自我批判是我們這個時代亟需的一首詩，可以幫助我們的社會看到自己。

但丁和維吉爾在煉獄之山一層層向上爬時，發現自己置身於一個荒蕪的台地，有一小群靈魂在那裡掙扎著改正自己，然後才能夠再往上爬。（讀者們在《地獄篇》〔*Inferno*〕裡已經知道：這裡只有一小群人的原因，不是因為此處要矯正的不良特質只屬於極少數人，而是因為有這種特質的人少見能夠悔改、從而最終進入煉獄〔而不是地獄〕。）他們現在看到了一幅奇怪的景象：映入他們眼簾的是一些外形像人的形體，但是這些「人」把自己彎得像一個箍環，所以根本看不到外在的世界或是其他人。他們的臉不是向外的，而是只往內看著自己，所以他們既看不到別人，別人也看不到他們。結果就是讓一頭霧水的但丁認為他們「看起來不像是人」（*non mi sembian persone*, x.113）。維吉爾告訴但丁：那是「他們所受處罰的沉重」（*la grave condizione di lor tormento*），讓他們只能用對摺的方式站在地表。不過當然，但丁也深知他們所受的處罰不是要將外物加到他們現在或過去曾經是的那個人。這幅圖像就只是適切的表現出他們那發育不良的倫理狀態。他們雖然身為人，但是從來不曾正眼的看待其他人、承認其他人有完整的人性。他們就只盯著自己看。

這些不幸的靈魂是誰呢？我們可以稱呼他們是自戀者，不過，但丁認為他們難以負荷的沉重罪惡叫作「傲慢」。自戀的自我關注還有其他常見的形式——例如怨恨、慣性嫉妒和貪婪——但丁闡釋了傲慢此種罪惡和這些都有密切相關。但是傲慢的自我陶醉是最徹底的，因此在這個意義上，它就是極惡之首，它本身就有害，但是也會讓其他罪惡更加劣質。但丁所處的佛羅倫斯（Florentine）是一個高度競爭的社會，其中也充斥著這種罪惡，但丁意識到他自己就有這種特質，至少是在文學競爭的脈絡中。只要那個「P」字母（「*peccatum*」，即「罪」或「惡」）能從他的額頭上抹除，其他「P」也都會立刻變得淡一些。（但丁的描繪是宗教式的，但是其中體現出超越宗教的人性洞察。）[2]我所談論的是善與惡，不過這個脈絡也可以和討論罪的語言相呼應，因為基督教對重罪的討論其實是哲學上極寶貴的資源，在美國文化中也很有影響力。[3]（我在使用「罪」這個字眼時，並非意指任何特定的宗教，也不是任何宗教所指的原罪。）許多不同的觀點都認為這種特徵是來自社會的鼓勵和塑造——雖然也很可能是受到某些人類先天進化的傾向所導致（那些傾向早於所有特定的社會化，例如會形成階級、與其他人競爭排序的人類天性）。這表示它們很容易被鼓動，而不容易被消滅。

驕傲這種情緒

不過，在我們將傲慢理解為一種惡劣的性格特徵之前，我們必須先審視驕傲這種一時的情緒。驕傲是種常見的情緒，但是卻極少有宗教家以外的哲學家對它進行分析。的確有一名哲學家做了出色的分析，他是大衛・休謨（David Hume），休謨在《人性論》（*A Treatise of Human Nature*）的第二卷（題名為《論情感》〔*Of the Passions*〕）中，第一個分析的情緒就是驕傲——還有驕傲的反面情緒，但是休謨誤導性的將其稱之為「謙卑」（humility）。[4] 哲學家唐納德・戴維森（Donald Davidson）指出：雖然休謨計劃把所有情緒都硬塞到他對印象和想法提出的簡化框架中，不過他對驕傲的討論為它賦予了豐富的認知內容。[5] 休謨對驕傲的討論包含許多深刻的

2 譯者注：每個進入煉獄的人都會在額頭上刻下七個「P」字，代表七宗罪，每贖完一種罪，就會被抹除一個「P」字；此處是指一旦代表「傲慢」的「P」字被抹除了，其他罪惡也就變得容易消除了。

3 有關於但丁在美國的影響力，可參見Sinclair Lewis's *Babbitt* (1922)，該書描述但丁啟發了美國中西部的「罪惡景觀」（sinscape），其中就連鄙視博雅教育（liberal arts）的角色都知道但丁，而且大部分人也都熟知但丁三部曲的大概內容，這無疑是因為在一九二一年舉辦了這名詩人去世六百週年的紀念活動，由此活動推波助瀾之故。

4 David Hume, *A Treatise of Human Nature*, ed. L. A. Selby- Bigge, 2nd ed.，由P. H. Nidditch (1940; Oxford, Clarendon Press, 1978), 291修訂。本段討論中對這本著作的所有引用，都是出自此處列舉的版本。

5 Donald Davidson, "Hume's Cognitive Theory of Pride," *Journal of Philosophy* 73 (1976): 744–57.

見解，但是他基本上認為驕傲是一種愉悅的感覺，而且是種有雙重導向的想法：一邊指向物體（你感到驕傲的東西），一邊則指向自我（你對那個東西感到驕傲的理由）。他稱前者是情緒的對象，後者則是原因。因此，有一棟漂亮豪宅的人會對房子覺得驕傲，不過理由是豪宅屬於他。換句話說，當我們在說驕傲而不是美感時，房子只是該情緒的起因。它會引起愉悅的情緒，但不是該情緒的重點或全部。情緒的對象或真正的重點是自我。所以驕傲和仰慕（或愛）是有區別的。

休謨也提及驕傲有許多種可能的理由，不過它們通常和自我有某種密切的關係：個人的特色、身形外貌、財產。我們如果想像一模一樣的特徵出現在其他人或是那個人的所有物身上，並不會激起驕傲的感情。此外，原因通常還包括不是與許多人共有，而是「我們特有的，或至少是只有我們與一些人共有」。休謨給的理由是驕傲並非聚焦於物品固有的性質：重點是本質上的比較性。雖然都是你的東西，但是如果該東西是每個人都有的，你就不會有感覺了。休謨認為任何東西的社會性評價都比本質的評價更具有比較性，而且驕傲的全部重點就是把自己提升到高於其他人的地位。因此，如果有數百名賓客參加一場豐富的盛筵，他們可能都覺得開心，但是只有「筵席的東道主」會覺得驕傲，因為只有他「額外會有自我讚許和自負的強烈情緒」。此外，基於同樣的理由，驕傲的原因必須是對其他人而言明白而顯著的。休謨認為驕傲源自於社會化之前的人類本性，但是也受到偶然的社會排序的強烈影響。它在高度競爭和靠位置決定的社會中，發展得最為明顯。

驕傲這種情緒可能轉瞬即逝，因此未必有害，但是它體現出人類以扭曲的方式看待世界以及自己在世界中的樣子。你喜歡自己的房子，不是因為它很漂亮或是很舒服，而是因為覺得它能夠替你帶來社會身分的差異。你愛家裡的寵物，不是因為牠們的深情本性和技能，你在看著牠們時，想的都是你自己。我們也可以想像一下某些父母對孩子的主要情緒也只是驕傲——這種現象我們也很熟悉。這樣的父母其實很難愛他們的孩了，因為他們就只是把孩子看作搏取自己名聲的工具。雖然我們也都知道古往今來，常有丈夫對他們的妻子感到驕傲，但是那種態度也不可能容得下他們對女性自主權和主體性的堅定承認。就像在荷馬（Homeric）的時代，女性當真就是男性在戰場上贏來的戰利品，這個時代的我們也很清楚有所謂的「花瓶嬌妻」，她是帶來驕傲的物件，因為她的美麗（或是其他適合妻子的美德）會替「贏得」她的男性帶來擁有男子氣概的名聲。

簡而言之，驕傲這種情緒已經意謂著工具化，因此將帶來物化，並傾向於否定完整的自主權和主體性。這種心態已經瀕臨暴力邊緣。讓我們再想一下高爾斯華綏書中的角色索梅斯・福爾賽——我們已經在第一章中討論過他了。他是一個缺乏魅力但是有錢的男性，成功贏得了美麗的艾琳的芳心，所以在世俗人的眼中，他得到了名望。他是帶著驕傲看待她，而不是愛。當她公然反抗他、不願意與他同床的時候——這讓他感受到公然受辱的威脅——就沒有什麼能夠阻礙他證明自己男子氣概的情緒了，於是他便以婚內強姦的方式證明了他對她的支配。（這個例子說明了自尊受傷後帶來的羞恥是如何導致家庭暴力。）

傲慢這種特質，性別優越感與其反面

現在讓我們想像一下驕傲凝固後，變成固定的人格特徵——那是一種結合了情緒、信念和行動傾向的複合體。但丁描繪的傲慢十分能夠表達出這種特質：它們真的就像箍環一樣，把自己彎成一圈，所以只能夠看到自己，完全看不到外在的世界。當愉悅的情緒轉成持續存在的人格特徵，我們就會看到傲慢這種特質並不總是令人感到愉悅。它是一種身處在這個世界中的習慣方式，所以傲慢不該被想作是突然高漲的欣喜，而是一種以自我為中心的固定狀態——它會讓人習慣，所以傲慢的人通常自己也沒有察覺。雖然以自我為中心通常是出於自滿的一種形式，不過像是在索梅斯．福爾賽的例子中，則是因為處於焦慮的邊緣：傲慢者的優越感如果遭受到任何威脅，都一定會成為令他覺得痛苦的創傷。

如果我們和但丁一樣，認為人正在透過某種形式的愛或努力追求善——那是天主教傳統的一部分，我認為也是絕對正確的——我們便應該同意他所說的，傲慢代表對愛的一種相當根本的毀壞。他所指的愛是對於（人性的基本）善的渴望和伸手。而傲慢則不認為自身以外的任何事是真實的。傲慢和所有的其他罪惡比起來，更會奪走人與外部真實極為基本的關係，因此毀壞了人的基本屬性。傲慢甚至不會造成對外部對象的錯誤選擇，因為傲慢根本讓人看不到不同的對象，只看到自我。它們與世界的所有往來都成為工具化的形式。但丁深刻觀察到這樣的傲慢不只會走向物化；這些人甚至不算是非常完整的人——因為他們的臉不會朝外：「他們看起來不像是人。」

有些人的傲慢是全面性的，他們在世上的往來中就只看得到自己。因此會對那些（他們認為）遠低於自己的人完全缺乏同情心。但丁展示了某些人的傲慢擴及整體，但是只專注在一種屬性：權力、尊貴的出身或藝術上的卓越（那是但丁自己的罪）。因為這些人也覺得他們自己的卓越才最重要，所以他們的傲慢很快的指向全部領域。

但是我們也可以想像有些人的傲慢就只是局部性的，他們看得到世界上某些地方的真實，但是其他地方的卻看不到，他們在某些往來中可以看到真實的人性，但是在其他往來中則只看得到自己，其他人都是他的工具。有些統治者只把臣民看作物品，但是他們可能確實愛自己的家庭成員，對他們的安康也很關心。在大部分由男性支配的文化中，他們與其他男性的確有平等、友善和尊重的關係，但是卻看不到其他「低於他們的人」也有人性。就連是誰處於「低位」，解釋都存在著差異，因此就帶來了不同類型的群體自豪感。

所以幾世紀以來，白人——不論男女——都有白人的種族傲慢，卻通常沒有階級的傲慢，換言之，美國種族主義遍及各個社會階層。此外，白人女性通常有白人的種族傲慢，但是沒有性別的傲慢。伊麗莎白・卡迪・斯坦頓是為了（白人）女性的完整人性而奮鬥，但她同時殘留了一些可悲的種族主義態度。某些人可能會有階級傲慢，但是沒有種族傲慢；有些白人廢奴主義者出身自社會上層，他們會替受過教育的非裔美國人爭取平等權利，但是卻看不起體力勞動者和農民，還將他們視為工具。有些人完全抵制男性的傲慢，但卻還是保留白人的種族傲慢和階級的傲慢，約翰．史都華．彌爾就是其中一個罕見的例子，他願意為女性的自主權和主體性在理論和實踐上獲得承認而奮鬥，但是他卻保有階級優越的態度，還在文章中指出印度人是比較劣等的種族，因此他描述的家庭暴力，都只有發生在下層階級。

但丁指出傲慢是人心的普遍傾向，此事當真不假；不過人還是會有所區分，他們會把某群人看在眼裡，但是對待其他人就帶著極糟的自戀。而且甚至還會常常替自己的區別找理由開脫，用許多理由來說明對方比較低等，甚至說他們看不起的人具有禽獸的特性。有時候——讓我們回想一下「性別歧視」和「厭女」的區分——這些論點其實是站不住腳的策略，只是為了要替純粹出於支配的行為找理由。不過，有時候，其實行為人是真心相信它們所牽涉的信念。（現今的大部分人都是當真認為非人類的動物比較低等，這樣的信念也能夠說明把動物視為物品看待是正當的。）

有時候，人們會特別抱著某種傲慢不放——如果他們對於其他的類型缺乏安全感。有一種傲慢的確是所有男性都可以依賴的（即使他們覺得自己缺乏階級、種族、政治權力、職業和其他地位上的優勢）：那就是男性在性別上的優越感。各個社會和社會裡的所有團體都會讓男性習得性別的傲慢，讓缺乏其他地位優勢的男性也能夠獲得傲慢的一席之地。彌爾解釋得很好：

想像一下這對男孩來說代表了什麼，在他長大成男人的過程中，他會相信即使沒有任何長處或是自己的努力，或者雖然他可能是最輕浮、最空洞的人，最不學無術也最麻木的人，但是只要他生而為男性，按理說他就優於人類種族的另一半中每一個人：或許其中有些人當真每天、或每小時都感覺到自己具有優越性，（這些男性）只是出自傲慢，而且是最糟的那種傲慢，他們的價值只是來自於剛好取得的優勢，而不是自己的成就。主要就是覺得自己位於另一性別的全體之上，而且掌握對該性別的任何一個人的人格權威。（86、88）

彌爾認為到處都在教人這一課，但是也不是毫無例外。彌爾講的大部分也都對——直到非常近期都是如此。他在最後一句話裡，認為男性的傲慢造成了對女性的人格權威中一種有害的形式——他之前也認為是那種權威造成了婚姻中使用性暴力的傾向。大部分男性不會轉向那個方向。他們否認女性有完整的自主權，但還是待她們很好，就像在疼愛小孩子。但是物化一旦出現，就不再有堅固和難以克服的藩籬，可以阻隔（不論是情緒或物理的）暴力。

如果一種文化讓女性在法律和／或社會上居於從屬地位，性別的傲慢就會顯得廉價而且容易。其他形式的傲慢還必須有什麼值得炫耀的東西，而且（休謨正確的指出）需要所有人承認那個東西具有地位上的相對優勢。擁有那些相對優勢的人，或許整體而言比較容易變得傲慢，就像是但丁自己（雖然我們會在後文看到但丁舉了圖拉真〔Trajan〕皇帝的例子，由此可以看出，但丁其實知道一個人也可以擁有許多優勢，但是毫不傲慢）。但是就算只有男性的第二性徵，就像彌爾所說的：你就可以坐享其成的主張對這世界上另外一半的人享有特權。

想要臣民順服的統治者就會了解這種輕鬆取得的傲慢具有怎樣的吸引力。歷史學家坦妮卡·薩卡爾（Tanika Sarkar）描述了印度的英國統治者是如何鞏固男性對女性的傳統權威，好抵抗當地印度人對改革的努力——他們讓女性的結婚年齡維持在很年輕（當時只有十二歲！），也拒絕把婚姻內的強姦視為犯罪（即使新娘還只是個孩子）。薩卡爾對英國的辯辭作了精闢的分析，她的結論是：守護印度男性的性別權威是一個精明的策略，讓男性臣民擁有自己可以完全支配的領域，這樣（便有望）讓他不至於想要反抗英屬印度。[6]

與傲慢相反的美德通常稱作「謙卑」。如果這個名稱是用來指稱某些人痛苦的想著自己低於其他人，那它就成為誤導了。（但是休謨是這樣定義被他誤導性的稱之為「謙卑」的情緒。）將自我定位在次等地位的普遍傾向，似乎不特別算是什麼美德。它也無法糾正傲慢的錯誤，因為人們只會糾結於自己低人一等，而不會特別把焦點放在外部，或是導向尊重別人的自主權和主體性。其實這種傾向也是一種別具方式的自戀，它把對於相對地位的競爭看得高過一切。但是休謨使用「謙卑」這個詞時，不是依照基督教的傳統方式；其實他可能應該使用「羞恥心」（shame）這個詞。僅管如此，這種羞恥心也稱不上是美德。

如同但丁所描述的，基本上，與傲慢相反的基督教美德是不自戀與做人的禮度：不要自吹自播自己的優勢地位，而是要往外看向其他人，用具有同理心的注意力注視／傾聽他們。但丁給了三個例子，其中兩個涉及宗教教義，所以我在這裡專注在第三個例子——皇帝圖拉真。圖拉真被一名可憐的寡婦找上，那名寡婦的兒子被殺了，她想要尋求正義。[7]圖拉真承諾一俟他返程，就會考慮她的要求。婦人心存懷疑而且很痛苦，所以他力勸她放寬心；他會在離開之前處理這件事：「正義需要獲得彰顯，是同情讓我在這裡停下腳步」（x.93）。

圖拉真當真把這名保護不了自己的可憐女性看作完整的人，並且聽她說了什麼。他沒有把她看成次等的人，當然更不只是一個工具。他關心她的感受，對她給予同情（*pietà*），並且成為她忠實的代理人、許諾她選擇的能力，因此給了她所處的那個文化中可能缺乏的自主權。他也可以完全不一樣——大部分在他這個地位的男人的確不是這樣的，他們可能是出自階級的傲慢、性別的傲慢，或是純粹就只忙著關注自己。他的重要美德是他暫時放下了自我，去觀看、去傾聽；我們稱呼這是帶著同情心的尊重，或甚至是人性之愛。表示這個人是站得直直的、臉朝外，眼睛看著世界。

---

6 Tanika Sarkar, "Conjugality and Hindu Nationalism: Resisting Colonial Reason and the Death of a Child-Wife," in *Hindu Wife, Hindu Nation: Community, Religion, and Cultural Nationalism* (New Delhi, India: Permanent Black, 2001), 191–225.

7 但她其實是說「*fammi vendetta*」，所以她所要求的正義就——令人迷惑的——和復仇混在一起了。雖然希臘和羅馬對懲罰的哲學觀點集中在嚇阻和改過，避免了傳統宗教的報復主義，但是基督教的哲學觀點通常是嚴守報復原則。

我們再一次看到人類會劃分彼此。廢奴主義者——不論是黑人或白人——在譴責種族傲慢的時候，通常帶有性別傲慢。廢奴主義者開會時，甚至不准女性進入房間：因此如果是伊麗莎白・卡迪・斯坦頓，就會被拒之於門外，但是她平凡的老公就可以進去。但是，我們現在至少對傲慢是如何運作、性別優越感又是如何出現這種最陰險的形式，有了初步的認識。而且當然，就像是傲慢的習性會從一個領域擴散到另一個，善的習慣通常也是：一旦你習慣了有禮、坦率的對待其他人，就算是之前某個你會展現出高傲態度的領域，也比較容易反著來做了。

煉獄裡的靈魂會漸漸丟掉他們的惡。為什麼呢？首先是他們開始了解自己的特質有什麼缺陷：傲慢的人要面對自己的自戀，也要知道是因為自戀，才讓他們看不到其他人。其次，他們看到了對立面的美德的例子。但丁所稱的「傲慢之鞭」真的就像一條鞭子：如果深刻的意識到何謂面對世界的更好方式，就會鞭策靈魂更加努力。靈魂不是被施以報復性的嚴厲痛苦懲罰，而是進行了重塑和改造，改造則始於學習歷史和當代的美德範例。第三，他們最終會走向實踐美德。但丁也和亞里斯多德一樣，認為善／惡就是習慣經過反覆之後，形成的情緒與選擇模式——不是未經大腦的重複，而是理性的實踐，因為他們的確知道美德和其反面的差別何在。想一下圖拉真，我們就會知道實踐包括開放與尊重的對話，特別還有聽取被害者（他們遭到社會制度的無禮對待）的投訴。我會在結論中描述基於這個想法，會達成怎樣的和解圖像。

現在讓我們回到美國、回到美國人混合了傲慢和貪婪的特徵，因為那些想要往上爬的人（說真的，在美國有誰不想往上爬？）抹去了愛和喜悅——播下了傷害的種子。

但丁在美國：傲慢與貪婪

美國人的男子氣概取決於一種比較的地位競爭，重點是賺錢。美國沒有貴族頭銜，所以對美國人來說，相對的優越感主要是根據金錢和錢可以買到的東西。經濟學家羅伯特・弗蘭克（Robert Frank）在他那本頗具影響力的著作——《達爾文經濟》（*The Darwinian Economy*）——中，指出所有現代社會都離不開一種準達爾文式的鬥爭，競爭的優勢取決於金錢和財產。[8]我認為弗蘭克對歷史變遷的意識不足（貴族和君主政體的社會並不是那樣的），而且即使他專指現代資本主義，他也對社會的差異興趣缺缺（芬蘭和美國當然就明顯不同）。所以，其實他不應該用達爾文來為他的理論命名，因為達爾文發現的普世機制可以跨越不同的人口和時代。不過，弗蘭克的確對美國人的國民性（如果真的有這種東西存在的話）給出了一個深具洞察力的描述。如果用但丁的話來說，他認為美國人的傲慢和另外一個特質密切相關：貪婪。

8 Robert Frank, *The Darwin Economy: Liberty, Competition and the Common Good* (Princeton, NJ: Princeton University Press, 2011).

弗蘭克不是唯一一位認為美國的生活是由（對金錢的）地位競爭所主宰的作家。佛洛伊德（Sigmund Freud）也有幾年的時間在美國教書，他從來不喜歡這個地方，但是當記者問他為什麼，他總是巧妙的閃過這個問題。不過在他去世之後，朋友說出了他的真實觀感。維也納精神分析師保羅．費德恩（Paul Federn）在一九四七年於紐約精神分析學會（New York Psychoanalytic Society）的一場演講中，說出了佛洛伊德過去常說「他其實找不到、也感受不到足夠的生命力」。[9]那些能量都到哪裡去了呢？它們有進到藝術、詩或哲學的創作中嗎？沒有，佛洛伊德說，那些生命的能量全都用去賺錢了。精神分析學家歐內斯特．瓊斯（Ernest Jones）也說佛洛伊德覺得「商業上的成功決定了一個人在美國的價值」。[10]雖然佛洛伊德總是保持禮儀，但是他也曾經在克拉克大學（Clark University）親口告訴他的聽眾：演講美國夢似乎不太恰當，因為這個國家「專心致志於實用的目標」。[11]

中世紀的佛羅倫斯也對貪婪十分熟悉，但丁對它的定位很接近傲慢。其他特質經常涉及對一件事的執迷和過度追求——像是暴食和色慾——而但丁認為，貪婪的人看不到超出自己的範圍、另外指向一個比較像是愛的東西。暴食和有色慾的人至少有一件事是對的：他們的眼睛看向真正的美好，雖然他們對美的概念很表面。他們可以被教會更深入的評價何謂美好。因為他們的確看到了真正的美好，所以他們有大量精力去做許多其他美好的事，例如交朋友和寫詩。（但丁就加入了一個性濫交的團體，而且他有很多「吃貨」朋友。）相較之下，貪婪則與更高層次的東西沒有什麼串連性：金錢沒有生命，它只是一個東西，不是一個人或是一群人，或是能夠供給生命的好東西（像是食物）。它只是一個競爭的標誌，本身沒有價值。而且貪婪也可能變得極為執迷，掩蓋住所有其他追求。

滌除貪婪的處罰也像是對傲慢的處罰一樣，先要表現出那種罪惡本身：「為了悔改靈魂的淨化，要將貪婪的所做所為在這裡清楚的展現」（xix.115–16）。貪婪的人四肢展開、臉朝下的躺在地上，「好像我們的眼睛都不向上看，只盯著俗世的事物」（118–19）。就如同他們的生活中只執迷的盯著一些沒有生命力的東西，所以他們現在也看不到人群、自然或美麗的曙光了。貪婪也和傲慢一樣，視覺上會被削弱：差別在於貪婪至少會看向俗世（指他們的錢和財產），傲慢則把自己彎成一半，所以只看得到自己。不過，因為錢也只是地位的標誌，所以這個區別其實沒有差

9 引用自Henry Abelove, "Freud, Male Homosexuality, and the Americans," in *The Lesbian and Gay Studies Reader*, ed. Henry Abelove, Michele A. Barale, and David M. Halperin (New York: Routledge, 1993), 381–93, at 387；該文中有進一步的出處資訊。

10 由阿比洛夫（Abelove）引用自瓊斯的自傳：Ernest Jones, *Free Associations: Memories of a Psycho- analyst*。

11 Abelove, "Freud, Male Homosexuality, and the Americans."這一段和上一段與我在下列文章中的文字很類似："The Morning and the Evening Star: Religion, Money, and Love in Sinclair Lewis's *Babbitt* and *Elmer Gantry*," in *Power, Prose, and Purse: Law, Literature, and Economic Transformation*, ed. Alison L. LaCroix, Saul Levmore, and Martha C. Nussbaum (New York: Oxford University Press, 2019), 95–124。

異。貪婪和傲慢互為助力，傲慢使得貪婪不是那麼容易改變。

傲慢和貪婪會讓性變得畸形，使人們普遍認為女性不過就是金錢和地位的象徵。這個態度（就像是但丁所形容的）意指不向外看，所以它會有一種嬰兒的自戀。讓我們想一下（被說是）自殺的傑佛瑞・艾普斯汀（Jeffrey Epstein）那邪惡的一生，還有他經營戀童癖生意的歷史（據說還有許多其他有錢人參與其中），我們可以很清楚的看到他們的戀童癖與他們對金錢和地位的執迷都有關聯。戀童癖表示絕不承認性伴侶具有成人的自主權和主體性，因此那是一種性物化的典型形式。

簡而言之，佛洛伊德的但丁式洞察看到的是傲慢的美國男性，他們沉迷於地位的競爭，看不到女性的完整人性，而且不知道如何去愛。他們的性伴侶就只是財富和社會地位的標誌。

一個社會要怎樣做，才能有所不同呢？必須儘早消解自戀。但丁會說，必須把愛慾向外轉往其他人——教人關注其他人的個別性和他們真正的價值，以及他們自己的感情和選擇的價值。包括要一直練習傾聽和觀察，煉獄中的靈魂很晚才學到這點。接下來還包括仿效圖拉真的範例，支持其他人的自主選擇，並且想像別人的主體性。

但丁有非凡的命運：神聖的調解任務讓他正好「在人生道路的一半」時（三十五歲！）踏上旅程。很重要的是他還是一名詩人，這個身分陶冶了他的想像力——雖然我們會在〈第七章〉中看到：偉大的藝術家在性生活中，也無法免於傲慢帶來的畸形。

有性別傲慢的人如果又在其他形式的美國競爭中取得高度的成功，可能會顯得更冥頑不靈、傲慢自大，相信自己可以將整個社會翻轉過來，甚至將法律扭曲為其所用。不要忘了但丁在煉獄裡為傲慢留的位置十分稀少；大部分佛羅倫斯的「頭面人物」都在地獄裡，因為他們毫無悔意。這是本書第三部分的主題，我會在第三部分討論為何在美國生活中三個高度成功的領域裡，法律和倫理的可問責性都沒有取得成功。

傲慢的其他表親：嫉妒、憤怒

但丁指出另外兩種罪惡與傲慢有緊密的連結，他聲稱這兩種罪惡與傲慢同樣有自戀的問題。傲慢與嫉妒的連結很容易理解。心存嫉妒的人（他們的嫉妒已經成了持續存在的人格特質，而不只是一時的情緒）總是看著別人的好運，覺得別人的好運把他們都比下去了。因此他們顯得執著於競爭、只關心他們自己的相對地位。但還是有些要注意的。我在《恐懼之君主國》一書中，指出某些形式的嫉妒是因為人們要在生活中取得真正商品的機會不平等。因此（舉例來說）如果我們（例如我）覺得能夠獲得適當的醫療照顧是重要的好處、是有尊嚴的人類生活中必不可少的，我們也要注意到有些社會（包括我們自己的社會）中，其實有許多人無法取得這個好處。這類人就會嫉妒富人擁有的適當醫療照顧，這與自戀無關，也不是說他們沒有發掘自身的好。這種嫉妒需要用適當的政策加以解決——讓每一個人都可以取得這些真正的商品。這種嫉妒算是罪嗎？如果它的重點是讓享有這些好處者的幸福遭到破壞（而不是帶來政治的改變，讓每個人利益均霑），它當真不太健全；但是如果它激發了人願意努力為所有人帶來真正的好處，那它當然就是好的。

與傲慢關係緊密的嫉妒只關注彼此的相對地位，完全不、或只有些微意識到真正的自身價值。但是在社會變遷的時代，價值和資格通常有極大的混淆。讓我們想一下女性在全世界的高等教育和許多職業中取得的快速進展，還有男性對這些競爭後取得的成功有著普遍可見的嫉妒反應。[12]如果社會整體是用相對的地位來定義成功，而且高地位的數量有限（通常也真的是），那麼，如果有先前不被包括在內的團體突然加入——雖然這其實是包容性和正義的進步，理應受到歡迎，但就會很可能被（至少某些人）帶著嫉妒的眼光視之。如果男性在成長過程中，都認為大學和職場的位置理應當然是他們的，也預期女性會屈居於他們之下、支持他們，那麼正義的想法就很難實現了。可以理解女性的突然成功會帶來混亂的反應，其中一些是滿懷的嫉妒。一個深具美德的主張——「我值得接受大學教育」，將與帶著嫉妒的地位聲明混為一談——「她們拿走了理應屬於我們的位置」。我們的社會整體是貪婪的、只關注地位，而且只有極少數人能獲得這類重要的商品，這些事實更擴大了這樣的混亂。

愈是只用競爭地位的角度來看待生活中的好事，孳生嫉妒的空間就愈大。如果人們能夠清楚看到一項重要的好處（例如健康照顧或高等教育）是固有的利益，所有人都應該確保能夠擁有，他們就一定會支持更有包容性的社會運動，而不是帶著嫉妒的眼光看待其他人。如果他們反而對新提出要求的人帶著妒恨（例如極力反對增加大學教育和其他重要商品的取得途徑），就表示他們認為這類商品的競爭是零和遊戲。這也就是為什麼嫉妒和傲慢很像：正是因為執迷的認為別人的成就是對自我的威脅，才激發出嫉妒的情緒。

對地位的嫉妒有許多種形式，然而其中一種是性的物化、甚至是暴力。在社會競爭中無法取得成功的男性為了報復，有時候會把屬意的女性形容成只是個「婊子」，而且想要毀掉女性的社會生命。最純粹也最顯然是暴力的性嫉妒形式，大概就非「非自願獨身」運動莫屬了，運動中的男性認為性征服是一種競爭，而他們是男性參賽者中的輸家，於是會對（被他們認為）拒絕自己、為他們帶來恥辱的女性暴力相向。（通常這些女性甚至不知道該名男性的存在。）在網路交流的推波助瀾之下，他們有時候會對一名或多名女性表現出暴力舉動。就像是所有暴力的性表現一樣，我們其實很難知道有多少現實暴力是網路世界所引起的，但是，如果我們說（網路上）呈現的暴力的確在現實世界中造成了損害，有證據支持的程度至少絕對不亞於我們可以接受的許多

---

12 我在下列書中有討論這件事：*The Monarchy of Fear: A Philosopher Looks at Our Political Crisis* (New York: Simon and Schuster, 2018), chap. 6。

其他因果關係。[13]

「非自願獨身」或許可以只看作一種病態，但是它們代表在這種極端的形式之外，還有一種大趨勢想要用性的詆毀來報復女性（而這是某種出於地位嫉妒的結果）。[14]這裡所想像的競爭似乎是針對社會地位，而且重點在於相對於其他男性取得成功。另一種不同的競爭則是職業上的，嫉妒的對象就是直指女性自身，例如AutoAdmit網站的例子。這個網站原本是想為進入法學院就讀者提供建議。網站很快的墮落到出現色情內容：有男學生匿名在該網站撰寫貼文，明確的把法律系女學生形容成「婊子」，還寫了一些色情的情節。重點並不止於把表現出色的同學描寫成只是一名「淫婦」，就可以聲稱自己比她優越，這還對現實世界中要申請工作的女性造成了損害，因為就算是未來的僱主並不相信色情傳聞，它還是玷污了僱主眼中的女性。該網站提供的建議甚至還包括如何把用了女性名義的造假故事放到Google第一頁。因此，該網站不只是在教室裡製造壓力（匿名貼文的作者知道那些女性的名字和身體特徵），它還帶來實際的損害。有兩名表現優異的耶魯法學院女學生提出訴訟，指控對方誹謗、並造成她們情緒上的痛苦。網路的匿名性造成了一大阻礙：在追蹤了許多涉案者之後，只發現三名男性，其他列在控訴名單中的人都是代號。該案最後達成了一個協議，而條款保密。

但丁還將忿恨引發的憤怒與傲慢連結在一起。這個連結乍看之下顯得不可思議。憤怒難道不是針對另一方的錯誤行為、而且關乎正義嗎？為什麼憤怒可能與自戀有關呢？「憤怒」的上詹瀰漫著黑煙。讓但丁看不到人或是東西。「憤怒」會和傲慢一樣，看不到其他任何人，只被包裹在自己的憤怒造成的刺鼻煙霧中。而他們所缺乏的、他們在改正時需要的東西，是愛的精神；在這裡我們看到了關於愛和同情的著名言論，那是整首詩的核心。但丁認為若是習慣了對傷害心懷怨恨（憤怒成為一種特質），人們就會輕易變得對他們自己的資格、對輕視他們的人過於執著。在那種心靈狀態下，他們將看不到其他人。他們的憤怒會說著「我我我」，其他人變成只是撫慰受傷自我的工具。他們會在煉獄裡學到基督教的和解範例，要往前看、要尋求共生，而不是獨自辯護。若要看到但丁主張中的真實，我們不必認為所有憤怒都是自戀的（但丁主張它通常是）。

這些都是詩的意象，不過，即使我們還沒有對憤怒做更廣泛的分析，我們還是可以看到在轉換時期，憤怒與階層社會中的男女關係具有相關性。男性覺得他們有權利，女性卻不合作。他們覺得有權獲得工作，許多工作卻突然交給了女性。更糟的是，他們以前能夠把女性當作有用、順從的副手，幫他們取得地位的成功：女性是默默承受的性對象、好用的女管家和把孩子帶大的人。畢竟在美國的大部分歷史中，就連法律都把女性視為某種財產，她們沒有權利拒絕婚姻中的性交、沒有獨立的財產權等。而現在——沒想到吧——舊世界正在崩解。女性拒絕照著舊規

13　可參見Anne Eaton, "A Sensible Antiporn Feminism," *Ethics* 117 (2007): 674–715。

14　可參見《不只是厭女》Kate Manne's *Down Girl: The Logic of Misogyny* (New York: Oxford University Press, 2018)。

則玩。你期待一個順從的對象，而這名對象突然提出了要求，還試圖讓別人承認她是一個完整的人。在這樣的情況下，執著造成的憤怒便不再有明確的範圍（受傷的自我可以造就任何事），它具有高度的報復性（女性如果輕視男性的需求，就該受到「鞭笞」），而且它要關注的其實是支持自己，而不是建立一個共享認可、也共同分擔責任的新世界。[15]

物化是社會生活裡眾所周知的現象。對人的工具化——包括否認其自主權和主體性——有深層的內在根源：也就是傲慢之惡，認為其他人（或至少是某幾群人）不完全是真實的，而它實際上的願景和努力的焦點都是自我。嫉妒和憤怒是傲慢的表親，因為它們複製了傲慢的傾向——拒絕人類能有愛的願景，並且把自己一摺為二，疊在自己身上。

傲慢投射的噁心感

傲慢還有另外一個但丁沒有指出的表親，它在不健全的性別動態中扮演了重要的角色。那是一種近似於噁心感的特徵。

我在《恐懼之君主國》和其他地方[16]都提過噁心分為兩種。**原始的噁心感**（**針對物體**）是指針對例如糞便和尿液等廢物、腐爛的屍體和有類似特徵（難聞的氣味、腐爛、有分泌物和黏滑感）的動物。雖然用進化的觀點來看，對物體的原始噁心感可能是為了避免危險，但是根據實驗，我們也深知噁心感不必然可以回溯到危險。做實驗的科學家發現噁心感是想迴避某些會「提醒人是動物」的本質，那些本質標示了我們具有動物的弱點和脆弱處（而不是同樣身為動物的力或美！）。話雖如此，但是人心的狡滑還是釀製出另一種噁心感，把同樣這些噁心的特質（難聞的氣味、過度的獸性、亢進的性慾）放到一群次級的人身上，優勢族群在自己與這群人之間劃下界線，想像自己已經超越了純粹的肉體。如果那些據稱是次等的人會散發出身體的惡臭和氣味，那是因為他們在我們之下，而我們是與他們不同的。

十八世紀的諷刺作家強納森．史威夫特（**Jonathan Swift**）的大部分作品都執著於噁心感的主題，他一再暗示人類社會有一套脆弱的策略，想要隱藏自身那令人作嘔的液體和氣味。所以格列佛（**Gulliver**）發現那些乾淨漂亮、像馬一樣的慧駰（**Houyhnhnm**）很能接受他，只因為他穿著衣服，而這些東道主以為他身上乾淨的覆蓋物是他身體的一部分。犽猢（**Yahoo**）是沒有穿衣服的人類，犽猢讓慧駰感到噁心，最後也讓格列佛自己感到噁心。史威夫特也知道雖然噁心感是人

---

15 可參見曼恩在《不只是厭女》（*Down Girl*）一書中的精彩討論，我在下列書中也有詳細的說明：*The Monarchy of Fear*, chap. 6。

16 也可參見瑪莎．納思邦著，方佳俊譯，《逃避人性》（*Hiding from Humanity: Disgust, Shame, and the Law*，台北：商周出版，二〇〇七）；與瑪莎．納思邦著，堯嘉寧譯，《從噁心到同理》（*From Disgust to Humanity: Sexual Orientation and Constitutional Law*，台北：麥田出版，二〇一八）。

類共通的，而且最終會指向對自己感到噁心，但是這種詭計卻特別針對女性，男性在一開始把理想中的純潔特質投射到女性身上，然後卻發現自己產生了反感，就像是史威夫特的詩《女士更衣室》（*The Lady's Dressing Room*）裡那名幻滅的戀人，他們發現外表的後面原來是動物的身體。[17]當那名愛人揭開了他的情婦身體上實際有的標誌和氣味（耳垢、鼻涕、經血、汗液），他最後驚恐的喊出「西莉亞（Celia）、西莉亞、西莉亞妳這坨屎」——他將情婦那天賜的名字重複了三次（西莉亞源自拉丁文「*caelum*」，或謂「天堂」），結尾卻是說來令人噁心的真實事物。

投射的噁心感在每個社會的運作不同，因為不同社會用的投射會將不同的族群視為次等：亞群的種族、「較低的」社會階級、性少數和宗教裡的少數群體、老年人。每一種噁心感的形塑都與其他有些微不同。[18]但是在所有社會中，女性都是噁心感的目標，因為男性把他們自己定義在超越女性之上，女性一定和出生、性與死亡有關。因此，讓女性明白自己所處的位置，方法之一就是一直提及那些被認為很噁心的女性經期、哺乳、與性有關的體液或就是排泄物。川普（Donald Trump）總統就很愛這類比喻。[19]不過，投射的噁心感雖然是後天學習而來的，但是它真實存在，對於那些當真覺得女性的身體很噁心的人而言（這個噁心感經常混雜著慾望），這個理由讓他們繼續覺得女性是次等的，也必須（從職場、政治領域等）被排除。

女性對性暴力所作的證詞經常不被接受，重要的源由之一就是投射的噁心感：女性一定是「婊子」，她們一定是「自己想要的」。在後文中，我們將會看到一直以來，想要迴避女性尋求的法律正義時，就是用這種方式形容她們，說她們只是髒髒黏黏的討厭東西。

投射的噁心感也是傲慢的一種自戀表親。如果有人把另外一群人說成是次等的人類，說他們是動物、很噁心，同時又覺得自己超越在他們之上，自己既乾淨又純潔，這是在對自己說謊，同時也拒絕看向真實的世界。我們都是動物，如果說自己不是動物、只有別人是，這是個自戀的謊言。不過噁心感和但丁的傲慢有微妙的不同。傲慢只會看著自己，像箍環一樣對摺到自己身上。噁心感則是拒絕看向自己。他們也沒有看清楚世界，但是在看著自己時，其實像是看著一面魔鏡，那面魔鏡會把自己映照成非動物的天使。

在某種意義上，誕生在一個優勢族群是幸運的，有許多自我修養和政治、職場與社會參與的機會在眼前開啟。但是，現在我們也看到它經常是道德上的厄運，把年輕人推向某些很嚴重的惡習，包括物化和利用別人。在極端的情況下，還會打開通往暴力行為的大門。優勢族群的成員不應該聽從傲慢的誘惑性言論：圖拉真培養了觀看和傾聽的美德，他也承認女性具有完整的人性

---

17 Nussbaum, *Monarchy of Fear*, chap. 4引用了該首詩的大部分。

18 可參見Zoya Hasan et al., eds., *The Empire of Disgust: Prejudice, Discrimination, and Policy in India and the US* (New Delhi, India: Oxford University Press, 2018)，這是印度和美國學者所做的共同研究，印度方面是由佐婭・哈桑（Zoya Hasan）和維多・維爾馬（Vidhu Verma）進行編輯，美國方面的編輯則是阿齊茲・侯克（Aziz Huq）和我。

19 Nussbaum, *Monarchy of Fear*, chap. 6列出了幾個例子。

（即使階級和性別在他「之下」）。但是階層社會中的優勢族群很難做到這方面的善良。

傲慢會引發不好的行為，做出那些惡劣行為的人也應該受到指責。行為歸法律管，我們必須追求更高的可問責性。我會在第二部份描述迄今為止的這些努力的故事。但是我們也要記得，雖然人會有那些不好的人格特質，但是不應該完全歸咎於他們：是社會讓他們很難不朝向那個方向，但是社會不是他們造成的。讓我們回想一下那個有許多機會的小男孩，如果他受了正確的教育，有可能成為圖拉真，但是他卻成為一個有缺陷的人，我們可能反而會覺得有點憐憫，只要可能的話，和解和改造才是比較好的回應之道，而不是把這些人都丟進冰凍的地獄中。

煉獄當然不好受。沒有人能逃脫惡行帶來的處罰。不過道德變化的過程始終始於孩子般充滿愛的靈魂，「像是正在玩的孩子，或哭或笑，那簡單的小靈魂什麼都不知道，只是……對值得高與的事就感到快樂」（xvi.86–90）——接下來就因邪惡世界的各種壓力而變得扭曲了。這些靈魂必須睜開眼睛、重新學習愛。不過但丁也有一件事要學：不是對他們加諸仇恨，而是把他們的惡行視為人類的可能性走向畸形的發展，而那不能完全怪他們。煉獄這一課是關於憐憫，也是關於人類可能性的願景。如果不思考這一課，今天的我們甚至還可能做得更糟。

第三章　受害者之惡

憤怒成為弱點

因此這些內戰助長了各種不好的作法在希臘紮根。坦誠遭到嘲笑——它原本是高貴品格中最重大的一環；於是便消失了。缺乏信任的敵對精神取得勝利，摧毀了所有信任。沒有語言夠強大、沒有誓詞夠可怕到讓他們和解。他們其實都一樣，佔上風時，算計使他們不期盼安全，相較於付出信任，他們變得更專注於自我保衛。

——修斯底德（Thucydides），《伯羅奔尼撒戰爭史》（*The Peloponnesian Wars*），III.82–3

惡行的受害者將發生什麼事呢？他們可以沒有污點的走完人生之路嗎，或者，不正義有時讓人不得不付出道德和情緒的代價？

這時是特洛伊戰爭（Trojan War）的尾聲。特洛伊高貴的女王赫庫芭（Hecuba）承受了許多損失：她的丈夫、她的孩子、她的祖國，都在戰火中被毀了。不過她依然是一個值得敬佩的人——充滿愛、能夠付出信任和友誼、在自主行動的同時，仍不乏對他人的許多關心。然後她遭受到一次深刻的背叛，讓她的整個性格都受到創傷。她有一名親密的朋友——波呂墨斯托耳（Polymestor）——她甚至把自己剩下的最後一個孩子交託給波呂墨斯托耳照顧，但是那名朋友卻為錢謀殺了她的孩子。這是尤里比底斯（Euripides）在描寫特洛伊戰爭的《赫庫芭》（*Hecuba*，西元前四二四年）一書中寫的核心事實，它是刻畫特洛伊戰爭的一個很不同的故事版本，其中的道德醜陋令人震驚，不過卻是悲劇經典中描寫最深刻的戲劇之一。[1]

赫庫芭得知波呂墨斯托耳背叛她的那一刻開始，她就變成另一個人了。她無法再信賴任何人，也不願意聽信任何人的話，她變得極度唯我論，只埋首在自己的事務中。她決定今後的人生就只為了復仇。她殺了波呂墨斯托耳的孩子，並挖出波呂墨斯托耳的眼睛——這似乎是象徵他們以前互相關心和照顧的關係完全破滅了，她自己也拒絕把他（甚至還有他的孩子）看作完整的人。波呂墨斯托耳走上台時，什麼都看不到了，他只能夠四肢併用的爬上台，就像是在說他一直以來都是隻野獸。戲本的結尾預告了赫庫芭將變成一隻狗——希臘人對這種動物的聯想就是猛烈的追逐獵物，而且完全缺乏人際間的關懷。[2]就像是但丁對她的故事的總結：「她瘋了，像隻狗一樣吠叫：極度的痛苦已經扭曲了她的心智」（*Inf.* xxx.17–18）。

赫庫芭不只被悲傷擊倒了，她的道德人格核心也大受衝擊。她無法再維持過去的美德——是那些美德將她定義為人類、朋友和公民。尤里比底斯在描述她的向下沉淪時，清楚的讓人聯想到艾斯奇勒斯（Aeschylus）在《奧瑞斯提亞》（*Oresteia*，西元前四五八年）的最後一部劇中，以神話創造出來的公民與人類社群——那是當時著名的雅典民主創世故事（不過艾斯奇勒斯的描述將其顛倒了）。艾斯奇勒斯故事中的孚里埃（Furies）——嚴厲的復仇女神——剛開始時是靠著嗅覺緊追獵物的狗，既沒有愛，也不追求正義。但是在劇本的尾聲，她們同意相信女神雅典娜（Athena）的承諾，並改採新的思考方式——其特徵就是「溫和的性情」和「群體友誼的心態」。她們站出來接受了成年公民的長袍，並慶祝城市有了守法的正義。[3]

艾斯奇勒斯的道德寓意是政治社群必須放棄對報復的執著，改採正義的理念——既要受到法律的管制，也要以福利為目的——重點不是獵得某個人的獵物，而是嚇阻將來的不當行為、締造來日的繁榮。尤里比底斯的道德則相反：道德創傷會導致信賴和其他相關美德的崩壞，對報復的執迷，造成了對真正正義的拙劣模仿。

1　我在下列書的最終章有對這部劇本的詳細分析：*The Fragility of Goodness: Luck and Ethics in Greek Tragedy and Philosophy*, updated ed. (1986; repr., Cambridge: Cambridge University Press, 2001)。

2　我當然不支持這些觀點，不論是對「野獸」的整體概念或是特別針對狗。其實這類背叛的行為都只有人類才做得出來。

3　有關於這個轉變，尤其可參見Martha C. Nussbaum, *The Monarchy of Fear: A Philosopher Looks at Our Political Crisis* (New York: Simon and Schuster, 2018), chap. 3。

尤里比底斯那晦暗的戲劇是希臘羅馬世界長久以來的反思傳統的一部分，它要反思當事件超出人們的控制時，可能會造成什麼損害（雖然人們當然想依照所有重要的美德行動、過上豐富的生活）。該傳統最顯見的結論是當事件超出人的控制時，就可能會阻止人以許多有價值的方式行動。如果一個人被剝奪了政治公民權、朋友、家庭和社會行事中的必要條件，生活就可能無法達到完全的富足或幸福（*eudaimonia*）。只如亞里斯多德等人所強調的那樣具有內在的美德，但是被徹底阻絕於行動，對於達成「***eudaimonia***」（「人類的幸福」）是不夠的。但是尤里比底斯在《赫庫芭》中還思考、並提出了一個更激進的結論：這樣的事件還會腐蝕美德本身，造成長期的道德損害。第一種損害很容易逆轉：流放的人可以回復公民身分，沒有朋友的人可以結交新朋友。但是赫庫芭的傷害則是比較深層的，她長期以來的行為和抱負模式（這些形成了她的個性）發生了損害。尤其是人際關係中的美德、友誼和信任的模式特別脆弱。在其他人手裡遭到不好的對待，不僅會消除信任，實際上也讓人變得更糟。

這有可能嗎？波呂墨斯托耳的罪行怎麼會有損赫庫芭的美德呢？亞里斯多德似乎否認有這種可能性，他認為好人的性格應該很堅定，而且在命運的打擊下，也「總是會做出條件允許內最好的事」——即使或許在極端的情況下，還是無法完全達到「人類的幸福」。[4]大部分的悲劇也都同意、並且展現出人們在命運的打擊下依然高貴。尤里比底斯的劇本《特洛伊婦女》（*The Trojan Women*）中的赫庫芭這個角色，就是這麼一個高貴的人物，她在災難當頭時，依然展現出愛、領導才能和理性思考的能力。他的《赫庫芭》幾乎是獨一無二的，它展示的悲劇顯露出所有潛在的醜陋，讓我們看到其代價經常超出我們的故事所能揭露的。基於這個原因，可以說這個劇本在現代的大部分時間中都被低估了，它只被當作一齣引人憎惡的恐怖劇。如同學者恩斯特・阿伯拉姆森（Ernst Abramson）在一九五二年所觀察的，只要聚焦於二十世紀的一些嚴峻的事件，我們又會再度看到良好的品格其實遠比我們所想的更為脆弱。[5]

永恆不變的美德？

一個對女性主義者很有吸引力的想法，是相信受害者（女性或是其他不公義的受害者）都是純潔而正確的。採取這個觀點的人通常是受到一種流行的現代哲學觀點的啟發：他們相信善意不會受到人們無法控制的偶發事件所影響。康德是對這個觀點最有影響力的源頭之一——不過它的

---

4 可參見Aristotle, *Nicomachean Ethics* 1100b33–1101a10。對所有相關段落的分析，可參見Nussbaum, *Fragility of Goodness*, chap. 11。但是在亞里斯多德的《修辭學》（*Rhetoric*）裡有關老化的章節中（1389b13–1390a24），他堅決主張不好的經驗會隨著時間對信任和信心造成侵蝕，並使美德遭到腐蝕；可參見*Fragility of Goodness*, 338–89。

5 E. L. Abramson, "Euripides' Tragedy of Hecuba," *Transactions of the American Philological Association* 83 (1952): 120–29；有關於攻擊該劇本的討論，可參見Nussbaum, *Fragility of Goodness*, 505。

前身也可以回溯到古代希臘羅馬的斯多葛（Stoic）倫理（斯多葛派同時影響到基督教倫理學和康德），而且它還與基督教思想的某些支系相符合。康德認為：即使善完全沒有機會成就任何事情，「但是它——就像寶石一樣——還是可以靠自己的光芒閃耀，因為它的價值完全繫於自身。不論它是有用或是無效的，都不會擴大或減損其價值」。[6]寶石的形象進一步清楚暗示了意志同樣不會因為外部的環境而遭到腐蝕。這個想法可能還受到另一個眾所周知的心理學傾向所啟發——它被稱為「公正世界」的假定（"just world" hypothesis）：人若遭遇不幸，必定是他惡有惡報。若非受到懲罰，又何至於有如此深的傷害。

在女性主義傳統的初期，康德的觀點的確受到質疑。瑪麗．沃斯通克拉夫特就分析了不平等會對女性的個性和志向帶來何種傷害。她聲稱女性都太常表現得屈從、在情緒上缺乏控制，以及對自己的理性和自主欠缺應有的重視。她認為這些算是道德上不好的特徵，而女性是因為依賴男性的善意，才會被推進這些特質的框架中。盧梭（Jean-Jacques Rousseau）稱讚害羞而柔順的蘇菲（Sophie）是女性的個性典範，這點也遭到她的批評，她堅決認為女性應該和男性一樣，有機會成為完全自主的行為人，替她們的尊嚴和自己作主的選擇贏來自己和其他人的尊敬。[7]如果她們被剝奪了這樣的機會，就等於是生命的核心受到了損害。

約翰．史都華．彌爾也是根據類似的脈絡——雖然兩者的哲學傳統十分不同——力主在男性對女性的「物化」中，最糟糕的就是心理與道德的面向。我們已經在第一章看過這段的一部分，不過現在讓我們再看一下彌爾的完整論點：

> 男人不只是想要女性的服從，他們還想要她們的感情。所有男人——除了最野蠻的那些人以外——都渴望女人心裡最親近的是他們，他們希望女人不是被強迫的奴隸，而是心甘情願的，她們不只是受到奴役，而是出於喜愛。因此，他們會施行所有的事情來奴役她們的心智。其他所有奴隸的主人為了確保服從，都要仰賴恐懼；或是讓他們懼怕主人自己，或是帶來宗教的恐懼。女性的主人則不只是想要單純的服從，他們會扭轉整個教育的力量，來達到他們的目的。在所有女性長大的過程中，都是從很小的時就一直相信她們的理想性格和男性正好相反；她們沒有自我意志，她們不是靠著自我控制來管理自己，而是順服，並且聽從其他人的控制。（*Subjection* 15–16）

因為女性就是這樣被養大的，而且她們在社會和法律條件上都顯得軟弱無力，所以她們若要

---

6 Immanuel Kant, *Grounding for the Metaphysics of Morals: On a Supposed Right to Lie Because of Philanthropic Concerns*, trans. James W. Ellington, 3rd ed. (Indianapolis, IN: Hackett, 1993), Akad. p. 394（這是康德的所有版本中所使用的標準學術院〔Akademie〕頁碼）。

7 Mary Wollstonecraft, *A Vindication of the Rights of Woman*, ed. Miriam Brody (1792; repr., London: Penguin, 2004).

得到任何東西，都必須取悅男性，因此，女性也認為對男性保持吸引力是人生中主要的大事。

> 既然男性已經知道有這個重要的手段可以影響女性的心智，自利的本能會讓男性在最大限度內利用這個手段，使女性保持屈從，他們會告訴女性：保持性吸引力必不可少的部分，就是要溫順、服從和放棄所有的個人意願，把一切交到男性手中。（16）

近期有些社會學家延續了前述深具洞見的觀察，開始研究偏好在不平等條件下的變形。喬恩．埃爾斯特（Jon Elster）的《酸葡萄》（*Sour Grapes*）用了「適應性偏好」（adaptive preferences）的想法，來解釋封建制度何以長期存在，這讓十八世紀的革命得先進行意識的革命，然後才能達到權利的改變。埃爾斯特的書名是來自《伊索寓言》（*Aesop's fable*），書中的狐狸很快就發現牠原本想要的葡萄不在牠能力所及的範圍內，然後就馬上告訴自己不要再想那些葡萄了，而且還說它們是「酸的」。[8]還有其他研究這個現象的學者則是強調變形的偏好甚至在生命的早期就會出現，所以人們從一開始就學會了不要去妄想有吸引力的東西——這可以呼應沃斯通克拉夫特和彌爾對女性的觀察。經濟學家阿馬蒂亞．沈恩（Amartya Sen）也在從屬地位的婦女身上發現這種變形的偏好（即使事關她們自己的體力和健康）。以他對印度的寡婦和鰥夫的研究為例，文化傳達給寡婦的訊息是她們沒有繼續生活的權利，研究也顯示寡婦都不會抱怨她們的健康，即使她們的確營養不良或是有其他疾病，鰥夫（他們原本有一個順從的伴侶侍候他們，現在則被剝奪了這個助力）就對健康的相關事情充滿抱怨。我對高等教育和政治的參與也有同樣觀察：如果女性被告知高等教育或是競選公職沒有她們的份，就算沒有辦法獲得這些重要的東西，她們也不會抱怨。[9]

但是現代的女性主義者堅守康德的觀點，也並非沒有充足的理由。檢討被害人是一種使人屈從的常見策略。傲慢的人很容易虛構他們自己的道德優越性，他們會說從屬的人在智力和道德上較為劣等，所以在某種意義上本就應該居於從屬地位。殖民統治的「正當性」來自於宣稱那些被統治者就像小孩子一樣，需要嚴密的控制。就連一向觀察敏銳的約翰．史都華．彌爾都說這事關印度的人民與文化（當時他是受僱於不列顛東印度公司）。在我們自己的時代，我們也都聽過這類對於非裔美國人（尤其是那些窮人）和他們的文化的詆毀，這會被用作為白人支配的醜陋藉口。[10]這樣子檢討被害人，其實也是近期的保守種族想法的真實橋段。例如哲學家麗莎．泰斯曼

---

8 Jon Elster, *Sour Grapes: Studies in the Subversion of Rationality* (Cambridge: Cambridge University Press, 1983).

9 可參見我在下列書籍中對埃爾斯特、沈恩等人的討論：Martha C. Nussbaum, *Women and Human Development* (Cambridge: Cambridge University Press, 2000), chap. 2。

10 對於檢討被害人這個傳統，傑出的討論可參見Lisa Tessman, *Burdened Virtues: Virtue Ethics for Liberatory Struggles* (New York: Oxford University Press, 2005), chap. 2。

（Lisa Tessman）便說某一位評論家「的言論根本就不認為壓迫的社會體系會造成道德毀損」。[11]許多女性主義文學對於將適應性偏好的概念套用到女性倍感疑慮，也是出於類似的理由。[12]沒有哪一個從屬群體不曾被系統性的指控其具備固有的道德缺陷，並否認支配會對從屬者造成某程度的損害。

這類否認有時候完全不現實的否定了某些基本事實：例如奴隸制度下的非裔美國人家庭是被蓄意拆散的，或是現在還有過度關押的事實（包括審判前的保釋制度和定罪後的懲罰性科刑），造成全國有很大一部分的非裔美國人在家庭缺席。[13]

有一點顯得很重要：尋求正義的人不應該對這些嚴峻的事實和它們造成的道德損害抱持樂觀的看法。這裡有個需要小心處理的問題：社會的損害在什麼程度上只是會造成不快樂，而到什麼程度之後，又會腐蝕道德人格呢？從屬的人會將支配者提供給他們的負面形象真正內化和表現到什麼程度，從而（如同沃斯通克拉夫特和彌爾所主張的）無法臻於主要的道德美德？我們必須巧妙、但是坦率的面對這些議題的複雜性。待人們學會了奴性，也不鼓勵享有自主權，這時候還假裝所有事情都很樂觀，絕對不是一件好事。這種假裝其實正中支配者的下懷，因為它在暗示支配者強加的損害只不過是表面上的。

整體來說，我眼中看到的世界就是這樣。首先，支配者通常會有一個帶有缺陷的道德文化，將他們的支配在各方面合理化，尤其是靠著檢討被害人。其次，支配者通常會用來維持權力的另一件事，就是助長奴性、剝奪被征服者的自主權和勇氣。他們也會用殘酷的行為強加創傷，目的之一就是打擊被害者的精神。有時候他們是失敗的：人們有強大的韌性和洞察力，而且在最壞的環境中，也的確能夠像寶石一樣閃耀。但是有時候他們會成功，而他們的成功是支配者最深的道德犯罪。

女性特別容易呈現為複雜的混合體，她們同時具有精神上的致勝能力，又蒙受精神上的損害。她們和大部分的從屬團體不同，生活在與支配者很接近的地方。從某方面而言，這對她們是好的，因為這表示她們可以衣食無虞、受到良好的照顧、甚至還有教育。但是對她們來說也是不利的：親密的環境潛藏著深度的殘忍——殘忍與親密並非總是無法共存。非裔美國人哲學家勞倫斯・湯瑪斯（Laurence Thomas）在一篇名為〈種族主義與性別歧視〉（Racism and Sexism）的文章中，預言事實將證明性別歧視比種族主義更難根除，因為男性一定對支配的女性有利害關

11 Tessman, *Burdened Virtues*, 45，她談的是謝爾比・斯蒂爾（Shelby Steele）。

12 使人信服的評價和批評可參見Rosa Terlazzo, "Conceptualizing Adaptive Preferences Respectfully: An Indirectly Substantive Account," *Journal of Political Philosophy*, 23, no. 3 (2016): 206–26，她對於同樣的主題還有多篇深具價值的文章，均收錄在她於羅徹斯特大學（University of Rochester）哲學系的網頁。

13 可參見Justin Wolfers, David Leonhardt, and Kevin Quealy, "1.5 Million Missing Black Men," *New York Times*, April 20, 2015, https://www.nytimes.com/interactive/2015/04/20/upshot/missing-black-men.html。

係（像是「一個真正的男人」這句話要表達的），而白人對黑人的支配卻未必有這種利害關係（他的例子是並沒有相對應的「一個真正的白人」這類的話）。[14]湯瑪斯的文章受到許多尖銳的批評，四十年後，也似乎當真發現他低估了種族主義在美國文化中的深入程度。但是如果拿性取向的偏見與美國社會的性別歧視／厭女相比較，他說的則無疑是對的。性取向的偏見正以驚人的快速在消逝——這有部分是因為優勢的異性戀社群沒有利害關係。沒有什麼「真正的異性戀」非得要讓LGBTQ族群永遠居於從屬地位。然而同時在性別方面，由於雙方的環境經常很親近，因此對於教出柔順的女性一事，依然讓傲慢的男性覺得利害攸關。

女性主義想法中的精神損害

女性主義哲學家也不總是不加批判的康德派學者。康德和康德派的白人男性學者不需要與性暴力、配偶的支配或是兒童照顧和家務工作對女性拖負帶來的眾多問題相搏鬥。他們（及其二十世紀的追隨者）會隨意說出一些假的美德宣稱：例如兩個有效的道德主張一定不會衝突。希臘的悲劇詩人很清楚的知道：如果運氣會影響美德，方法之一便是製造這類衝突，在衝突中，似乎不論一方做什麼，都會無視於某些重要的義務或美德需求。而康德就只是否認這類事情曾經發生，也有許多人跟隨他。

我這一代的女性哲學家會對這個否認表示質疑。我們同時要照顧孩子和工作，因此知道不同美德的主張之間的確常有衝突，尤其是在一個不公平的社會裡。也有重要的男性哲學家同意我們的觀點——尤以伯納德・威廉士（Bernard Williams）為首（其實他也做了許多照顧小孩的工作，而且整體來說，他具有一種罕見的感受性，能夠理解女性的需求）。[15]不過相較於一位具優勢地位的男性——尤其是那位男性服役時還擔任過英國皇家空軍的飛行員——力量薄弱的年輕女性要大膽提出反文化的主張，當然還是困難得多。

不過我們還是堅持了下來。雖然還是有傑出的女性哲學家依照康德的傳統（通常也看得出其中的複雜性和緊張關係）——例如奧諾拉・奧尼爾（Onora O'Neill）、克里斯汀・柯斯嘉德（Christine Korsgaard）、芭芭拉・赫爾曼（Barbara Herman）、瑪西亞・拜倫（Marcia Baron）和南希・謝爾曼（Nancy Sherman，她同時也是亞里斯多德派學者）等女性。不過整體來說，確實的鑽研女性主義哲學的女性卻很少是康德派學者，因為她們覺得康德否認了她們的真實經驗。芭芭拉・赫爾曼出人意外——然而中肯——的指出康德對性別關係中的固有支配慾望有重要的洞

14 Laurence Thomas, "Sexism and Racism: Some Conceptual Differences," *Ethics* 90 (1980): 239–50.

15 可參見Bernard Williams, "Ethical Consistency," in *Problems of the Self: Philosophical Papers 1956–1972* (Cambridge: Cambridge University Press, 1973), 166–86。也可參見Michael Walzer, "Political Action and the Problem of Dirty Hands," *Philosophy and Public Affairs* 2 (1973): 160–80。

察。[16]她讓女性主義者看到康德其實能夠為她們提供一些什麼，他也的確能，但是她的嘗試對於已經放棄康德的女性主義者來說，有點遲了。我自己對物化主題的研究也加入了康德的想法，赫爾曼和柯斯嘉德的觀點也讓我獲益良多——當然還有偉大的（受到康德啟發的）約翰．羅爾斯（John Rawls）。但是在大多數情況下，持各種不同觀點的女性主義哲學家都被其他的理論來源吸引去了，她們的見解塑造出的觀點也多在認真討論支配的損害。

桑德拉．巴特基（Sandra Bartky）是這個領域的一名先驅者。她早在一九八四年的文章〈女性受虐狂與個人轉變的政治〉（Feminine Masochism and the Politics of Personal Transformation）中，便堅稱（一如她之前的沃斯通克拉夫特）許多女性的情緒和性格特徵都是由有目的的支配體系所塑造的。她也堅持如果有任何觀點想要否認這種損害可能性，都過於表面：

> 有些主張認為任何女性——只要夠堅定——都可以重構自己的意念，這些主張對父權壓迫的本質都只有膚淺的觀點。它隱含的意思是完成的事情都可以拆解回原狀；沒有永久的傷害，沒有失去了就再也回不來的東西。但是——很不幸的——這是錯的。壓迫體制的邪惡之一，便是它對人類造成的傷害未必可以回復。[17]

巴特基還有另外一篇極富價值的文章——〈傅柯、女性特質與父權權力的現代化〉

（Foucault, Femininity, and the Modernization of Patriarchal Power）——她在文章中用了與彌爾類似的方式（但是更明確得多）描述「理想的女性特質」是如何產生的，它是為了符合男性的利益，女性要瘦，不可以魁梧，要顯得纖弱，不能有發達的肌肉。[18]我還可以加上這個年代的女性不被允許參加馬拉松，因為那會對她們脆弱的生殖器官造成負擔，而且女性網球選手也會因為看起來肌肉發達而受到指責。（克里斯・艾芙特〔Chrissie Evert〕代表「好」女人；瑪蒂娜・娜拉提洛娃〔Martina Navratilova〕則是「壞」女人，因為她為網球培訓引進了正規的舉重訓練。）

我自己在《善良的脆弱》（*The Fragility of Goodness*，一九八六年）一書中對於「道德運氣」（moral luck）的討論，並非明確的走女性主義路線，但是我的確受到其他女性的人生和她們的討論所啟發。整個專業領域中也開始浮現討論道德運氣的重要作品。克勞蒂亞・卡德（Claudia Card）瞄準了女性該是充滿慈愛的好夥伴這個理想的典範（例如卡羅爾・吉利根〔Carol

---

16 Barbara Herman, "Could It Be Worth Thinking about Kant on Sex and Marriage?" in *A Mind of One's Own: Feminist Essays on Reason and Objectivity*, ed. Louise Antony and Charlotte Witt (Boulder, CO: Westview, 1993), 49–67.

17 Sandra Lee Bartky, "Feminine Masochism and the Politics of Personal Transformation," 1984，再版於 Bartky, *Femininity and Domination: Studies in the Phenomenology of Oppression* (New York: Routledge, 1990), 45–62。

18 Sandra Lee Bartky, "Foucault, Femininity, and the Modernization of Patriarchal Power," in *Feminism & Foucault: Reflections on Resistance*, ed. Irene Diamond and Lee Quinby (Boston: Northeastern University Press, 1988), 61–86.

Gilligan〕和內爾・諾丁斯〔Nel Noddings〕的作品裡都有提到這點）。[19]她引用了尼采（Friedrich Nietzsche），很有說服力的主張自我犧牲的衡平作法是一種奴隸的道德觀：女性覺得她們自己沒有什麼能力，於是便把無力帶來的特質稱之為「美德」。值得注意的是相關見解在一九七三年就已經由托馬斯・希爾（Thomas Hill）發展出來了，他是一名男性康德派學者，他在一篇重要的文章〈奴性與自尊〉（Servility and Self-Respect）中，明確討論了男性主宰的社會是如何要求女性做出屈從的行為。[20]

相關的討論還有瑪西婭・霍米亞克（Marcia Homiak）——一名傑出的亞里斯多德派學者——她主張真正美德的前提是一個人能夠盡享自己的活動，並在與他人的自信關係中，培養出一種「理性的自愛」——但是性別歧視往往剝奪了女性的這種歡樂與這樣的自信。[21]她的見解太少獲得宣揚，女性主義者應該將其置於核心。

麗莎・泰斯曼在二〇〇五年做出一個重要的系統化研究，對象是女性主義的鬥爭與反抗背景下的整體精神損害現象。[22]泰斯曼跟隨了幾個借鑒古代希臘思想的範例，再加上極具價值的當代論述，她在《承擔的美德》（*Burdened Virtues*）一書中，指出性別歧視用多種方式損害了從屬的自我。她的結論是如果要認真思考平等，就必須思考如何修復受損的自我，並且支持培養美德（這已因支配的存在而變得困難了）。

這個傳統中的思想家還是會強調必須傾聽受害者的描述（許多人也這麼做了），並在一定程度上優先考量她們對於自己經驗的陳述。這種知識的校正有其重要性，因為從屬者的確常常無法與知道和給出證詞的人享有同樣的地位。[23]傾聽當然不意謂著毫不批判的聽信。當我們在傾聽時，也永遠不能忘記精神損害說不定已經讓敘述遭到扭曲——通常會走向「適應性」的方向，渾然不知道真正的錯誤所在。

19　Claudia Card, "Gender and Moral Luck," in Virginia Held, ed., *Justice and Care: Essential Readings in Feminist Ethics* (Boulder, CO: Westview, 1995), 79–100；以及卡德的另一本書：*The Unnatural Lottery: Character and Moral Luck* (Philadelphia: Temple University Press, 1996)。

20　Thomas Hill, "Servility and Self- Respect," *Monist* 57 (1973): 87–104.

21　尤其可參見Marcia L. Homiak, "Feminism and Aristotle's Rational Ideal," in *A Mind of One's Own: Feminist Essays on Reason and Objectivity*, ed. Louise M. Antony and Charlotte E. Witt (Boulder, CO: Westview, 1993), 1–18；與Homiak, "On the Malleability of Character," in *On Feminist Ethics and Politics*, ed. Claudia Card (Lawrence: University Press of Kansas, 1999)。

22　Tessman, *Burdened Virtues*；也可參見Tessman, *Moral Failure: On the Impossible Demands of Morality* (New York: Oxford University Press, 2015)。

23　可參見Miranda Fricker, *Epistemic Injustice: Power and the Ethics of Knowing* (New York: Oxford University Press, 2007)。

報復主義是「承擔的美德」嗎？

泰斯曼對美德提出了一個更有價值的論點。她認為對抗系統性的罪惡需要一系列特定的作法，它們在抗爭的脈絡中是美德，可以促進抗爭的目標實現，但是當行為人想要努力過得更好時，卻未必是整體生活中一個好的元素。舉例來說：某種不加批判的忠誠和團結可能是政治鬥爭所需要的，不過大概無法為我們帶來最好、最互惠的友誼。我們還能夠想到許多進一步的例子。

再想一下兩個密切相關的情況，這又帶我們回到尤里比底斯的劇本。首先是拒絕信任、拒絕與「另一方」保持友誼；再來則是專注於報復式的憤怒。泰斯曼明確的以後者為例：她指出受害者的憤怒的確有助於政治鬥爭，但是也可能變得極端而且執著，讓自己變得扭曲。因此，她的結論是人面臨到一個悲慘的選擇：要不就是無法最大限度的配合鬥爭，要不然就是得失去絕對善良的人性中富含的一些東西。

我同意泰斯曼所說的：兩種情況都有人格的扭曲，但是我不贊同這種扭曲對於爭取自由和平等是有利的。我們終究不需要這種悲慘的選擇，但是我們有一個極為艱巨的任務：要進行艱困的抗爭，卻不能用上有毒的武器。不過，如果我們的長程目標是和解與擁有一個共同的未來，我們就最好能想清楚，如果有些特質最終會對正向的政治社群構成毒害，我們就要學會不依賴這些特質。

讓我們先反思一下對「另一方」所有人感到的不信任。赫庫芭得知波呂墨斯托耳不值得信賴。但是她的結論是所有男性都不值得信任。這是女性主義中常見的動向（在其他追求平等的抗爭中也是）。在我比較年輕的時候，異性戀女性經常被指控為對女性主義的理想不夠忠誠，「心向女性的女性」同時是指「女性主義者」和「女同性戀」。甚至還有一些女性主義團體──她們在其他方面都很值得稱許，不過她們建議成員不要在專業上和男性合作。（其他平等運動也有同樣的傾向）。

我在一九八三年於尤尼斯．貝爾格姆紀念講座（**Eunice Belgum Memorial Lecture**）發表了我的書中關於《赫庫芭》的章節──那是尤尼斯於一九七七年悲劇的自殺過了幾年之後。尤尼斯是我的博士班同學，她極有才華，並在一間博雅教育學院謀得了一份很好的工作。她在那裡任教時，和一名男性教員（亦為女性主義者）合開了一門女性主義的課程。在女性哲學協會（**Society for Women in Philosophy, SWIP**）的會議中，尤尼斯也是那裡的會員，她被指責為背叛理想──就因為她和男性教員合作。她的父母告訴我：尤尼斯在自殺當天打了許多通電話，重要的是還有許多通是打給班上的女學生，她向她們道歉，因為她是如此信任一名男性教員（因而腐蝕了她們的意念）。從過去到現在，我都覺得尤尼斯（原本就）是對的，而ＳＷＩＰ是錯的。如果我們不能夠與立意良善的「另一邊」的人組成合作──當然不是盲目的信任，而是經過仔細的觀察──我們就不可能期待最後的和解。因此，拒絕信任不是泰斯曼所謂的「承擔的美德」：它沒有用處，甚至還阻礙了抗爭的進步。

抗爭有時候的確需要信任，就算是無法確實印證對方的意圖。納爾遜・曼德拉（Nelson Mandela）當然不是會輕易相信別人、耳根子軟的人。他有確實、高段的批判能力，但是他也懂得信任別人。在南非的整個奮鬥過程中，他與白人盟友形成了緊密的連結（包括與他一起在里沃尼亞審判〔Rivonia Trial〕中被告的丹尼士・戈德堡〔Dennis Goldberg〕，還有奧比・薩克斯〔Albie Sachs〕，薩克斯後來成了一位優秀的法官）。這幾段友誼經過多年的用心發展和檢驗，還有部分是因為曼德拉與南非猶太人社群的密切聯繫。這裡的信任關係有堅實的基礎。但是曼德拉付出的信賴也冒了一些風險。我記得在二〇一三年有關他的葬禮報導中，看過一名穩重的警察回憶起曼德拉在一九九四年當選總統時的就職遊行（他一邊說，眼裡還噙著淚水）。曼德拉從他的車上下來，對一群年輕的新進警察講話（那時候的警察當然和以前一樣，都是白人）。他握著他們的手，一邊說：「我們會信任你們。我們對你們充滿信任。」他們原本以為只會得到曼德拉的敵意和報復，但是他給了他們信任。[24]這個情況和薩克斯、戈德堡和許多其他人又不一樣了，這些警察的信任不是他們自己贏來的，也沒有經過審查。但是這些人還年輕、具有可塑性，曼德拉試著用一種友善、充滿信任的態度，遞出友誼的橄欖枝。我認為這是正確的方向，我會在結論章中作詳細的說明。《赫庫芭》提醒了我們：如果沒有信任（信任不會毫無風險），也就沒有成為共同體的可能性。

現在讓我們想一想憤怒。女性主義者抱持的憤怒是一種強而有力的抗議——它的對比是無所作為的屈從。她們的憤怒似乎很強烈，的確也是必要的。但是我們必須先作出區分。如果我們分析一下憤怒的組成部分——西方和非西方的思想的確長期以來都有這樣的哲學傳統——其中包括了（對於被認為是錯誤的行為）感到的痛苦（因為那個錯誤行為的確影響到該名生氣的人、或是她的確很在乎的人或事）。在這裡就已經有很多犯錯空間了：生氣的人很可能錯誤的判斷了該行為到底是不是錯誤犯下的，還是只是意外發生；她對於行為的意義也可能產生了誤解。但是，讓我們先假設這些想法都禁得起檢驗：那麼憤怒（到這裡都還）是對錯誤行為的適當反應。它表達出一個需求：這件事是錯的，所以不應該再發生了。它是針對過去的事，但是面向前路，而且提出了讓世界獲得修復、迎向未來的方法。

我將這種憤怒稱為**轉化的憤怒**（Transition-Anger），因為它記錄了某件已經發生的事情，但是轉向未來、尋求補救。這種憤怒可能也伴隨著提議對犯規加以懲罰，但是這類提議會把懲罰理解為一或多種劍指未來的方式：它是一種改革，它要傳達重要的規範，對違反同樣犯罪的人，會具有「針對性嚇阻作用」，對於想要做類似犯罪的其他犯罪者，則有「一般性嚇阻作用」。

「轉化的憤怒」對於不正義的抗爭的確很重要。它是一種充滿憤慨的抗議，而抗議能夠吸

24 CNN International TV news broadcast, December 13, 2013.

引人們關注錯誤的行為，並且激勵人去解決它。這種憤怒不會造成人格的畸形、讓人「承受重荷」。它會看向未來、想像問題的解決方式，因此將為人帶來振奮與解脫。這種憤怒也不至於讓人有變得執著或扭曲的風險。

不過，讓我們面對現實吧：這其實不是人們通常所指的憤怒。憤怒極少不受到其他元素的污染（可以參考所有對憤怒的哲學定義，包括甘地〔Gandhi〕的定義）：憤怒總是希望以牙還牙，讓一模一樣的痛苦降臨到加害者身上。我已經提過「轉化的憤怒」也會用於懲罰——出於嚇阻、教育和改革等理由——所以要區分未來導向型和純粹著眼於過去的報復型態，其實並不容易。但是人們通常無法一心指向未來的幸福。一旦遭到打擊，他們的衝動就是還擊回去。他們太容易以為：如果讓另一方感到同樣的痛苦，就可以抹除或消解他們的苦楚或曾經發生的錯誤。所以凶殺案死者的親人通常都支持死刑。死刑從未被證明具有嚇阻的作用。人們選用死刑，是因為認為它是一種符合比例的報復手段。你孩子的死會因為罪犯的死亡而得到補償，或者說大家都很容易這麼想。

我們都知道被害者經常執著於報復的幻想，想對有愧於他們的人制定什麼計畫。其實整個離婚和子女監護權的訴訟也都是採用報復的精神，很難說是以公平和整體的福祉為其目標。我們的主要宗教也滋養了報復的幻想：例如尼采說《啟示錄》（*Book of Revelation*）是醜陋的復仇幻想，它也當真符合這個描述。研究顯示，刑事審判接納的「關於被害人所受影響」之陳述，大部分都誇大了必須嚴懲才能達到報應的需求。[25]可是過去的傷害已經過去了。痛苦會帶來更多痛苦，但不會修復原本的傷害。想要製造與過去的痛苦成比例的痛苦，這件事本身絕對不構成嚴懲的理由，它通常只會分散我們決定未來的注意力。

西方和印度的多種哲學傳統[26]（我唯一夠熟悉、可以談論的非西方哲學傳統）都認為一般的憤怒是報復性的，我所謂「轉化的憤怒」則是例外。只要觀察婚姻和友誼的破裂，我們大概也都會同意（雖然最近至少大部分父母並不希望對他們的孩子有報復性的憤怒，而是要指向未來的幸福）。不過，數量不是重點：重要的是彼此的區隔，而在整個哲學傳統中，都沒有明確的作出這個區別。「轉化的憤怒」對於抗爭是有用的，而且不會造成人格的負擔。報復式的憤怒則會對人格造成負擔——而且在爭取自由的抗爭中，也不太起到什麼作用。傑出的西方哲學家小馬丁・路德・金恩也認可、並強調這個區分，他提到運動必須讓人們的憤怒獲得「淨化」和「具體化」。他在一九五九年的一份聲明中，就鮮明的描述了這兩種類型：

25　可以參見我在下列書中對此議題的分析：*Anger and Forgiveness* (New York: Oxford University Press, 2016), chap. 5，書中列舉了許多關於這個問題的法律文獻參考資料。

26　這裡的複數是很重要的。「西方的哲學傳統」包含許多不同的聲音。而在印度，也需要處理印度教、佛教、伊斯蘭教和基督教的傳統，其實印度教傳統本身就已經十分多元、富含地域特殊性了。

一個是讓健全的社會組織獲得發展，用有效、穩固的措施抵制任何阻礙進步的嘗試。另一個則是混亂的、是出於憤怒的、想以暴力反擊、製造傷害。它一開始的想法只是製造傷害，對自己不該承受的痛苦作出報復……它是懲罰性的——並非從根源或是建設性的。[27]

我也認同金恩：報復性的憤怒對抗爭起不了作用。它也不是什麼足以帶來創新和改進的「根源性」作法。金恩追求可問責性、用法律進行懲處和能夠公開表達共同的價值觀。他反對痛苦，是因為痛苦過於輕易、軟弱而愚蠢。

憤怒這項弱點

今天的女性主義也需要類似的區分。憤怒可以很強大而且有價值，如果它表達的是確實而有根據的憤慨，並且面向未來——提出帶有建設性的想法、拒絕以牙還牙的報復主義，而且（讓我們期待）還能夠徹底信任我們將合力創造出什麼。如果耽溺於直覺式的報復主義，憤怒就不是那麼強大和有價值了，我們也都知道陷入報復主義是人類共通的弱點。如果我們清楚看到了報復主義在死刑脈絡中的缺點——我相信大部分女性主義者也都看到了——還主張報復式的憤怒是女性主義的抗爭中不可或缺的，似乎就顯得很奇怪了。而奇怪的是，即使報復式的憤怒和我所謂的

「轉化的憤怒」兩者的區別已經被提出來，放到很核心的位置（一如金恩等人的精神），但是女性主義在討論憤怒的價值時，還是無視於這種區分的存在，粗暴的直接加以忽略——這樣讓人很難弄清，的確還有一種憤怒是想要避免報復。

我們需要面對未來，因此我們需要在不確定之下就付出信任、和一種徹底的愛。

27　引用自James A. Washington, ed., *A Testament of Hope: The Essential Writings and Speeches of Martin Luther King, Jr.* (New York: HarperCollins, 1986), 32。

第二部分

法律開始正視此問題

法律行動的範圍

法律是對每一個人說話。就算法律的執行會有不平衡、會有缺點，就算它亟需重大的制度改革，但是它講的依然是公民權與權利的語言。女性可以祈求不被強暴。她可以期望職場沒有性騷擾。但是法律說：妳不需要祈求和期盼，這些東西本來就是妳的權利。如果妳工作的地方沒有給妳這些，妳就有權利上法庭提出要求——這並非因為妳是個特別的人，而是所有人都有此權利。所以，如果女性會掛心這類事，她們的主要目標就是讓性侵害成為法律規範的對象，讓法律來保護女性免於受虐。

法律與個人行為之間的相互作用有許多方式。法律會傳達社會規範，宣布我們認為好和不好的事。法律還會宣布不良的行為將遭到處罰，並確實執行處罰，以達到嚇阻不好行為的目標。法律希望阻止犯罪者再犯下類似的行為（這稱為「針對性嚇阻」），也希望嚇住其他人，不要做出同樣類型的不好行為（「一般性嚇阻」）。法律富有表現力的這一面可以增加嚇阻的功能：法律會宣告重要的社會承諾，讓人注意到我們所說的是認真的。法律也可以改造犯罪者，不過美國的刑事制度極少達到這個目標，美國的監獄實在是太糟了，幾乎沒辦法帶來什麼改善。不過法律還可以用更全面的方式達到改造：法律會教育人們什麼是對的和錯的——這個教育也持續在進化。（人們幾千年來都知道殺人是錯的，但是直到很近期之前，他們通常都不知道性騷擾是錯的。）

法律的規定多是一般性（高度抽象化）的，法律的指示是為了處理廣泛的個案。而同時，我們的法律制度也想要對每個人展現公平——主要是透過起訴、審判、判決（有罪定讞或無罪開釋）與（有罪判決後的）課刑等機制。美國的刑法規定接受陪審團或法官審判的人（表示他／她們的案件不是由認罪協商處理），必須有明確的「合理懷疑」標準，才能夠被判處有罪，大部分非普通法系的國家不是採取這個標準（日本是一個例外），而諸如英國和前英國殖民地的普通法傳統則傾向於這個作法，因為該傳統的重要思想家通常都想極力避免對清白者的冤錯處罰。相較之下，美國民法——歧視法也是其中一個分支——就是採用比較弱的「證據優勢」標準。與刑事案件有關的民事訴訟也是使用該標準。因此，在刑事起訴中被宣告無罪的被告（例如O．J．辛普森〔O. J. Simpson〕），還是可能隨即面臨到民事損害賠償的敗訴（辛普森就是），這並不矛盾。傳統的想法認為剝奪一個人的自由是很嚴重的事，因此需要比民事事件更明確的標準——民事事件通常的處罰是止於錢財上的。（辛普森被下令支付三千三百五十萬美元民事賠償金。）

不過在另一方面，由於美國是普通法系國家，所以在傳統中可見一般性和針對性規定的交互作用。普通法傳統的基本概念認為法律是由（隨著時間推移建立起來的）明智觀念累積而成，因此，隨時須因新的特殊情況而加以補充和調整。換句話說，法律是漸進式，而不是固定的。當然也會有文字——有法規，有時候則是成文憲法——不過它們也是這個還在進化、但是相對穩定的明智體系的一部分。雖然法規一開始多是抽象化的，但是也會與時俱進，透過案件的裁決與尊重「遵循先例」（*stare decisis*）的原則，逐漸發展出具體性與厚度——「遵循先例」原則是指「遵守之前的決定」，典型的作法是在新案件中套用先前案件中的法律詮釋。美國傳統中的法規（指由代議機構通過的法律）和憲法原則都是依照這個方法形成的，兩者在性虐待的領域也都扮演了一定的角色。

美國普通法的法律概念是雙面的，既向後看，也向前看。如果要同時具有表現力和嚇阻作用，法律要——或說理想上應該要——向前看，試著建構一個更好的未來。不過在普通法體系裡，法律也被理解為過去的判決和信念的疊加，其疊加被賦予了一些規範的意義，因為它既帶來穩定性，也能看出智慧。女性長期以來都沒有被這個「明智」（wise）的傳統完全覆蓋，因此這個想法對女性而言是有問題的。批評普通法的人——尤其是英國的功利主義者（以十八世紀的邊沁〔Jeremy Bentham〕為開端）——認為根據前述理由，可以認為普通法其實是「落後」的（帶有貶義），它跟不上時代，還拖住了進步的腳步。因此，他們想要找到能夠最大限度的提升未來社會福祉的理想法規制度，取代普通法的漸進主義。

直到現在，我們已經知道如果以為一群菁英就可以一次性的規劃好社會福祉，這個想法其實相當傲慢，長時間進化而來的原則會包含智慧，這個想法至少有部分是真實的。然而，特別是在刑法領域——功利主義者在該領域是大膽的改革者，他們反對死刑和刑求，而且在十八世紀就已經開始爭取同性行為的合法化和婦女的投票權——我們可以看到批評和外人的聲音發揮了角色，並且在普通法的形成過程中具有一定價值。功利主義者認為過去的「明智判斷」是由一小群菁英所作的，它們是在表達上層階級男性的規範，包括規定女性和窮人應該維持從屬的地位。他們的確點出了許多事實：基於過去菁英的判斷所制定的法律，已經無法發揮理想的功能（除非還有其他聲音加入討論）。性暴力就落於這個領域：普通法長期以來的傳統都是男性的傳統，幾乎不會容許女性、在乎兩性平等的男性以及LGBTQ族群的聲音，形成新興的規範。

現在，讓我們從這些高度抽象性的觀察，轉向美國法在兩個近似領域（性暴力和性騷擾）的具體結構。美國體制有一些獨特的特徵，經常遭到誤解，或說是難以讓人理解，我們必須先面對這個狀況，然後才能夠理解抗爭和法律的變革在過去是如何運作，在未來又將如何應用。最近有些聲稱要為大眾提供資訊的書，卻沒有提供這類非常基本的事實資訊。[1]

那麼先來說：在美國——與許多其他國家不同——對性侵害和性騷擾的處理極端不同，兩者分屬於法律體系的不同部分，雖然人們當然知道這兩項罪行有許多重疊。（性騷擾的人可能會以性侵害為威脅（或甚至當真犯下）；而性侵害既可能成為「交換條件」的一部分，也可能創造

「有敵意的工作環境」，這是性騷擾的兩個重要指標。）

性侵害是用刑法處理的，它是一種明確的犯罪行為。這表示通常是在受害者（個人）提出指控之後，再由政府成為法律控訴的原告方，而受害者也極可能是關鍵證人。被告通常也是個人，她有權利獲得法庭的辯護人和其他憲法權利，而且（如果沒有進行認罪協商）必須能排除合理的懷疑，才能被判處有罪。

相較之下，性騷擾則是一種民事的違法行為，要依一九六四年的《民權法案第七章》加以處理。《第七章》規定的是一般公民權利的法規（也包括不受歧視的權利），法條本身並沒有提到種族騷擾，而性騷擾和種族騷擾一樣，都被認為是令人不快的歧視類型之一（只是性騷擾是因性別而生）。我們會在第五章繼續深究。性騷擾的被告並不是個人，指控的對象會是一間公司或職場（它因疏忽而未能阻止性別歧視的發生）。儘管具體個人的特定行為在案件中可能也很重要，但是起訴時，大概都必須證明職場在仍有機會時，卻怠於解決這個問題。相較之下，因為這通常是民事案件，所以原告大概也都是個人，而不是政府（但是有時候也會有集體原告）。犯罪的個

1 以琳達·賀許曼（Linda Hirshman）的 *Reckoning: The Epic Battle against Sexual Abuse and Harassment* (New York: Houghton Mifflin, 2019)為例，書中寫到性騷擾法的歷史時並不完整，而是將其呈現為強姦和性侵法的歷史，卻絲毫沒有提示讀者這兩個領域其實有極大的不同。

人有可能還需要另外面臨刑事控告，但是在性騷擾案件中，組織的可問責性才是法律的主要面向，對個人的懲處大致都是留給經營者或公司。性騷擾法的嚇阻面向主要是瞄準組織：如果它們不想辦法預防或是根除這類行為，將面臨足以使其望而生畏的罰款。[2]

還有更複雜的：性騷擾在全美國有統一的解釋，因為《第七章》是聯邦法律，這表示聯邦法院有可能反過來作出領先於普通法的詮釋（普通法通常是漸進式的）。被告大概都會先在聯邦地區法院（District Court）接受審理，接下來如果要上訴，就是利用聯邦的上訴體系，如果上訴被受理，最後便是美國最高法院。相較之下，性侵害則大部分是以州層級的法律便可處理。如果定罪後要上訴，大概也是進入州的上訴體系，不過，如果案件有憲法爭議，最終還是會上訴到美國最高法院。

雖然有聯邦刑法存在，但它通常是留給具有跨州性質的事務。大部分聯邦刑法是為了處理詐騙、企業集團和證券的瀆職等這類問題。不過的確有些性犯罪屬於聯邦管轄：例如一九一〇年的聯邦法《曼恩法》（*Mann Act*）就禁止為了「不道德的目的」而將女性帶過州邊界（拳擊手傑克·強森〔Jack Johnson〕與他的白人妻子共同旅行時，就是依此法而被定罪）。當今一個重要的聯邦法範例是《兒童保護法》（*Child Protection Act*），該法要處理兒童的色情圖片和網路上對兒童的剝削利用。歐巴馬（Barack Obama）總統在二〇一二年十二月簽署了這部極為嚴厲的法律，它與有關性行為的州法有些極為扞格之處，尤其是同意的年齡。（根據聯邦法律的規定，散播未滿十八歲之人的裸照屬於聯邦犯罪。因此，雖然在大部分的州，十六歲或十七歲的青少年就可以合法發生性行為，但是如果他們把裸照傳給另一個人，就觸犯了聯邦法律，該法有時候甚至被解釋為禁止在手機裡有**自己**的裸照。）

目前的聯邦和州政策對大麻的管制也存在類似的緊張關係：依州法律是合法的行為，如果涉及運輸和販賣，就可能被聯邦法律視為違法。伊利諾州（Illinois）最近將消遣性的大麻合法化，於是芝加哥的歐海爾（O'Hare）機場便出現了一個新設備——一個淺藍色的「大麻特赦箱」：因為通過機場安檢後，便是聯邦法律的管轄區了，持有被聯邦法律視為違禁物的旅客（雖然那樣東西在伊利諾州是合法的），被建議在機場安檢之前將那樣東西留在原地！

性騷擾和性侵害的差異會影響到改革策略、以及學術理論在改革運動中的角色。性騷擾屬於聯邦的侵權行為，它的發展高度集中於中央，並伴隨著一連串極受矚目的最高法院案件，法律的學術理論也扮演了主要角色。凱瑟琳．麥金儂在一九七八年的著作《職業女性的性騷擾》（*Sexual Harassment of Working Women*），還有她在兩件重大案件中的律師工作，都帶來了巨大的改變。

---

2 還有更令人困惑的是該法《第九條》中（其適用對象為大學），又會把性侵害和其他形式的性騷擾混在一起。如果大學訂有自己的法規來定義性騷擾和性侵害，通常也會把兩者混在一起，認為兩者都是個人犯下的罪行。進一步的討論可參見〈插曲：對大學校園性侵之想法〉。

刑法層面的事情就非常不同了。雖然所有美國刑法都可能涉及憲法議題（有關法定代理權、適當的警察警告權、與原告對質的權利等事項），不過大部分訴訟都是在州層級進行，而各州的刑法差距很大——不論是對不同罪行的劃分，還是各罪行的具體要件。這表示改革者的大部分行動也必須在州層級進行。當然州之間會彼此協商，強姦法的改革也遲早要在各州進行，但是這件事卻非必要。巨大的差異依然存在，各州也多多少少會比較想採用漸進式的改革。美國法律協會（American Law Institute）在一九六二年提出《模範刑法典》（*Model Penal Code*）（主要是由進步派的改革者推動的），就是想嘗試替分類和課刑帶來統一性，但是其中的歷史很曲折，而且總是會有些州比其他州更為積極。（出於某些並不明確的原因，紐澤西州〔New Jersey〕已經成為進步派性侵害改革的前段班。）教給法律系學生的刑法都是一般性的大準則，但是好的案例書一定會援引特定的州法，並顯示它的用字將如何影響結果。

這樣來說，我們不應該預期會找到著名的女傑或是英雄。學術著作當然會把性侵害法推向有用的方向。舉例來說：我會在第二部分使用斯蒂芬・舒荷佛的《不被渴望的性》（*Unwanted Sex*），[3]我也支持書中的某些主要論點，我剛開始投入這個領域時，也有幸與他共同授課。在更早時，則有律師兼學者蘇珊・埃斯特里奇（Susan Estrich）的研究成果——尤其是她的書《真正的強姦》（*Real Rape*）[4]——作出了巨大貢獻，而且她被正確的評價為「說不就是不」標準的重要倡導者。但是，還有許多工作是在第一線進行的：州議會要重新考慮法令，要有律師在初審法院為性侵受害者的正義奮鬥，在陪審團的審議中，也有一般人努力的對法律爭點作出仔細的考量，在法庭上，有原審和上訴審法官願意做出自己的思考，而不是不加批判的遵循前例。[5]我們會在第四章回溯這場漸進式、多元但是尚未完成的改革運動中，其中一些最精彩之處。

3 Stephen J. Schulhofer, *Unwanted Sex: The Culture of Intimidation and the Failure of Law* (Cambridge, MA: Harvard University Press, 1998).

4 Susan Estrich, *Real Rape: How the Legal System Victimizes Women Who Say No* (Cambridge, MA: Harvard University Press, 1987).

5 讓「說不就是不」成為普遍法律標準的指標案例，是一個麻薩諸塞州（Massachusetts）的案件（電影《控訴》〔*The Accused*〕就是取材自這個案件），當地檢察官對它也存在爭論，我將在第四章中討論。

第四章　性侵害的可問責性

簡短的法律史

女性主義在一九七〇年代開始對美國刑法提出挑戰，在那之前，以強姦罪名提出控告的婦女都必須證明涉案男性有使用物理強制，而且他的力道超出遂行該性行為本身所需的力氣。通常有死亡威脅或是可能遭到身體的嚴重傷害就足夠了——但還不能「只有」暴力威脅，女性通常必須證明她還有反抗——就算是暴力當前或是她正受到暴力的威脅——因為只有反抗，才能證明她沒有同意。有些州把反抗明訂為正式的法規要求，不過比較常見的是將它解讀為法條中隱含的要求（可以證明有強制，和／或未同意）。舊日會要求被害者必須「極盡全力」反抗，後來用詞改成諸如「合理之反抗」或「認真之反抗」。代表的例子如一九六五年的紐約法令，該法規定唯有男性使用「足以壓制認真之反抗的物理強制力」、或是威脅要帶來「立即的死亡或嚴重的身體傷害」，才構成強姦罪。[1]如果女性沒有做出身體的反抗，或是屈服於較輕的威脅，就會被當作已經同意，該名男性的行為就不構成犯罪。

這個標準造成奇怪的結果。有一個案子的被害者說她屈服於性交，是因為該名男子用小刀還是美工刀威脅她。她先是把武器從他手裡拿開了，但是他掐住她的脖子，並威脅要殺了她，這次她就屈服了，並與他性交。紐約上訴審法院在一九七三年撤銷該名男子的有罪判決，理由是「除非該名婦女極盡自己最大的力量反抗該名男性，否則無法成立強姦罪。反抗必須真實而且積極。很難認為此案原告為了維護自己的名譽，進行了英勇的抗爭」。[2]還有另一個案子，是一名嬌小的伊利諾州女性在一個偏僻的自行車道上停下來，屈服於一名男性，並與他口交，那名男性的體重幾乎是她的兩倍，還比她高了一英尺，他把手放在她的肩膀上，語帶威脅的說：「這只要花妳一分鐘。我的女朋友沒辦法滿足我。我並不想傷害妳。」[3]那名女性意識到這句話隱藏著威脅，所以並沒有反抗。但是伊利諾州法院撤銷了該名男子的有罪判決，理由是「紀錄中並沒有相關情況顯示原告是被迫服從的」。[4]

執法的專業人員對這些必要條件提出了批評，他們認為女性在受到攻擊的情況下，回擊是不明智的。但是即使到了一九八一年，還有一個案件是被告（在城裡一個危險的區域裡）拿走一名女性的車鑰匙，並「輕輕掐住」了她、做出威脅的姿勢，下級法院的結論是該名女性並沒有做出足夠的反抗，因此無法證實她並不同意。[5]雖然上訴審回復為有罪判決，但是判決的結果是四對三，而三票的少數派這方認為被害者「應該遵從每個傲骨女性的自發本能，反抗陌生人或是非你情我願的朋友對她的人身侵犯，而不只是在言語上不從」。[6]另一個案子是一名高中校長強迫一名女學生與他發生性交好幾次，並威脅她如若不從，將無法順利在近期畢業。[7]不過這個案子被駁回了，因為校長並沒有用物理上的強制方法威脅受害者。

我們應該注意到：性犯罪的這種待遇和我們對於財產犯罪的標準態度，有著極為奇怪的不對稱。如果我拿走你的錢包，但沒有得到你的明示同意，我當然就是犯罪。我不能夠以對方沒有英勇抵抗作為辯解的藉口。但是如果一名男性與女性發生性行為、侵犯了她私密的身體空間，我們的體制卻覺得除非那名女性做出身體反抗（通常還必須面臨危險），否則不構成犯罪。竊盜的有

---

1 可參見Stephen J. Schulhofer, *Unwanted Sex: The Culture of Intimidation and the Failure of Law* (Cambridge: Harvard University Press, 1998), 24。也可參見N.Y. Penal Law § 130.00(8) (McKinney 1965)。

2 *People v. Hughes*, 41 A.D.2d 333 (N.Y. App. Div. 1973).

3 *People v. Warren*, 446 N.E.2d 591 (Ill. App. 1983). 這本書籍為這個案件和其他同類型的案件提供了很有幫助的討論：Schulhofer, *Unwanted Sex*, 1–10, 33–34。

4 *People v. Warren*.

5 *State v. Rusk*, 289 Md. 230, 424 A.2d 720 (1981).

6 *State v. Rusk*.

7 *State v. Thompson*, 792 P.2d 1103 (Mont. 1990).

罪判決並不要求證明竊賊用了比偷東西本身所需的更多武力（雖然這類武力可能成為加重的原因）。但是直到一九九二年，紐澤西州法院才作出一個不尋常的裁決，（明確廢棄先前的傳統，）認為強姦案中的「強制」只需要是「不經同意的插入行為，其強制力不必然要超過達到該結果所需」。[8]

讓我們回到物化，我在第一章中分析過：物化最重要的就是對自主權和主體性的否認，兩者都會導致不把人當作一個完整的人對待。舊日的法律傳統明顯存在這兩種否定。如果女性的選擇能力遭到忽略，就是自主權遭到否認。如果唯二的選項就是忍受非自願的性交和面臨身體危險，這實在稱不上有什麼自主權。自主權的重要理論家約瑟夫．拉茲（Joseph Raz）把這想像成一位「遭追獵的女性」，她在一個小島上被一頭肉食性的動物追捕：這名女性在很有限的意義下，的確有自由的選擇權，她可以選擇往這條路還是那條路跑。但是沒有人會認為這是有意義的自由選擇：「她的精神耐力、她的聰明才智、她的意志力和她的體能力量，都為了要掙扎活下來而耗到極限。除了從野獸手裡逃脫之外，她已經沒有其他機會做、或甚至是想任何事了。」[9]如果政治體系將一個人置於這樣的狀況，還不視為一個問題，我們不該認為（這也是拉茲的論點）這個政治體系對自主權還有任何尊重。

此外，我們在舊日的法律制度中也看不到對主體性的尊重。女性的恐懼、她的不情願、她沒有作出真正積極意義的同意——這些都沒有被認真對待。這也不令人驚訝，在產生這類法律的年代中，女性在法律上大致被定義為財產，只能說是一個人形的物件。

法律對主體性的否認甚至還更進一步：提出強姦指控的女性通常會遭到羞辱的質疑她的性史。很奇怪，人們會假設未守貞的女性就一定會對性行為表示同意。為什麼會出現這種假設呢？如果我們碰到幾個朋友在一間很好的餐廳用餐，我們通常不會推論他們想要來盤爛掉的花椰菜塞進他們的喉嚨。然而大部分強姦案的審判中，充斥的正是這種「論證」。這種推論反映出對女性的基本想像，她們被區分成兩種族群：一種是貞潔的女性，會對婚外的性行為誓死抵抗，如若不然，就是淫蕩的婦女，誰來都好。這類對於女性的想像深植在我們的文化中，影響了我們對特定事件的理解——或是誤解。就連山繆・約翰遜（Samuel Johnson）這樣傑出的文化權威，都曾經對詹姆士・博斯韋爾（James Boswell）說過——當時他是在回覆博斯韋爾的提問「一次違背貞潔的出軌，就會如此徹底毀掉一名年輕女性，是否過於嚴厲？」約翰遜說道：「為什麼會呢，先生；那是女性被教導的重要原則。如果她連那個原則都放棄了，就表示她放棄了所有女性的榮譽和貞操中包含的一切美德觀念。」[10]正是這種想法，導致人們認為女性（在自己面臨某種危險時）

8　State in Interest of M.T.S., 609 A.2d 1266, 1267 (N.J. 1992).

9　Joseph Raz, *The Morality of Freedom* (Oxford: Clarendon, 1986), 374. 拉茲的例子其實不是針對性侵害，他選擇用女性作為受害者只是為了平衡；他主要是在講貧窮如何讓選擇變少，但是他的論點也可以為一般性適用。

10　James Boswell, *The Life of Samuel Johnson, L.L.D.* (London: John Murray, 1835), 3:47.

如果不做反抗，就等於同意，因此後續也就無權控訴了。對女性的色情描述又大大加強了這種想法。色情文學不守貞的女性的確是來者不拒，但是這類女性不存在於現實生活中——只有些極有限的例子，因為該人的自我已經遭到反覆虐待而支離破碎，以至於她完全無法再堅持選擇和自我了。

由於美國醜陋的種族主義歷史，所以人們會特別認為非裔美國女性（不論她們是否有過性行為）都只是娼婦或動物，這也會導致普遍不認為對黑人女性的侵犯構成犯罪。這個觀點有時候是來自一種迷思——以為所有非裔美國人的性都像是動物那樣無所拘束；有時候則是因為只把他們看作財產；還有時候則是兩者兼而有之。[11]對於貧窮的女性也會有這種貶低人的刻板印象，例如認為她們沒有女性的「榮譽」，隨便和誰都可以做愛。

對女性的扭曲評價也影響到對於強姦的心理要件的詮釋。對女性有刻板印象的男性，可能會當真認為女人說「不」其實還是同意性交。我們也在前文看到法律典型要面對的問題，就是這類信念究竟是否合理。「合理」的標準是出了名的難以捉摸，而且通常會投射出法官自己（一般來說都是男性）認為適當的社會規範。許多人大概會想起麥克・泰森（Mike Tyson）的強姦案審判，泰森在審判中主張（不過沒有成功）D.W.欣然陪他回房間，就足以讓他合理相信她是同意的，雖然有證據顯示她後來有明白的拒絕，而且試圖逃離。[12]在一九九三年已經不認為這類對同意的想法是合理的；但是再早幾年，它們也許還被認為是合理的。

這些對於女性的過時和有損她們人格的觀點，在一九八〇年代早期出現批評的聲浪。在一九八二年的一個案子中，有一群波士頓的醫生站上被告席，因為他們硬是把一名護理師帶上車，並開車載她到羅克波特（Rockport），還輪暴了她（雖然她一直表達抗議）。麻薩諸塞州（Massachusetts）上訴法院的（第一名非裔美國人上訴審法官）弗雷德里克・L・布朗（Frederick L. Brown）法官作出評論：該是時候拒絕讓男性用他「合理的誤認」對方同意來作為辯護之詞了，例如在這件案子中：

> 社會上的迷思認為如果一名男性要與一個「好」女人有性行為，「一點強制力總是必要的」，是時候該消滅這個迷思了。……我完全可以說：如果一名女性對某人說「不」〔，〕而該人的心中浮現除了不同意之外的其他任何意涵，法律上都不應該加以考慮，因此也不應該被當作辯護之詞。……我在一九八五年指出：如果用性接觸的雙方中比較具侵略性的那一

---

11 對這些觀念的探討可參見Justin Driver, “Of Big Black Bucks and Golden- Haired Little Girls: How Fear of Interracial Sex Informed *Brown v. Board of Education* and Its Resistance,” in *The Empire of Disgust: Prejudice, Discrimination, and Policy in India and the US* (New Delhi, India: Oxford University Press, 2018), 41–61。

12 可參見E. R. Shipp, “Tyson Gets 6- Year Prison Term for Rape Conviction in Indiana,” *New York Times*, March 27, 1992, http://www.nytimes.com/1992/03/27/sports/tyson-gets-6-year-prison-term-for-rape-conviction-in-indiana.html?pagewanted=all。

方的主觀觀點（而且其實比較像他的期望）來建立規則、定義何謂未經同意的性交，這其實缺乏社會效用。[13]

布朗法官也同意男性經常對女性的期望有過於一廂情願的想法，而且（不論是虛偽還是真心的）說服自己說侵略的行為是情勢所需。如果我們依照主流的男性社會規範來詮釋「合理誤認」中所謂的「合理」，就等於是在助長這種一廂情願的想法。布朗法官宣告了一個真正基進的結論：當一名女性說「不」時，在法律上相信她其實是指「好」，這絕對是不合理的。

錯誤的信念會帶來男性的性慾和性行為——如果他們知道一名女性不貞潔，就會假設她願意與任何人「做（愛）」，[14]或是他們被女性的衣著、姿勢或親吻激起了情慾，但是卻理解為對方允許他們使用性暴力。錯誤的信念也會以許多有害的方式造成女性的偏好和選擇。遭到強姦的女性——無論如何暴力，也沒有經過她們的同意——通常會覺得羞恥和受到玷污，甚至常常不會考慮求助於法律。女性經常對自己的性慾、或是同意被親吻或愛撫感到罪惡，所以會覺得那是自己「自找的」——就算對方強暴時還有施以暴力及嚴重的身體傷害。此外，有些女性可能會同意性交，但是沒有同意性交中的暴力行為，不過她們也覺得沒有資格指控，因為主流的觀點認為對性交說好的女性，就沒有權利抱怨接下來發生的任何事。如果她們到警方那裡投訴被性侵，一定會遭到嘲笑和羞辱。

這些經常帶來悲劇的反應是信念和慾望發生扭曲所造成的，一九七〇年代的女性主義運動便是要揭露這種扭曲，她們反覆強調女性的性慾和吸引力並不是「自找的」，如果她們當真「自己要求」什麼，唯一的方式就是對該行為表示同意——就像是如果「要求」某個人拿走你的皮包，唯一的方法就是拿出你的皮包、放到對方手上，而且不存在無論明示或暗示的恐嚇及威脅。不過，雖然這些錯誤被揭露，它們也不再被法律制度視為理所當然，但它們還是普遍盛行於大眾文化中。從事法律工作的人還是有許多事得做，才能夠建立一個足以保護女性選擇的法律制度。

如果一個制度認為「不」卻不代表「不」，這不只是忽略了女性的自主選擇；它還製造了一個假象：穿著性感與男性共舞的女性——簡而言之就是舉手投足不像一名脫俗的維多利亞少女的女性——就是在透露她要與所有牽得上線的男性做愛。這是一個相當荒謬的想像，這滿足了男人的自尊心，但是完全不可信。女性既不是受到保護的處女，也不是「蕩婦」——任何男性想要和她做愛都會說「好」。今天的大部分女性當然都想穿著引人注意的衣服到處走、散發出萬種風情、與人跳舞、約會，但是也都想保有對自己性行為的掌控。其實，就連性工作者也不會對所有

13 *Commonwealth v. Lefkowitz*, 20 Mass. App. 513, 481 N.E.2d 277, 232 (1985).

14 Joyce Carol Oates, *We Were the Mulvaneys* (New York: Plume, 1996) 一書中生動的描述了一位名聲不佳的低階層年輕女性遭到輪暴的事（那些男性的犯行就是因為受到這種迷思的鼓舞）。

想做愛的男人都說「好」。只要她們還對自己的工作條件保有一點控制，她們就會對看起來危險或粗暴、不肯用保險套的男性說「不」，當然還有不付錢的男性。性工作者也有可能被強暴（而且是常常）。只是忽略女性的自主權已經夠糟了；更糟的是還抱著假象（通常是受到色情文學的慫恿），以為女性的存在本身就代表「好」。

對於主體性也是這樣的：它不只是被忽略了，它還被一種虛假的主體性所取代。許多男性不懂得探究女性真正的渴望，他們成長於一個虛構的世界中，以為所有女性都想和所有男人（或至少是和他們）做愛。越是在真實世界中對這個觀念設下阻礙——例如女性顯得不感興趣或是頑強抵抗——這些男性就越想要退回「說不就是好」的虛構世界中。

拒絕承認婚內強姦，則是對於女性自主權和主體性的進一步障礙。根據英國的普通法，被丈夫強暴在概念上是不可能成立的，因為結婚就表示對其後的性行為都概括同意了，而且其實也抹殺了已婚婦女在法律上的獨立身分。雖然約翰．史都華．彌爾在《婦女的屈從地位》中對婚內強姦提出嚴厲的批評（還有其他改革者也是），而且普遍認為婚內強姦是道德上不好的行為——還有十九世紀的女性主義者經常提及已婚婦女「有權掌控自己的人身」——但是直到一九七〇年代之前，妻子還是沒有法律上的手段。內布拉斯加州（Nebraska）在一九七六年成為第一個廢除強姦罪之「婚姻豁免」的州。其他州也跟進。紐約上訴法院在一九八四年做出一個具有代表性的進步判決，其中聲稱：「為〔婚姻〕豁免辯護的各種立論，要不然就是主張婚姻附隨了同意和財產權（而那已經是過時的概念），要不然就是禁不起任何一點檢驗。」[15]不過我們將在後文中討論：該判決宣示的改革依然有未竟之處。

說不就是不

在女性主義所做的法律奮鬥中，一九八三年的雪莉·阿蘭霍（Cheryl Araujo）案是一個關鍵的時刻，一九八八年由茱蒂·佛斯特（Jodie Foster）主演的電影《控訴》（*The Accused*）就是取材自這個案件，我認為它可以名列最好的法律電影之一。[16]電影大致忠實的呈現了該案件的內容，但是做了一個很大的改變：實際案件中的男性強暴犯是工人階級的葡萄牙男性，但是電影卻改寫成大學兄弟會的成員。我認為這個選擇是明智的，它避免了特定階級或是種族的男性被污名化，轉而將強姦文化描述為普遍存在的現象（而它也真的是）。

雪莉·阿蘭霍，二十一歲，身高五呎五吋，體重一百一十磅，她在一九八三年三月六日的一個傍晚走進麻薩諸塞州新伯福（New Bedford）的大丹酒吧（Big Dan's Tavern），想要買包菸。

15 *People v. Libereta* 474 N.E.2d 567, 572 (N.Y. 1984).

16 *The Accused*，由喬納森·卡普蘭（Jonathan Kaplan）執導（1988，派拉蒙影業公司〔Paramount Pictures〕出品）。

（我現在引用的都是審判紀錄。）「她在店裡點了一杯酒，還與另一名女性顧客攀談了幾句。這兩名女性也與共同被告約翰・科迪羅（John Cordeiro）和維克多・拉波索（Victor Raposo）交談，並在旁邊看他們打撞球。」[17]當時酒吧裡有大約十五名男性。「另一名女性先離開了大丹酒吧，隨後被害者也準備離去。科迪羅和拉波索提議載她回家，遭到她的婉拒。被害者站在吧台區時，〔丹尼爾・〕西爾維亞（[Daniel] Silvia）和〔約瑟夫・〕維埃拉（[Joseph] Vieira）從後面靠近她，把她打倒在地上、脫下她的褲子，科迪羅和拉波索則想強迫被害者與他們口交。」她被拖行，「又踢又叫」著被抬到撞球桌上，在那裡遭到輪姦，一個人強姦她時，其他人就把她按住。「被害者身上穿的最後只剩下上衣和一隻鞋，她逃脫並跑到街上，攔下一輛經過的卡車。」[18]

值班酒保在審判中作證，說兩名男性強制剝下阿蘭霍的衣服時，她「躺在地上尖叫」，還可以聽到兩名男性在一旁喧嘩，大喊「做下去！做下去！」[19]被告的證詞說這些都是阿蘭霍讓他們做的，她與他們共舞，還回親了他們。雖然法院努力要保護她，但是阿蘭霍的名字最後還是被有線電視一再播放。重要的女性主義者聚在一起談論這個案子，它也成了全國矚目的大案。

最後，有四名被告被判處強姦罪。還有兩個人無罪釋放。一名陪審員說：「她不是名神聖女性的楷模。也許她是有鼓勵他們做到某個程度吧，但是他們失去了控制。在她說不之後，她還是繼續受到侵犯。所以他們是違法的。」[20]

陪審員的說法其實令人混亂。它包含了由來已久的想法——如果男性受到誘惑，就會「失去控制」。不過他接著又轉向另一個不同的想法：她說不，所以他們還是繼續的話，就是侵犯了她，同時也觸犯了法律。許多年後，當年在阿蘭霍逃到街上之後接走她的一名目擊者附和了這個想法：「這個案子帶出許多事情、許多謊言——說她是個妓女之類的事情——但是我一直覺得：不管怎樣，一名女性都有說不的權利。老實說，就算她是一名妓女也無所謂，因為她已經說不了。」[21]

這兩段評論顯示這個案子的確是美國法的轉捩點，也是教育公眾的重要機會。它確立了「不」就代表**不要**。女性的性感舞蹈或是暴露穿著，並不是在對性交提出邀請（如果她說了自己並不想要）。男性得注意了：他們必須把女性的話當真，如果她們說停，他們就得停下來。

在那個文化還很混淆的時刻，的確有些女性雖然希望男性採取下一步行動，但是經常是說

---

17 *Commonwealth v. Vieira*, 401 Mass. 828, 830 (Mass. 1988).

18 *Commonwealth v. Vieira.*

19 "Witness's Testimony Implicates Two Men in Tavern Rape Case," *New York Times*, March 1, 1984, www.nytimes.com/1984/03/01/us/witness-s-testimony-implicates-two-men-in-tavern-rape-case.html.

20 本段引用的資料來源是在二〇〇〇年瀏覽，但是目前已經無法存取了。

21 Jay Pateakos, "After 26 Years, Brothers Break Silence," *Wicked Local*, October 26, 2009, www.wickedlocal.com/x884487240/After-26-years-brothers-break-silence.

「不」。有一些實證的證據也指向此事。[22]但是這對於適用新標準不會造成任何問題；最壞的情況就是某些真的想發生性行為的女性必須稍等，直到她們對於如何向男性表達自己不再感到困擾。這個結果只有好的一面。女性也必須尊重自己的自主權，然後再要求別人。「說不就是不」，其實依然並非美國這片土地的法律：還有二十三個州規定要有比完成性行為更多的強制力，或是威脅要施加這類暴力。[23]

我們處在何處，我們應該去往何處

在這些女性主義的批評壓力之下，強姦法有了很大的改變，規定愈來愈能反映出下列見解：(1)女性說「不」，就表示她不同意，並不表示她在「跟你玩」，或者甚至其實是「在要求」；(2)女性之前的性史與她在該場合是否同意無關。改變是很慢的，我們想要建立起法律文化能夠真正的保護女性的平等自主權，並承認她們真實的主觀願望和感覺（而不是虛假的投射），這條路上還有許多問題要解決，而且同時還要保障被告的正當法律程序。

沒有說「不」的不同意

即使一直以來都強調「說不就是不」，但是這也並非指每件案子都能在法律上獲得很好的處理，例如被害者出於恐懼而保持沉默的狀況（就像是沃倫〔*Warren*〕案〔沃倫是伊利諾州的一名小自行車手〕）。人們還是會傾向於認為沉默就表示同意。但是當一名病患被問到是否要接受醫療程序，如果他保持沉默，我們絕對不會認為那足以證明他同意接受該程序；如果一名醫生聲稱已經取得病患的默許，逕自進行了該手術，那他一定被判有罪。[24]過去一百年來對醫學倫理的重大革命，其實就是重新強調病人的自主權。醫生過去認為他們只需要考慮對病人最有利的觀點。現在則規定需要病人明確的告知同意。[25]

為什麼醫生決定要進行結腸鏡檢查或是其他醫療程序，就需要病患明確的告知同意，但是女性要同意性交這種私密的選擇，卻沒有受到同等的尊重和禮儀？醫生舊日的態度顯示出對病人的自主權和主體性的漠視，那是一種認為自己比較優越、無所不知的態度，這在許多方面都很類似於男性對女人的霸道態度（不同之處在於醫生通常認為自己是為了病人好）。所以，為什麼美國

22 例如可參見Charlene Muehlenhard and Lisa Hollabaugh, "Do Women Sometimes Say No When They Mean Yes?" *Journal of Personality and Social Psychology* 54 (1988): 872–79，該文中沒有指明這類混淆有多常出現。

23 也可參見Schulhofer, *Unwanted Sex*, 39。人們還是把強姦視為一種（施加）暴力的犯罪。

24 可參見Stephen J. Schulhofer, "Taking Sexual Autonomy Seriously," *Law and Philosophy* 11, no. 1/2 (1992): 35–94。

25 可參見Allen E. Buchanan and Dan W. Brock, *Deciding for Others: The Ethics of Surrogate Decision-Making* (Cambridge: Cambridge University Press, 1989)，那是一本指標性的書籍。

人在醫療領域可以成功的把自認無所不知的制度換成尊重自主權的制度，但是在性的領域卻如此落後呢？

這種不對稱有時候是因為社會遺留的迷思，認為好女人就是要竭盡全力戰鬥：因此如果沒有戰鬥，就是事實上同意了。有時候則是因為覺得女人就像小孩一樣，並不了解自己的內心。進一步的問題則是對性有浪漫的想像，所以不認為這是一種決定，而是要「被牽著走」。雖然現在已經有許多校園和至少某幾州的法律中，堅決要求（要用語言或姿勢）積極表達同意，但是這在性領域中堪稱是最明智的方針，卻還未形成共識，雖然一直以來，大家都同意如果要拿走某人的財產，當然要徵得積極的同意才不會被當成竊盜。許多人擔心堅持要取得某種形式的「好」會讓激情被澆熄。不過，還有什麼比性行為更能深刻的表達個人自主權呢？雖然性在很多方面與手術不同，但它最終還是個人價值的展現，尊重選擇並不會顯得不浪漫，反而充滿了敬意和適當。

如果法律沒有要求某種積極的同意，似乎很難清楚界定同意的概念（這是保護例如《沃倫案》中的女性自主權所需的）。這當然不需要形成一個正式的契約。但是因為實在太容易在這方面造成誤讀和誤解，所以要求得到一個「好」，應該也不算是太過份，而且也不必擔心這樣會使熱情萎縮。毋寧說，如果讓不想徵得同意就繼續進展的人因此而失去了熱情，也未必是件壞事。但還是只有極少數州採取積極同意的標準；就連修訂過後的《模範刑法典》（於二〇二〇年發布）似乎都不會將這包括在內。

性自主和主體性是很複雜的。不過在我們目前這個性慾亢進的文化中，似乎不可能只因為法律注意到需要積極的同意，就使性慾遭到嚴重的扼殺。就像是醫療領域規定必須以明示加以同意，這個規定一旦經過宣導之後，就會被內化了，讓每個人都知道只有說「好」，才是代表「好」。

權力作為勒索之用

「說不就是不」也沒辦法很好的處理用權力勒索的情況。有時候實際上說「好」，但其實是被不對稱的權力污染了。讓我們回想一下高中校長要求女學生與他發生性行為（以換取畢業）的例子。那個例子和《沃倫案》不同，學生怕的不是物理性暴力，她也的確「同意」了性行為。但她是屈服於勒索的要求，這在金融領域中就擺明是違法的。性勒索很難被理論化。法律沒辦法逐案審視每一個狀況，規定該情況到底有沒有權力不對稱。法律要做的事，就是詢問哪一種關係會隱含權力的不對稱。

我們將在後文看到性騷擾法的核心正是在探討這類問題，不過它和刑法涉及的性侵也有關。每一州都禁止與未成年人發生性行為（這屬於「法定強姦」）——不論對方是否說「好」，這類性行為本身就是違法的。[26]許多州還做出進一步的區分：兩個年齡相近的青少年發生性行為，（相較於年齡差距較大的兩人）就比較不成問題。絕大多數州規定監獄的矯正官員和囚犯之間的性行為是違法的。此外還有二〇〇三年的（聯邦法）《監獄強姦消除法》（*Prison Rape Elimination Act*），意旨是為了嚇阻監獄中的性侵。還有許多州把其他權威和信賴關係中的性行為入罪：例如教育、醫藥、精神病治療。其他州則把這個責任交給這些行業的管理部門。

有關智力缺陷（可能與年齡有關，也可能無關）的法律正在發展中。各州正在漸漸發展出一套判斷能力的彈性標準，好應付老化人口的複雜情況，因為同樣一個人的能力並非永遠一致：因此，能夠同意性行為的人，未必能夠決定如何管理財產。這些議題都極端複雜，因為法律必須尊重性自主和主體性，但是也必須保護弱勢的個人免遭剝削，兩者之間必須取得平衡。

已經有多個州取消對婚內強姦的豁免。截至二〇一九年為止，已經有二十八州將豁免規定完全廢除。但還是可以從各個層面七拼八湊出特定的豁免：因此有些州便只在丈夫使用武力或威脅時取消豁免，其他類型的勒索強制力則不算，例如用金錢威脅作為勒索（但是那樣的強制在沒有婚姻關係的背景下，則會被視為犯罪）。我們當真還有很長遠的路要走。

訴訟時效

#MeToo運動的確帶出許多強姦和性侵的訴訟時效問題。當女性（還有男性，包括許多在兒

時遭到性虐待的男性）決定走出來，而且社會的新風氣也將採信女性的證詞，她們卻常常發現自己無法正式的提出控告，因為為時已晚了。各州在這件事情上有很大的不同。只有三十四個州確定有強姦的訴訟時效，其中包括某些傳統上很保守的州（包括阿拉巴馬州〔Alabama〕、阿肯色州〔Arkansas〕、路易斯安那州〔Louisiana〕、懷俄明州〔Wyoming〕、愛達荷州〔Idaho〕），也有一些傳統上很自由的州（馬里蘭州〔Maryland〕、紐約州、紐澤西州——紐澤西州是整體來說法律最進步的州）。各州對強姦和性侵的定義存在極大差異，對犯罪的承認程度也各自不同，每一種犯罪又都有不同的訴訟時效，這使得事情變得更加複雜。有些州對兒童受害者有比較長的時效。有些州有DNA例外：如果可以在DNA資料庫中找到符合的DNA，就可以在通常的訴訟時效經過之後，仍然提出控告。

為什麼州要實施訴訟時效呢？首先是因為時間流逝之後，起訴將變得困難重重。證人可能已經不見或死亡了，必要的證據大概也都不可能採集（例如DNA證據）或是已經受損。各州大概不願意讓他們的偵察員承擔大量不可能有希望的工作，而且如果知道有訴訟時效，也能夠鼓勵人儘早告發。就算及時告發犯罪，性侵的取證檢測和保存都已經夠困難了。由於這些問題的存

---

26 各州規定的年齡不太相同，從十六歲到十八歲不等。許多州過去還規定同性戀可以同意性交的年齡要比異性戀來得高，但是這類不對稱現在已經不存在於美國法中了。

在，就算是沒有訴訟時效的州也極少起訴很久以前的強姦案。

不過，另外還有較為理論上的理由。一個主要的想法是嫌疑犯或真凶不應該永遠提心吊膽的過日子：經過一段時間的極度焦慮之後，他（或她）理應就能夠和其他人過上一樣的生活了。但是謀殺並沒有訴訟時效，所以——可以這麼說吧——我們同意永遠不要讓殺人犯安然入睡。主張要廢除或是至少延長強姦訴訟時效的運動背後，想法是強姦是足以改變人一生的糟糕行為，雖然與謀殺不一樣，但是比許多州法律制度暗示的更接近謀殺。另一方面，有許多州不規定強姦的訴訟時效，也很難讓人不聯想到是因為盡可能的想「對犯罪嚴厲」，然而這類「對犯罪嚴厲」的政策，某些其實帶有種族色彩。

#MeToo之後普遍要求取消訴訟時效（至少是重大的性犯罪）。我自己所在的伊利諾州於二○一七年條列出六項犯罪（包括受害者為十八歲以下的犯罪），取消了訴訟時效，直到二○一九年，所有重大的性侵和性虐待案都取消了訴訟時效。二○一六年的加州法出現一條奇怪的法規，取消了二○一七年一月一日之後所犯強姦案的訴訟時效。雖然我們很容易了解該法潛在想要表達的嚇阻價值，但是它卻似乎讓情勢倒退了。看起來我們需要的是往回起訴過去的強姦案——那時候的女性的確有充分的理由不站出來，而且當真也沒有什麼人站出來。而現在要站出來雖然仍十分困難，但是比當時容易多了，而且女性（在大部分情況下）也有真正的選擇。

我們應該對這說些什麼呢？我比較傾向於支持取消訴訟時效的運動，因為女性要站出來還是十分困難，而且放鬆限制可以賦予檢察官更廣泛的裁量權，由檢察官考量個案狀況——包括證據的性質，以及受害人沒有即時站出來的原因。我們必須承認出於證據的原因，其實只有極少數性侵舊案能夠被起訴。當真起訴很久以前的犯罪時，也必須提防種族和階級造成的差別待遇。（差別待遇可能同時存在於兩方面：例如站在富有的白人受害者這一邊，同時卻忽略貧窮和／或少數族群的受害者，不起訴有錢有勢的男性之舊日犯罪，但是卻起訴貧窮和／或少數族群被告的類似犯行。）不過，取消訴訟時效還是有助於強化女性的自主權，同時也尊重她們還是不被鼓勵即時告發的情感。

改進的證據

有關於證據的性質和使用，有一項改善正在發生——那比較是社會性（而不是法律）的改變：女性的證詞比之前更容易取得信賴了。女性和其他地位較低的團體一樣，是不公正的認知和實質錯誤行為的受害者。[27]現在的潮流漸漸變了，這有很大一部分是因為許多女性站出來，人們也知道性侵害很常見了——不僅在我們社會的各部分都有可能發生；特別容易發生在彼此熟識的關係中，或是發生在人們的朋友、親戚和鄰居身上；而在過去，許多這類虐待事件從未被舉發，

27 可參見Miranda Fricker, *Epistemic Injustice: Power and the Ethics of Knowing* (New York: Oxford University Press, 2007)。

就消逝於無形了。

現在如果有女性站出來（即使是控訴過去發生的事），也都會被認為可信得多。假設案件進入審判，她的證詞也比較有可能被採信。在二〇一八年的布雷特・卡瓦諾（Brett Kavanaugh）聽證會之後，許多人都觀察到很多有罪判決的作成並沒有得到第三人的證實（通常也很難得到），這大概就是因為女性的證詞現在被認為是可信的。（如果她在事發當時就有告訴一個或多個其他人，會更有幫助。）法律在某些事情上也提供了幫助，因為女性不必再面臨性史的羞辱性提問——原告經常是因為這樣而不願意提告，即使在提告之後，性史被提出來，也經常玷污女性證詞在陪審員眼中的地位。不過進步依然還未完成。關於女性的論述、性侵受害者在遭到強姦之後會有什麼行為，大眾還需要更多教育。陪審員仍然經常懷疑女性的故事，這有部分是因為他們缺乏教育。

還有另一個迫切需要關注的證據議題：性侵取證的處理。大部分州都積壓了許多案件，也沒有足夠的資金確保可以即時檢測。因此，案件中很重要的DNA證據（通常也可以預防未來的犯罪）卻未經分析就一直放在那裡——有時候甚至是直到訴訟時效已經過去（這也就是為什麼有些州要為DNA創造時效例外）。可以確保適當的處理，其實符合每個人的利益，然而許多城市和州面臨更大的預算危機，所以這個議題只有太少的討論和能見度，通常也只能迷失在許多其他更能賺到大眾關心的轟動議題之間。尤其是考量到監禁需要非常高的成本（每一名囚犯每年要花超過五萬五千美元），我們應該認真考慮可以花錢減少犯罪的方法。公眾應該用壓力要求市長和州長制定符合這個需求的計畫，加進刑事司法的整體作法中。在公共辯論裡忽略這個議題是對女性發出一個強有力的信號，表示法律制度並沒有把她們的自主權和安全擺在前面的順位（尤其是當我們想到今天的市和州會把錢花在許多其他東西上）。

能提供誘因的資訊

雖然社會普遍發生了改變，但是即時告發依然太過稀少。常見的問題——羞恥感——依然具有影響力；女性擔心即使有「保護強姦案被害人的」法律，匿名性仍然無法受到保護；她們也擔心僱主、朋友和親密伴侶會對指控有什麼反應。不過社會變遷慢慢的在移除這些障礙。然而要涉入冗長的法律程序，依然使人感到十分猶豫。女性在遭到強姦時，傷害就已經造成了。如果她事後尋求起訴，是想要為自己得到什麼呢？許多人說是能夠「結束」，和因權利受到維護而得到滿足感，但是在一個充滿不確定和曠日廢時的法律程序中，通常也沒辦法確保能達到這些好處，女性知道她在這個程序中會面臨激烈的交叉詰問，而且很可能缺乏明確的證據。這只會對她的時間造成純粹的負擔。強姦對某些女性帶來極大的創傷，所以如果她們不尋求司法正義，可能就走不出來了。也有人覺得工作、朋友、治療和繼續投入生活，要比法律抗爭來得優先。竊盜受害者如果訴諸法律，一定會拿回一些什麼東西：財產獲得歸還，或是適當的賠償。相較之下，強姦受害者能得到的個人益處則只是模糊不清的，而且還伴隨著壓力。

但是如果一名女性沉默不語，就很可能有其他女性會遭殃。性侵通常是連續性犯罪，後面的受害者的確有理由對前面的受害者感到不滿（因為她們沒有提出告發）。因此，法律學者和政策的制定者最近提出了各種建議，都是為了勸誘即時告發。一個明顯的作法是「責任通報」（mandatory reporting）。在例如虐待兒童和家庭暴力的領域，各州長期以來都會要求特定人員（醫藥、教育界）將虐待的證據上報。《第九條》也遵循這個模式，為性虐待制定了或許可稱之為「強力吶喊證人」（outcry witness）的規定，這是指被害者如果將受到性侵一事向這類證人告發，該人就有報告的義務——不是指朋友或家人，而是指位居某種監督或管理之責的大學職員。

因此，如果我是一名教授，有一名學生來找我，說她遭到強姦，我就有義務通知《第九條》規定的專員，把學生的名字告訴她。這個行動通常會鼓勵A女自己尋求法律起訴。該名專員會打電話給她，向她解釋提起控訴的流程，並保證會保護她的名字不被公開，再詢問她是否想控告。雖然也有人擔心這種作法可能會讓人不敢逕自尋求建議，但我的經驗是它運作良好，而且降低了受害人進入法律程序的難度。但它還是充滿漏洞，因為其他可以強力吶喊的證人沒有強制通報的義務，犯罪本身的實際目擊者也沒有什麼義務——除非被害者點名他們是目擊者，他們才會被聯絡作出陳述。校園應該做的事比它們目前所做的還要多得多，應該要讓人相信「吶喊」出來向當局報告、或是以證人身分提出第一手報告，才是符合良好的行為規範，而不是招人反感的

「告密」。

最近的新聞報導出現了許多吹哨人。聯邦政府整體（根據一九八九年的《揭弊者保護法》〔*Whistleblower Protection Act*〕）和聯邦法官（其改革將在第六章討論）最近都採取了保護吹哨者的步驟，保障他們免於受到違反倫理規範的指責（例如學生群體反對「告密」的規則，或是司法脈絡下的保密規範）。但是要做的事還有很多。有某些領域的吹哨者（例如舉報逃避納稅的欺詐行為）還會受到獎賞（只要證明他們提供的資訊正確）。我和索爾・萊夫摩爾（Saul Levmore）在最近合寫的一篇文章中，探討了校園性侵的議題，我們刻意採用探索性的方式，沒有作出結論。[28]我們調查了許多可能的作法：用公開褒揚提供獎勵、對不報告加諸懲罰等。我們的結論是胡蘿蔔比大棒更能獎勵告發，而且僅僅是公開褒揚吹哨者，還只是一個太微弱的信號，因為侵害案件的數量眾多，這應該是對一般大眾發出的信號，而非只針對某個人。

我和索爾想到了一個選項，是用保險政策作為模型。大學或許可以和聲譽卓著的第三方（例如律師事務所或專業調查員）簽訂契約。由這位外來者長期擔任類似保險公司的角色。大學則給每一位入學的學生一份保險單。如果被保險人在校園內遭到性侵，而且在事件發生後一個月內向專責機構提出指控（而且其聲明被驗證為可信的），保險者就會支付一定金額。經過一段時間之

28　Saul Levmore and Martha C. Nussbaum, "Unreported Sexual Assault," *Nebraska Law Review* 97 (2019): 607–27.

後，保險者就能夠將告發的歷史整合起來，確認校園中特別危險的人或團體（例如兄弟會），並將這類人或團體自保險給付中排除。保險者也可以建立各大學的對比式紀錄，如果某些大學的性侵案多於其他大學，收費就可能被提高，因此大學就有動機執行一些策略來降低性侵的次數。付款設計並不是為了補償受害者的痛苦，而是作為即早告發的一種獎勵，因為這符合其他女性的利益（否則她們就可能在未來受害）。

支持和反對這個想法的人都還有許多話可說，有人提出的擔憂是它可能會鼓勵虛假的告發。但是要激勵即時告發的確需要大膽的新想法。美國現在已經能夠意識到吹哨者對於公眾利益具有的重要角色——尤其是受害者自己擔任吹哨者的時候。我們會在第三部分看到吹哨者對於推倒這座「傲慢的堡壘」——這個領域內不尋常的封存了男性的特權——具有特別重要的角色。

對男人與男孩的強姦

美國社會不太容易理解男人與男孩也可能是性侵受害者。這個問題有部分是出自對同性戀的恐懼，讓人們就是不願意思考男男的性行為（因為大部分犯下男性強姦的都是其他男性）。另一個問題是被害者會感到恥辱，他們會覺得自己受到沾污，男子氣概也遭到質疑。他們可能也覺得：成為性侵受害者就會讓他們變成同性戀（不論事實上他們到底是不是）。但是，如同我一直強調的，強姦其實是權力的濫用。它根本不是性慾或吸引力的展現。戀童癖的牧師和監獄裡的強姦犯到底是不是同性戀，其實都值得懷疑。他們所犯的罪是在濫用地位賦予的權力。本書的第三部分會討論一些「傲慢的堡壘」，其中的年輕男性也常和女性一樣遭到虐待。在二〇〇三年由國會無異議通過的《監獄強姦消除法》終於承認了這個問題；它也成立了一個負責執行的委員會。教會和學校也開始解決這個問題——雖然充滿了遲疑、心不甘情不願，也稱不上完美。但是還有許多工作仍待完成。

性侵依然是美國社會中一個重大的問題。雖然法律在過去五十年間已經有長足的進步，但是女性（還有男性受害者）的自主權卻還是經常被濫用權力和特權的男性挾持。

第五章　傲慢的男性職場中的女性

性別歧視表現為性騷擾

法律制度的設計中一向沒有女性的聲音，法律制度會決定社會的秩序——女性與男性一起生活的社會……女性自願參與法律就是一項勝利，表示她們決心戰勝過去的經驗。

——凱瑟琳．麥金儂，〈法律下的性別平等之反思〉（Reflections on Sex Equality Under Law）

工作十分重要。首先，它是收入的來源，因此可以讓女性獨立於男性的支持（或不支持）。但是對於今天的大部分人來說，它並不只於此：工作填滿了我們大部分的時間。所以工作上發生的事——無論好壞——會對一個人的自我感覺發生很大的影響。現代社會有一個無法解決的永恆議題，就是如何讓絕大多數勞動者對工作感到更滿足、更有意義——既然他們對於自己被分派到什麼任務並沒有決定自由。但是就算工作內容不是很有趣或足以表現個人，工作情況還是足以保護或是損害勞動者的人性尊嚴，而且在某些特別重要的、與人的定義有關的領域（例如對一個人的身體和性的控制），也會決定個人自主權的發揮空間。對女性而言，在工作上贏得對自主權和尊嚴的保護是一場長期抗爭，法律本身和法律理論在其中都扮演了關鍵性角色，而且女性也掌握了法律創造力的關鍵。

戰後的和平歲月有時候被浪漫的描述成美國的歲月靜好，在美國，家族的完整性讓女性可以留在家裡，不太需要去工作（指受僱性質的勞動，因為女性在家裡當然還是做了大量不可或缺的工作）。離家工作的女性其實沒有太多途徑可以進入勞動世界，她們大部分就只能做一些低階的重複性工作，由男性下指令、並期望她們遵從。職場都由男性安排，顯示的也是男性想做的事和男性想要的行為方式。男性認為女性應該服從他們，甚至也不只於此。開黃腔、性挑逗和以性愛作為僱用條件——這些都很普遍。

當然還是有許多尊重女性的男人，他們絕不會做出這些行為。但是如果他們的男同事會做出這類遭人嫌惡的性表示——這些男同事在講到女性時，永遠充滿了性暗示，他們會用其他的性別刻板印象貶低女性（例如女性聲音很高、很矮，甚至更糟的還有預設她們很笨）——這些男性對如何處理，大概也毫無頭緒。就連我不久之前才離開的職場，都有這種男性，只要有一兩個就足以污染整個地方了，而且讓生活變得很不愉快。

好人當然會對不好的行為不以為然，有時候甚至表現得很震驚——但是他們也不知道該做些什麼，此外，或許與犯案者談話（經常在毫無頭緒下又會提到指控者的名字）還經常讓事情變得更糟。好意之人躊躇不前的行為讓我們想起葉慈（Yeats）的名言：「最好是你沒有信念，最壞的／是你還有充滿激情的狂烈。」這幾句話對法西斯主義的興起提出了先見之明的警告，它表達了人性的普遍真理：極少人會為正義甘冒個人風險。這些好意的人通常也習慣了女性在生活中就是「伴侶」，他們對徹底改變缺乏興趣。

結果呢？犯罪者幾乎不會受到懲罰。遭受苦難的幾乎總是女性。各地都不存在申訴程序——直到一九八〇年代早期，才由法律處理了這個問題。

不存在程序和法律，意思是這是個人層次的問題。僱主對這個問題沒有責任。它不是原則或政策的問題。它可能真的很不幸，但是除了（無效的）個人勸說之外，也沒有什麼事情能做了。通常甚至還有更糟的：人們認為這就是女性進入職場之後會發生的事，她們的存在就是會激發與生俱來的性衝動，而且男人畢竟還是男人。這很自然，硬要討論就有點尷尬了。有時候就是會這樣的：我們男人的確是喜歡這樣。漂亮的女孩會讓我們感到開心，覺得可以向她們求歡、可以撫摸她們，她們會使我們興奮、感受到自己擁有力量。

對性侵害的確還有許多工作，例如如何更適當的定義該犯行，以及擴大法律的適用範圍，但是該領域的法律已經存在兩千多年了。相較之下，在一九七〇年代引進「性騷擾」一詞之前（當時是因為女性要尋求法律的變革），性騷擾這種犯罪行為甚至沒有名字。[1]經過許多人好些年的努力，性騷擾才成為法律上承認的社會和政治危害：它不只是個人的，用凱瑟琳．麥金儂的話來說，它是「發生在個人層次的社會犯罪和社會傷害」。[2]它在那些日子裡「就是日常生活」。[3]由於這樣的無感，我所認識或知道的每個與我同世代的女性，都曾經遇過某種類型的職場騷擾，而且無從追訴。

這裡指出了法律的一個有用之處。它是非個人的。它替心意良善但是意志薄弱的人提供了掩護。他們不需要靠著個人投入爭取女性的平等，他們只需要瞄準遵守法律的明顯功用。在今天，我們可以看到轉向法律為性騷擾領域帶來了非常好的結果——它的嚇阻作用讓許多存在於過去的行為得到收斂，並且教育社會要了解女性尊嚴的重要性、用富有表現性的方式傳達尊嚴的存在，而且讓心意良善、但是意志薄弱的人有「切入口」可以批判他們的同儕。[4]規範已然改變，雖然還是有許多不良的行為存在。

但是回到一九七〇年代，既然以前沒有類似的作法，那麼法律究竟是如何吸收女性的經驗，又是誰帶頭的呢？如果能在現行法中找到一個能把兩邊接上的鉤環，當然是極有幫助的，因為通過一個具爭議性的新法是一場艱苦的戰鬥。如果能夠制定聯邦法也是一個比較好的作法，因為分頭在每一州通過新刑法，將是一項巨大的工程。誰能夠擔當這件事呢？當然必須由女性來領頭，雖然在法學界和司法界的高層其實沒有女性的身影。然而女性也的確站了出來——用理論家、律師和原告的身分。

---

1 可參見麻省理工學院（ＭＩＴ）教授瑪麗．羅（Mary Rowe）的報告："The Saturn's Rings Phenomenon"(1973)——但是羅認為這個詞在一九七〇年代已經用於女性團體中了。有些人認為這個詞是凱瑟琳．麥金儂創造的，但是麥金儂在這本著書中否認這件事：*Sexual Harassment of Working Women* (New Haven, CT: Yale University Press, 1979)，她說是由更早的女性主義者創造出來的。也有人認為是康乃爾大學（Cornell University）的一個團隊創造出來的，不過該團隊的研究還比羅的成果稍遲；或許它是獨立創造出來的新詞。無論如何，前述康乃爾團隊的林．法利（Lin Farley）於一九七五年在紐約市人權委員會（Commission on Human Rights in New York City）作證時，有使用過那個詞，並說職場性騷擾「極為常見……說它是一種流行也不為過」。可參見Kyle Swenson, "Who Came Up with the Term 'Sexual Harassment'?" *Washington Post*, November 22, 2017, https://www.washingtonpost.com/news/morning-mix/wp/2017/11/22/who-came-up-with-the-term-sexual-harassment。麥金儂將自己對這個問題的關注歸功於她在參訪康奈爾婦女資源中心（Cornell Women's Resource Center）時（她在那裡唱歌賺到一些錢）：她聽到一名女性僱員遭到騷擾的案子，騷擾導致該名女性僱員因壓力而產生身體疾病，但是卻無法領到失業補助，因為她是「因個人理由」而離職的。麥金儂說：「當我聽到這件事，它在我腦袋裡爆炸了！我到今天都還記得這件事（Sasha Arutyunova, "Catharine MacKinnon and Gretchen Carlson Have a Few Things to Say," *New York Times*, March 17, 2018）。https://www.nytimes.com/2018/03/17/business/catharine-mackinnon-gretchen-carlson.html。

2 MacKinnon, *Sexual Harassment of Working Women*, 173. 也可參見麥金儂的下列文章："Reflections on Sex Equality under Law," *Yale Law Journal* 100 (1991): 1281–1328。

3 Arutyunova, "Catharine MacKinnon"中所寫的麥金儂，引用自Gloria Steinem。

4 法學理論家發現法律有幾個不同的功能：報復（我對此持批評和否認的態度）、嚇阻、教育和表達（指由法律展現出社會的價值）；可參見Martha C. Nussbaum, *Anger and Forgiveness* (New York: Oxford University Press, 2016), chap. 6。

條文根據：《第七章》

一九六四年的《民權法案》包含一個長篇的章節，對就業歧視作了詳細的規定。它的部分內容是：「任何僱主如有下列僱用行為……因個人的種族、膚色、宗教、性別或原屬國籍而給與差別待遇，均屬違法」，這段文字與一長串對就業環境的規定並列。（法條還展現出該時代的標誌：把共產主義者明確排除在所有保護之外。）「因為性別」和「基於性別」這兩句話的定義包括（但是「不限於」）懷孕和生產，雖然隨即也表明法規並未要求僱主為墮胎支付（除非母親的生命遭到危險）；但是也沒有排除僱主要為墮胎支付。該章節禁止以任何作法對受保護團體造成「差別性影響」（disparate impact）——如果那樣的作法「與該職位的工作無關，也不符合業務所需」。法規也設立了公平就業機會委員會（Equal Employment Opportunity Commission, EEOC）作為管理機構，由其負責執法。

《第七章》原本起草時，是以種族為重點；在辯論時才加進了「性別」，這是維吉尼亞州（Virginia）的民主黨人——種族隔離主義者霍華德．W．史密斯（Howard W. Smith）——提出的修正案。從紀錄中，我們可以清楚看出加上「性別」有一個明顯的動機：想要降低人們對全面通過這條法律的支持。另一個理由是對白人女性的讓步，它的理論是如果黑人獲得新的保護，白人女性就會蒙受不利了——這個理論很奇怪，因為就算沒有加上那一項，非裔美國人女性還是會受到免於種族歧視的保護（而不是性別歧視）。非裔美國人律師保利・穆雷（Pauli Murray）提供了一個不同的觀點：她指出該修正案對於非裔美國人女性的必要性更勝於白人女性；如果沒有那一項，就只有黑人男性會受益了。[5]我們必須永遠記得國會其實是「他們」而不是「它」，起草者到底在想什麼，絕對不會只有一個答案。但是穆雷說非裔美國人女性比白人女性更需要免於性別歧視保的護，這點無疑是對的，而且她們也更容易受到職場的性騷擾。

至於他們所說的「性別」本身到底包含什麼情況，既然條文規定是「不限於」什麼，所以就非常開放了。顯然，如果女性的「工作能力」和「其他未有此情況的人」相類似，她們不一定會因為懷孕而受到差別對待。但還是保持條文的開放性，好在適當時加入其他的事項。而幾乎可以確定的是，沒有人特別想到我們現在所稱的「性騷擾」。不過，法律明確排除了一些事（例如不強制為大部分的墮胎支付），但是沒有排除可以延伸到後來發生的性騷擾。

關於法條的詮釋，在法律上有一個長久存在的爭論：詮釋時是否應該參考起草者的意圖？或者，我們只需要看文字本身的意義就好？這不是自由／保守派的問題。最高法院的安東寧・斯卡利亞（Antonin Scalia）大法官極力反對依立法者的意圖詮釋法條。而在這個例子中——顯然立法

5 穆雷的生平可參見Sabina Mayeri, *Reasoning from Race: Feminism, Law, and the Civil Rights Revolution* (Cambridge, MA: Harvard University Press, 2011); on Title VII, pp. 22–23。

者之間便存在多個互相衝突的想法——我們大概也無法反對他的觀點。（我們將會在後文看到：斯卡利亞其實是用《第七章》為性騷亂創造起訴理由的堅定捍衛者。）尤其是在這個例子中，文字本身的意義已經表明它的空白需要在日後填補，因此，如果聲稱法律制定當時並沒有人提起這件事，所以法條也不包含性騷擾，這個主張顯然不合情理。最高法院也沒有這麼主張，它承認性騷擾是《第七章》涵蓋的一種歧視，雖然法條文字的確是沒有明示。

這在今天是一個重要的議題，因為最高法院在二〇二〇年六月表示：在解讀《第七章》的「性別」時，應該認為其中的就業保護包括免於因性傾向和性別認同而受到歧視。[6] 尼爾·戈蘇奇（Neil Gorsuch）大法官的多數意見書中，也清楚的指出：法律對這個議題的解釋的確已經轉向文本主義的解釋方式。一九六四年的立法者當然沒有**思考過**那些議題。但是如果歧視一名女性A，是因為A選擇與女性（而非男性）性交，依照最字面的意義，這的確就是**基於性別**的歧視。因為如果一名女性選擇與男性發生性行為，她就不會遭到歧視了。我將在本章後文繼續研究這個歷史見解。女性主義對性騷擾法的大膽態度在訴訟中發揮了很大的作用，這是依照字面解讀《第七章》的明顯範例，而非謹守國會的心理意圖。[7]

簡而言之，如同迪亞娜·伍德法官——她一直到最近都是美國第七巡迴上訴法院的首席法官——投書報紙時所說的：《第七章》的部分內容（關於性別歧視的部分）只是還在「進展中的工作」，即使我們可能會覺得五十五年「已經足以解開這個糾結的難題，並確保它將保障及於任何需要的人」。[8]這種不完全在一九七〇年代是一個嚴重的缺陷——但是它也提供了創造的機會。

這個工作的確很快就開始了。凱瑟琳・麥金儂說她在一九七四年開始寫她那本具有里程碑意義的著作（並於一九七九年出版）——她在一九七四年時，還是耶魯大學的法律系學生（她在一九七七年取得JD學位，一九八七年取得政治學的PhD學位）。但她不是孤軍作戰：已經有女權律師把性騷擾視為一種非法的性別歧視，她們開始在訴訟中主張《第七章》也包含性騷擾。

在一九七四年到一九七六年之間，許多案件都提出性騷擾屬於《第七章》中規定的性別歧視，這項理論一開始並沒有成功。但是在一九七四年的威廉姆斯訴薩克斯比案（*Williams v. Saxbe*）中，[9]一名華盛頓特區的地區法官做出了有利於原告的判決，威廉姆斯拒絕了上司獻殷勤的舉動之後，便遭到解僱，法官認為原告上司的行為算是性別歧視，因此僱主算是違反了《第七

6　*Bostock v. Clayton County*, Georgia, 590 U.S. ___ (2020). 判決日期為二〇二〇年六月十五日。

7　在性傾向／性別認同議題的重要案件中，曾經在下級法院的案件中出現雙方對於性騷擾相關議題的激辯，請見：*Hively v. Ivy Tech Community College*, 853F 3d 339 (7th Cir. 1990)，第七巡迴上訴法院以八對三的多數決，裁定對於性傾向的歧視等同於性別歧視；迪亞娜・伍德首席法官的多數意見書明確採取了文本主義的觀點；反對意見則認為性傾向不是國會的本意。這個案件未再上訴，所以我們無法明確得知最高法院的裁決。

8　Diane P. Wood, "Sexual Harassment Litigation with a Dose of Reality," *University of Chicago Legal Forum* 2019, art. 23 (2019).

9　*Williams v. Saxbe*, 413 F. Supp. 654, 657-8 (D.D.C. 1974). 我很感謝伍德法官將倒數第二版的文章草稿與我分享。

章》。雖然該判決在上訴後被駁回，但是這個見解在上訴層級依然發揮了影響力，使得其他案件有多次被逆轉為相反方向。[10]

亞歷山大訴耶魯大學案（*Alexander v. Yale*）[11]最後也沒有成功，但是它的影響力所及，對推動《第七章》的性別歧視理論發揮了很大的助益，該案是第一次引用《第九條》（關於教育部分的法條），並指出性騷擾也構成教育中的性別歧視。訴訟由五名耶魯的大學生和（在第一階段中）一名耶魯的教員提出，原告方表示五人都遭到性騷擾，該名教員則主張騷擾的風氣讓他無法在「不信任的氣氛」下工作。（該名教員是極受重視的古典學者約翰・傑克・溫克勒〔John J. Winkler〕，也是一名同性戀運動家。）為這個案子辯護的是一個女性主義團體「紐哈芬法律人社群」（New Haven Law Collective）——尤以女權律師安妮・西蒙（Anne Simon）為主——而凱瑟琳・麥金儂當時才剛從耶魯大學法學院畢業，也對原告提供了建議。原告只是要求耶魯大學建立一套申訴程序，聽取對性騷擾的投訴。[12]同時，麥金儂和溫克勒則持續訴諸媒體（媒體當然對耶魯大學的醜聞趨之若鶩），他們用這個方式讓此議題得到了全國關注。

在六名原告中，有五個人的主張遭到地方法院駁回，但還是有一人得以繼續，因為她的情況「完全可以主張學業成績須取決於她是否屈從於性的要求，這足以構成教育領域的性別歧視」——雖然在法院下令調查事實之後，發現該名學生無論如何都不會取得好成績，所以也沒有交換條件之說。六個人之中有五人（扣掉溫克勒之外）都上訴了，但是在法院審理上訴時，（除一人之外）所有人都畢業了，所以他們也被宣告受的損害已沒有實際意義。不過，或許是因為該案件帶來廣泛的負面關注，所以耶魯大學也實現了原告的要求，設立了一套申訴程序。

在這裡說明一下我對一些所謂善意的看法：耶魯的古典文學系（Yale Classics Department）裡當然有些行為端正的男性，他們當時的典型想法是傑克．溫克勒在進行一場政治出征，他在推動一場走偏鋒、又不合理的運動。雖然這些人大部分不贊同不好的行為，但是說這些行為違反現行法，又讓他們覺得近乎可笑。[13]

也不是所有性別不平等的工作都得靠《第七章》和《第九條》。就像是對種族歧視的主張是從一九五〇年代中期開始、在《第十四條修正案》（*Fourteenth Amendment*）的平等保護條款之下取得進展，對性別的主張也是用這個方式、在稍後開始往前進。最高法院在一九七一年的里德訴里德案（*Reed v. Reed*）中，[14]承認基於性別的不平等待遇構成對平等保護條款的違反。該案涉

---

10 *Barnes v. Costle* (1977), *Tomkins v. Public Service Electric & Gas Co.* (1977)，與 *Miller v. Bank of America* (1979)。

11 *Alexander v. Yale University*, 631 F.2d 178 (2d Cir. 1980).

12 可參見 Anne E. Simon, "*Alexander v. Yale University*: An Informal History," in *Directions in Sexual Harassment Law*, ed. Catharine A. MacKinnon and Reva B. Siegel (New Haven, CT: Yale University Press, 2004), 51–59。

13 出自當時與耶魯古典文學系成員（我的同行）的個人對話。

14 *Reed v. Reed*, 404 U.S. 71 (1971).

及愛達荷州的法律，該法規定管理遺產時要優先考慮男性。原告的訴訟要點是由保利．穆雷和露絲．貝德．金斯伯格（Ruth Bader Ginsburg）共同撰寫的。直到一九七六年，最高法院才認為事涉性別的分類不應該只受到「合理依據的審查」（rational basis review）——那是一種極為順服的審查形式，政府幾乎總能夠獲勝——還應該採用更嚴格和多懷疑的審查形式，或謂「嚴格審查」（strict scrutiny）——涉及種族的事項已經採取這種審查了，雖然根據性別的分類還是適用一種稍弱的審查類型（被稱之為「中度審查」〔intermediate scrutiny〕）。[15]里德訴里德案仍然稱得上是高度走女性主義辯護路線的里程碑案件。

麥金儂當時在荒野中的哭嚎之聲並不孤單。[16]有一個龐大的女性主義法律人網絡決心特別援引《第七章》來確保對性騷擾的保護，而她也是其中之一。麥金儂給了其他人許多讚譽，雖然她自己無疑是最具有理論創造力和分析深度的人。這樣說也絕非低估麥金儂的卓越洞察力和律師技巧，但是也不能否認她的確在法律學術圈遭到孤立，在她出版那本具有里程碑意義的著作之後，她有許多年都得不到終身職（tenured）或甚至是常任（tenure-track）的教職工作。[17]

種族與性別

《第七章》最重要的目標是終結種族歧視。集中於觀察種族這種核心的歧視範例，可以為後續對其他類型的歧視（尤其是性別歧視）的工作提供資訊。種族的重要性有部分是出於策略上的：要說服人們相信會有種族歧視之類的事，它有修辭學上的價值，可以幫助人們看到錯誤所在。種族成為核心，有部分也是因為在構思和推動以法律方式消除性別歧視時，女性有色人種（尤其是女權律師保利・穆雷和後來的原告米歇爾・文森〔Mechelle Vinson〕）發揮了關鍵性的角色（穆雷用「簡・克勞」〔Jane Crow〕來代指對女性的歧視）。[18]不過在更深的層次，與種族的類比可以生動表現出性別歧視（的確就和種族歧視一樣）是一種從屬關係——雖然（有時候）掩飾得比較文雅。

在性別領域，一開始先想到的自然是女性應該可以要求與男性獲得同樣的對待——將法律概

---

15 *Craig v. Boren*, 429 U.S. 190 (1976).

16 出自下列書籍中對她的描繪：Linda Hirshman, *Reckoning: The Epic Battle against Sexual Abuse and Harassment* (New York: Houghton Mifflin, 2019)。

17 麥金儂在一九八二年由明尼蘇達大學（University of Minnesota）聘為助理教授（assistant professor），她後來終於在一九八九年擔任密西根大學（University of Michigan）的常任教授。她告訴《紐約時報》（*New York Times*）說：「在荒野中盤桓……就是我的教職歷程」：可參見Philip Galanes, "Catharine MacKinnon and Gretchen Carlson Have a Few Things to Say," *New York Times*, March 17, 2018, https://www.nytimes.com/2018/03/17/business/catharine-mackinnon-gretchen-carlson.html。

18 可參見Mayeri, *Reasoning from Race*。

念套用到女性時，應適用與男性同樣的方法。但是我們已經在種族的領域發現這個方法有所欠缺。以教育為例：「隔離但平等」始終是個謊言，因為非裔美國人兒童的學校從來沒有真的平等過。就算兩者是平等的，隔離本身就顯然不對稱了：對白人來說，或許最糟的就只是不方便，與失去交際的自由，而對黑人小孩來說，則是一種次等的烙印。布朗訴教育局案（*Brown v. Board of Education*）是最高法院在一九五四年的一件著名案件，[19]由該案中可以看出事實上雖為從屬，在外觀上卻是類似的，也彰顯出被迫就讀不同的學校，會對黑人小孩造成損害。再以婚姻為例。如果有一州禁止黑人與白人結婚，這個禁令在某種意義上看起來是對稱的：黑人不能嫁／娶白人，白人也不能嫁／娶黑人。但是事實上它當然不是對稱的。它表達的是一種「白人至上」的意識形態，美國最高法院在一九六七年著名的洛文訴弗吉尼亞州案（*Loving v. Virginia*）中，也是這麼寫的（該案推翻了州對種族通婚的禁令）。[20]簡而言之：即使法律做出對稱的安排，依然可能違反平等保護條款——只要它支持等級制度，而且會讓一個體系中的團體只能居於從屬地位。

這種對歧視的反思（與平等保護條款）實質上是反對階級的思考方式，但是並沒有得到普遍的認同，至少在一開始是如此。聯邦上訴法官赫伯特．韋克斯勒（Herbert Wechsler）在一九五九年寫了法律評論文章〈走向憲法的中立原則〉（Toward Neutral Principles of Constitutional Law）[21]——該文是被引用最多的法律評論文章之一——文中指出布朗案認為強制黑人小孩受到隔離，會使其蒙受不對稱帶來的恥辱，這點是不正確的。他堅持法律必須尋求中立原則，而不只是表達黨派的政治。到這裡為止，他講的都是對的。但是隨著他的論點繼續發展，韋克斯勒清楚的表明他認為一個人必須與當前的環境及歷史保持距離，才能夠找出清晰的論理，因此就會忽略許多特定的社會和歷史事實。因之，他主張法官在審理「隔離但平等」設施的相關案件時，應該拒絕從具體的脈絡去理解少數族群面臨的特定不利益，以及黑人與白人隔離具有的不對稱意義。換句話說，法官應該忘卻某些他們肯定知道的歷史和背景事物。

韋克斯勒現在又提供了一段真心話旁白：「我與查理斯・漢彌爾頓・休士頓（Charles H. Houston）一起參與最高法院一件訴訟案的那段日子裡，……我們在休息時間必須去聯合車站（Union Station）才能共進午餐，他知道這件事而受的苦，並沒有比我多。」[22] 韋克斯勒接著指出白人與黑人無法一起在白人餐廳用餐，對雙方而言是一種對稱的負擔（就是都否認了他們的結社自由）。先不論他莫名的忽略了白人完全可以自由到訪黑人餐廳這個事實（哈林區〔Harlem〕的

19 *Brown v. Board of Education*, 347 U.S. 483 (1954).

20 *Loving v. Virginia*, 388 U.S. 1 (1967).

21 Herbert Wechsler, "Toward Neutral Principles of Constitutional Law," *Harvard Law Review* 73 (1959): 1–35. 我在下列文章中討論了韋克斯勒和其後同樣走向的論據：Martha C. Nussbaum, "Constitutions and Capabilities: 'Perception' against Lofty Formalism," Supreme Court Foreword, *Harvard Law Review* 121 (2007): 4–97。

22 Wechsler, "Toward Neutral Principles," 34.

爵士樂俱樂部的歷史讓這件事變得為大家所知），他說明例子的方式也有奇怪的矛盾，因為他其實是隔離政策的激烈反對者。對韋克斯勒來說，拒絕代表一種不方便，可能也是罪惡之源；[23]而對休士頓來說，則是劣等人的公開烙印。承認這個明顯的事實絕對不是政治偏見，也沒有遠離一般原則。

韋克斯勒的矛盾還不只於布朗案。他對該案的評論最後以兩個反問句作結：「歧視女性的性別強制隔離，難道僅是針對女性而來嗎（為了讓她們對此感到憤恨），而且是用以男性為主的判決強加的嗎？種族通婚的禁令是在歧視想要結婚的有色人種嗎？」[24]這些問題的答案原都預設對方可以很快的回答「否」，因此，他的目的是要用歸謬法（*reductio ad absurdum*）推翻布朗案的論理。但是我們當然可能不同意韋克斯勒。接下來，我們也的確會否定他的歸謬法，我們的結論是（要像布朗案那樣）仔細的以種族為鑑，這當真會為我們在思考性別歧視時帶來更有效的考慮方式。

女性主義者接下了韋克斯勒的挑戰，用（考慮種族歧視時所用的）反對階級的思考方式，來看待性別歧視的法律。我們可以想像麥金儂在構思她對性騷擾的「支配」理論（"dominance" theory）時，會把韋克斯勒推出來作為她的主要掩護。

因此在思考性別歧視時，種族是重要的範例。但它不是性騷擾的完美範例，因為不論是對黑人或白人女性，要求性交都會造成侮辱和羞恥，但是種族歧視就不存在這種特殊性。

對職場女性的性騷擾

麥金儂被引頸期待已久的書，終於在一九七九年出版。直到今天的法學歷史中，它無疑是影響力最深的書之一。露絲・貝德・金斯伯格大法官說「它堪稱天啟。開啟了一個至今不曾存在的領域。」[25]她不是唯一一個這麼想的人。左派和右派都同意該書是用一種近乎獨特的方式塑造了法律。一位著名的聯邦法官（他通常被歸類為右派）經常說：該書是法學教授所寫的書中影響聯邦法官最大的一本。[26]麥金儂現在被視為一位基進派，主要是因為她對色情文學的研究。我們必須認識到她在一九七九年的這本書，當時是極為大膽而敢於挑戰的，不過現在已經完全成為主流了。

麥金儂所做的事，首先是讓一無所知的人清楚了解職場性騷擾的無所不在和危害，然後再以

---

23 在講出與休士頓的軼事之前，韋克斯勒說隔離是南方白人的罪惡之源（Wechsler, "Toward Neutral Principles," 34）；他自己不是出身自南方，但是發生那件事時，他和休士頓都在南方工作，所以我們並不清楚這段話是不是也適用於他自己。

24 Wechsler, "Toward Neutral Principles," 33–34.

25 出自她在日舞影展（Sundance Film Festival）中的一場演講，引用自下列文章：Galanes, "Catherine MacKinnon and Gretchen Carlson"。

26 我沒有對這位法官指名道姓，單純是因為他已罹患疾病，因此無法對我這段引用作出同意的表示。

詳細且有力的法律和理論論述，清晰的闡釋兩種不同的理論，說明性騷擾何以應該被視為《第七章》所謂的性別歧視。雖然普遍都認為麥金儂是能夠激起熱情的福音傳播者（有時候她公開露面時也的確顯得如此），不過《職業女性的性騷擾》一書雖然雄辯滔滔而且描寫生動，但卻足夠仔細、慎重，而且非常縝密的用一流律師的口吻論述。麥金儂一直都先是一名律師，她在職涯中也始終致力於讓法律充分表達出對女性的平等尊重。她先是參與了亞歷山大案，接著在這本書之後，又在一九八〇年與公平就業機會委員會（EEOC）共同進行工作，在她的建議下編寫了性騷擾指南，後來又過了幾年，最高法院的指標性案件──梅里特儲蓄銀行訴文森案（*Meritor Savings Bank v. Vinson*）──的訴訟要點也是出自於她之手。[27]

《職業女性的性騷擾》常被誤記和錯誤的引用。它常被用來否定所謂歧視的「差異」（difference）理論，而被用來支持「支配」（dominance）理論。這個解釋並不正確。麥金儂指出不論是根據哪一種歧視理論，性騷擾都算是性別歧視。她也解釋了為什麼應該用「平等」（equality）理論（她在書中所用的名稱，後來被稱為「支配」理論）。但是她沒有留下任何破綻給無法被這些大膽理論說服的人：就連大家所熟知的「差異」理論也足以達到她想要的結論。

「差異」理論認為類似的兩者就應該受到類似的對待，不同的兩者就應該受到不同的對待。它接著提供了相關之類似性和差異性的說明。當然，理論的一切規範工作都一定要提供對相關性的說明。讓我們再想一下韋克斯勒：他和休士頓是類似的（兩人都是聯邦法官），所以他認為法律禁止他們一同午餐，這是給類似的人相似的對待，因此可以准許。但是如果要對此加以回應，我們可以說韋克斯勒和休士頓在顯然相關的部分完全沒有類似性。關鍵的歷史和社會因素使得他們有所區分，這讓拒絕他們往來顯得完全不對稱。既然差異理論也需要考慮相關性，因此它未必顯得難以解釋。

麥金儂批評使用差異理論的人經常是用韋克斯勒的方式，那是蓄意無視於歷史和脈絡。她討論了一個惡名昭彰的例子，該例中的保險公司就是基於這樣虛假的中立，而拒絕提供懷孕的福利：它讓所有「未懷孕的人」都受到類似的對待（給予健康福利），而所有「懷孕的人」也都受到類似的對待（被拒絕健康福利）。但是差異的作法絕對不是意指這種虛假的中立：麥金儂舉出一個例子，在該案中，最高法院認為產假後回復工作的女性無法累積年資，但是因為疾病或受傷而請假的員工卻可以，這是一種性別歧視（112）。[28]她發現問題在於差異理論本身沒有清楚的說明哪些差異是相關的，而哪些則不是。這個理論即使已經發揮到最好，還需要進一步的補足。

不過她繼續說：如果我們還是堅守這個理論，並且保留其中有價值的部分，還是足以顯示性騷擾是一種性別歧視（192）。女性僱員這個團體是依性別定義的，她們被挑出來受到特別待

27　*Meritor Savings Bank v. Vinson*, 477 U.S. 57 (1986).

28　這段討論中括號內的數字是麥金儂的《職業女性的性騷擾》一書中的頁碼。

遇，其方式是對女性作出不利的限制，但是男性卻沒有受此限制。「這種作法創造了兩種僱用標準：一種是針對女性（包括性別要求），另一種則是針對男性（無此性別要求）」（193）。麥金儂並未否認男性也可能遭到性騷擾（她後來在翁凱爾訴桑德歐納離岸服務案〔*Oncale v. Sundowner Offshore Services*〕[29]中的角色就生動展現了這個事實）。不過她繼續說：因為大部分（雖然不是全部）遭受性騷擾的都是女性，所以我們大概還是可以說這個行為是針對女性而來。在大部分情況下，只要被害者的性別不同，這個情況就不會發生了（195）。

麥金儂在書中偏好的是「平等」理論（後來被稱為「支配」理論）。該理論認為權力的不平等主要是出自歷史和社會現實。它或許也可以視為某種差異理論，但是其中特別說明了雙方（為達平等目的）之明顯差異何在。因此，麥金儂觀察到這兩個理論其實有所重疊（120）：平等理論提供了深度和清晰的規範性論證，那的確是差異理論模糊的部分。平等理論指出：如果要確定某個情況是否存在歧視（或是在憲法的脈絡中是否有違反平等保護條款），我們需要看向更大的社會權力結構和歷史。

讓我們回到洛文訴弗吉尼亞州案：禁止黑人與白人結婚，和禁止白人與黑人結婚並不是對稱而中立的，那其實是差別對待，而且違反了平等保護條款，因為兩者被拒絕的歷史和社會意義完全不對稱。正如同最高法院的說法：否認不同種族有通婚的權利「除了是令人不快的種族歧視之外，並沒有合法而優先於一切的目的」，它是「用來維持白人至上的手段」，同理，麥金儂也認為如果女性的受僱以屈從為條件，除了是為維持長久以來對性別權力的階級區分之外，顯然不存在正當的目的，這種安排可能讓女性僱員成為男人的性玩物。這種權力結構一直以來都沒有受到注意，因為它被看作是自然的，但是麥金儂的結論是：「不平等如此普遍，極少受到質疑或遭受理性的懷疑，所以造成不平等的區別看起來才如此自然」（109）。平等理論會關注較大的社會結構，所以為禁令提供了更深層的依據。[30]

在這裡，我還要補充的加上平等理論能夠更深入的掌握錯誤何在：我在談論傲慢和物化時，便是要試圖掌握這些錯誤。[31]

反對者（大部分是男性）隨即想要把麥金儂的理論描繪成與性唱反調，他們說職場應該附帶性愛，而她卻奪走了這樣美好的機會。不，完全不是這樣的。如果說有什麼值得反對的話，我還會說她在書裡對職場關係的態度過於寬容了。當她面臨反對時（有人認為她的法律規範會阻礙情

29 *Oncale v. Sundowner Offshore Services*, 523 U.S. 75 (1998).

30 麥金儂的另一個論點是平等理論會支持積極平權行動的方案（這和差異理論不同），平權行動（affirmative action）中的差別待遇是以消除等級為目標；可參見MacKinnon, "Reflections on Sex Equality," 1287。

31 關於麥金儂的另一個錯誤觀點，是認為她忽略了種族的等級和有色女性有著多元交織（intersectional）的不公正。這個觀點顯然是誤解；她的書很常討論這類多元交織性，她向最高法院提出的第一個足以測試她理論的案件是米歇爾・文森的案件，文森就是一名黑人女性。

慾），她說「如果動機是良善的，也不涉及強制，一種牢固的禁忌應該是夠的」（200）——而且她就停在那裡了，所以顯然她也容許這種沒有「禁忌」的關係。除了權力不對稱的情況下，要確定同意會有困難，就算是雙方都熱情如火的關係，也還是有可能會破裂，當中比較沒有權力的一方就將是遭受痛苦的一方。因此在今天，大部分大學和許多其他職場也都明智的禁止在有直接監督的情境下發生性關係。

法律中的性騷擾

麥金儂的理論很快的具體呈現在EEOC的指南中。下一個挑戰出現在法庭中，要讓前案所開啟的工作取得結果。第一個里程碑是一九八六年的梅里特儲蓄銀行訴文森案，它的訴訟要點是麥金儂寫的。[32]米歇爾・文森在一九七四年受僱於梅里特，她的職稱是出納員實習生。到了翌年五月，負責指導她的西德尼・泰勒（Sidney Taylor）開始騷擾她，要求她與他性交。文森害怕被報復，所以與泰勒發生過好幾次性行為，有時候是經過她同意的，有時候則是被霸王硬上弓。泰勒也會在公開場合撫摸文森，並露出性器官給她看。文森指控泰勒的騷擾創造了一個「不友善的工作環境」，而這構成《第七章》規定的某種不法歧視。[33]她最後贏了。本案確立了《第七章》中所謂的性別歧視也包括這種性騷擾——我們現在稱之為「不友善的環境」，麥金儂書中則稱為

「受僱條件」：指僱員合理相信如果要保有工作，就必須忍受「非她所願的」性行為。最高法院對「非自願」（non-voluntary）和「不情願」（unwelcome）的區別很有幫助：文森通常（但不總是）同意該性行為，但她總是非常的不情願。法院認為職場騷擾該適用的法律標準是不情願，而不是非自願。

我們可以注意到法院協助處理了我在刑法中發現的一個缺口：權力的過度使用。無論我們對性騷擾如何理論化，它就是權力的濫用（我在分析傲慢時也是這樣指出）。法院承認的兩種性騷擾是「交換條件」和「不友善的環境」。兩者都涉及不對稱的權力。「交換條件」性騷擾是指原告被下了有關性的最後通牒。而「不友善的環境」這種類型，則是要忍受更分散存在於各處的壓力，所謂的不友善可能是性關係或是工作關係中無處不在的性所帶來的壓力。不論是哪一種情況中，其實我們都無法當真看到哪裡出了問題，除非見到那名女性實際上陷入困境：她得忍受一種受辱的情境，因為那構成了她的受僱條件。

法院指出性騷擾要構成不友善的環境，必須是「嚴重」或「普遍」的。這些關鍵概念曾經一度有兩種不同的解釋。一種認為「嚴重」的騷擾必須加諸重大的心理傷害。另一種則認為：只要

---

32 *Meritor*, 477 U.S. 57.

33 也可參見維多利亞・巴特爾斯（Victoria Bartels）對本案的法律評論好文：“*Meritor Savings Bank v. Vinson*: The Supreme Court’s Recognition of the Hostile Environment in Sexual Harassment Claims,” *Akron Law Review* 20 (1987): 575–89。

任何一名「有理性的」人想像自己處於那種狀況都會覺得深受冒犯的話，就可以符合了。第一項的要求比第二項更強硬（更難達成），因為它還要有心理受到傷害的證據，但是即使是在極端冒犯的情況下，也未必會有證據。而且說真的，為什麼標準會是心理傷害呢？或許這名女性夠堅強，並沒有因為遭逢此事而一蹶不振，但它們就是令人不喜，也帶有冒犯性。在一九九三年的重要案例——哈里斯訴堆高機系統案（*Harris v. Forklift Systems*）[34]——中，法院支持客觀冒犯的觀點，因而果斷解決了這個問題：其標準是行為必須「夠嚴重或普遍，足以創造客觀上可認為是不友善或構成侮辱的工作環境」，但是原告不需要證明這對她造成重大的心理傷害，儘管有的話，一定會併入考慮。法院判決這類案件時，被引導要觀察所有情況，包括「該歧視行為的頻率；其嚴重性；是否帶來心理上的威脅或侮辱，或僅僅是言語冒犯；以及是否會過份干預僱員的工作表現」。

依照這個法律標準，安妮塔．希爾（Anita Hill）在一九九一年作證說克拉倫斯．托馬斯（Clarence Thomas）大法官對她的行為（托馬斯先是希爾在教育部的上司，後來到了ＥＥＯＣ，兩人還是上司與下屬的關係），在現行法之下就算是有點不明確的案子了。這裡先假設希爾的證詞是誠實的，她描述的行為並不是身體上的虐待或威脅，但是的確有冒犯性，也算是普遍，而且她有充分的理由認為托馬斯提及色情的內容和吹噓他自己在性方面的英勇表現，是為了與她約會（雖然面對像希爾這樣高雅和明辨是非的人，大概還當真想不出更適得其反的方法了！）。希爾表示她合理的擔心如果不回應，將會遭到報復。在另一方面，她的處境又不似文森那樣遭到極端的身體威脅，也不若哈里斯般面臨充滿敵意的霸凌（哈里斯不只是一直遭人以性方面影射，還遭到性別歧視的凌辱，例如被叫作「蠢女人」）。許多其他關於普遍性方面的事我們則不得而知，因為沒有承認其他證人。《第七章》關注的是個人，而不是團體，所以希爾毋須顯示托馬斯對全部或甚至更多女性都有騷擾之舉；不過，不友善環境的案件結果還取決於嚴重性和普遍性，因此，如果有其他證詞顯示職場普遍被性充滿，也將有幫助。

依我的觀點，如果這件案子上了法庭（當然它從未對簿公堂），希爾應該勝訴——不是對戰托馬斯，而是對教育部和EEOC，因為《第七章》規定的訴訟事由是針對僱主，而不是上司個人——但是實際上她不知道會不會勝訴：與她情況類似的其他原告也有敗訴的。必須要讓陪審團相信托馬斯的行為在客觀上足以認為嚴重，也的確有普遍性。EEOC的指南中說「性挑逗或暗示——雖然粗俗，但屬於輕浮或只是令人不悅——大概不至於構成不友善的環境」。但是法官和陪審團實際上會怎麼看待托馬斯案呢？紀錄顯示司法領域其實給出了不同的結果，我們也將很快的在巴斯克維爾訴庫里根案（*Baskerville v. Culligan*）[35]中看到。

34　*Harris v. Forklift Systems*, 510 U.S. 17 (1993).

35　*Baskerville v. Culligan*, 50 F.3d 428 (1995).

在其後的幾年中，現行法某些重大的缺口被漸漸補上了。麥金儂的理論和相關判例法對牽涉到性別或性關係的性騷擾付出了相當關注。那種事在過去一向只被認為是「個人」或「自然」的。不過，一個人的確可能基於性別而受到騷擾（未必會被強迫進行性行為），就像是少數族群的成員也可能因為種族而被挑出來騷擾。其中甚至不要求對種族的刻板印象——只要可以合理的認為他／她之所以被針對是基於種族。早期的案件（像是梅里特案和哈里斯案）過於注重性關係，使得法院有時候會感到混淆，如果沒有足夠的證據顯示性方面有施壓，「不友善環境」的主張就會遭到否決。[36]一九九四年的卡爾訴通用汽車艾里遜燃氣渦輪機部門案（*Carr v. Allison Gas Turbine Division, General Motor*）[37]對這進行了重要修正，並將該信條予以擴大。瑪麗・卡爾（Mary Carr）是通用汽車在印第安納州（Indiana）工廠燃氣渦輪機部門的第一名女性員工，在那裡工作的男性以既粗暴又具威脅性的方式騷擾她（他們似乎害怕有女性加入工作，就會使男性的工作減少）。他們會在狹窄的通道裡對她撒尿、把穢物塗在她的工具箱上、剪碎她的工作褲等，試圖讓她的生活變得一團亂，藉此把她趕出去。但是他們沒有用性關係對她施壓。他們的虐待行徑也不是一直用性別的刻板印象貶損她。但是他們之所以霸凌她，顯然是因為她是一名女性。如果她是一名男性，就不必忍受這些了。理察・波斯納法官寫的多數意見書認為卡爾這個性騷擾的案件明顯屬於性別歧視，而且她的多次投訴均沒有獲得回應，法院判決通用汽車必須對此負起責任。缺乏性猥褻在這裡沒有造成定義問題。（波斯納也主張支配理論，他不覺得該理論有任何問題：他否決了下級審法官對事實的調查，因為法官對於該案的事實陳述並沒有將職場的權力不對稱包括在內。）

性騷擾的整體概念是要關注女性的職場經驗和男性對女性的支配。不過，現在已經明確知道在某些狀況下，男性也可能遭到性騷擾。主要的案例是一九九八年的翁凱爾訴桑德歐納離案服務案。[38]約瑟夫・翁凱爾（Joseph Oncale）在墨西哥灣的一個八人石油平台工作。他一再遭到其他男性的霸凌和羞辱、遭受強姦的威脅，還有一次被其他人用一塊肥皂雞姦——顯然是因為他有比較女性化的特質。他主張自己是「基於性」而遭到騷擾，並尋求依《第七章》加以補正。（我在前文提過：雖然已經有下級法院認為基於性傾向的歧視違反了《第七章》，但是最高法院直到二○二○年才這麼承認。而翁凱爾案的所有涉案人都是異性戀。）地方法院和上訴法院駁回翁凱爾的主張，他們認為如果男性遭到其他男性的騷擾，將不構成訴訟理由。此案上訴到最高法院，凱瑟琳・麥金儂以法院之友（amicus）的身分寫了一份支持翁凱爾的訴訟要點。

---

36 可參見*King v. Board of Regents of the University of Wisconsin*, 898 F. 2d 533 (7th Cir. 1990)；與我在下列文章中的分析：Martha C. Nussbaum, "'Carr,' Before and After: Power and Sex in '*Carr v. Allison Gas Turbine Division, General Motors*,'" *University of Chicago Law Review* 74, Special Issue (2007): 1831–44。

37 *Carr v. Allison Gas Turbine Division, General Motors*, 32 F.3d 1007 (7th Cir. 1994). 我在下列文章中有對該案進行分析：Nussbaum, "'Carr,' Before and After"。

38 *Oncale*, 523 U.S. 75.

最高法院一致通過有利於翁凱爾的判決，並由斯卡利亞大法官撰寫意見書。（托馬斯大法官補充了一份只有一句話的協同意見。）他寫道：就像是原告和被告屬於同種族的事實，並不會阻礙種族歧視的判決成立，所有涉案者均為男性，仍有可能被判決為「基於性別」形成的不友善環境。斯卡利亞終生堅持反對尋找文字背後的立法者意圖：「法定禁令往往超出了主要危害，它要將合理可比的危害都包括在內，因此，規範我們的終究是法律的條文——而不是立法者的主要關懷。」他繼續說：騷擾行為未必是出於性慾才會製造不友善的環境。翁凱爾案的重要性超過其明確性——下級法院對其確立的界限依然存在分歧。但是能夠承認性騷擾是一種（無關乎生物學限制的）權力濫用，還是令人高興。

今天的性騷擾：法律應去往何方

性騷擾法無疑是女性主義理論和女權律師的一大勝利。不過就和性侵害一樣，還有許多工作要做。以下是三個仍待解決、或正要開始解決的問題：

什麼是不友善的環境？

普通法的傳統是漸進式前進。用新案件讓模糊的界線越來越明確。但是一直到今天，「不友善的環境」這個概念的重要部分依然如此模糊，即使是類似案件都會受到不同的處理，個別法官和陪審團也似乎擁有過多的迴旋餘地。迪亞娜・伍德法官在一篇重要的文章裡檢驗了巡迴法院對一連串性騷擾案件的判決（都是原告敗訴），她的結論是至少某些案件的結果的確有問題。[39]伍德先是指出一個常見的錯誤認知，即誤以為《第七章》的規範對象只有無禮和粗魯的行為。她說「其實並非如此：沒有造成傷害的行為都不會進入訴訟，或者進入訴訟後，也很快的會被法院丟出來，就算是真正可怕的行為也經常無法進入法律的範圍……」伍德總結說是時候該全面盤點，並且考慮改革了。

伍德檢討了許多有問題的案件，但是讓我們來看一下巴斯克維爾訴庫里根案。[40]庫里根是一間淨水處理產品的製造商，瓦萊麗・巴斯克維爾（Valerie Baskerville）是庫里根的行銷部門秘書。她遭到上司的騷擾，時間達七個月。理察・波斯納法官在一九九四年曾經寫過一篇令人欽佩的意見書，支持訴通用汽車案的瑪麗・卡爾，然而他在一九九五年所寫的意見書裡，清楚表明了不利於巴斯克維爾的判決。波斯納把該名上司的行為用編號的方式列出來，從第一點到第九點——他極盡譏諷的描述方式讓這些行為看起來很蠢笨而且不具威脅性。（一個典型的例子是：有

39　可參見Wood, "Sexual Harassment Litigation"。

40　*Baskerville*, 50 F.3d 428. 我也有在下列文章中討論此案：Nussbaum, "'Carr,' Before and After"。

一次當廣播響起時，播音的內容是「請大家注意」，該名上司停在巴斯克維爾的辦公桌前並說，「妳知道要注意什麼，對吧？就是漂亮的女孩們都沒穿衣服就跑來跑去。」）波斯納的結論是：「我們不會認為即使這類事情延續了超過七個月，就足以合理的認為它們構成性騷擾。」波斯納接下來的一段分析似乎違背了他自己對於卡爾案的洞察。他說性騷擾這個概念的「想法是為了保護職業婦女免於受到男性的某種關注，而讓職場對女性而言如同地獄一般」。他還將這類壓力進一步區分成兩種：嚴重的（攻擊、未經同意的身體接觸、猥褻的語言或姿勢等），還有另一種是「粗魯或笨拙的同事偶一為之的、帶有性暗示的粗俗玩笑」。他的結論是該上司的行為屬於後者——它會讓「敏感的女性感到不快」，但是只有「維多利亞時代的纖弱女子」才會陷入痛苦——他的結論是騷擾的主張並不成立。

然而在他的分析中，沒有任何一處提到庫里根在職場的權力動態，相關的不對稱將影響上司的言詞和姿勢的含義，這點他也沒有質疑。波斯納說「有點難想像是什麼情境會讓（上司的）俏皮話變得具有威脅性，或是讓人深感不安」，但是他沒有想到男女權力的不對稱正是該情境的元素之一。（例如我們甚至不知道該職場有幾名女性員工。）伍德就有想到這類事，我也同意她的觀點：男性法官可能太快看到像喜劇的成份，而理智的女性則會看到真正能顯示敵意的情況。（巴斯克維爾的經歷與安妮塔．希爾的情況並無二致，我在前文已經說過根據希爾提出的事實，我認為她應該勝訴。）此外，伍德也指出波斯納用了一個過時的標準：唯有當職場對被害者而言

「如同地獄一般」時，才構成不友善的環境——哈里斯訴堆高機系統案已經推翻了這個標準。我們顯然需要再進一步的釐清標準。

正確承擔責任

綜觀性騷擾法的歷史，關於僱主的責任有許多混淆和不確定性。《第七章》規定的補救僅針對僱主，因此與僱主的關聯是很重要的。原告需要採取什麼行動讓僱主得知有犯罪行為呢（如此才能構成對僱主的起訴原因）？投訴需要多及時才行呢？明確的騷擾政策有告訴僱主要對雙方做出怎樣的隔離（如果要的話）嗎？僱主方面要採取什麼補救步驟，才不至於陷入爭議呢？有些案件處理了這些問題，但還是遠遠不夠清楚，尤其是我們已經知有隱藏不報／少報這個重大的問題，還有像伍德觀察到的，有超過百分之九十八的民事訴訟都在未經審判之前就解決了。伍德自己也在最近一個同性戀女性遭到老年生活機構裡其他居民騷擾的案件中，對責任的釐清做出了創造性的貢獻。[41]她認為管理層的不作為就足以構成責任了。與該案有關的是《公平住房法》（*Fair*

41 *Wetzel v. Glen St. Andrew Living Community, LLC, et al.*, 901 F.3d 856 (2018). 可參見Martha C. Nussbaum, "Harassment and Capabilities: Discrimination and Liability in *Wetzel v. Glen St. Andrew Living Community*," *University of Chicago Law Review* 87 (2020), 2437–2452。

Housing Act），而不是《第七章》，但是這兩個法規用了很類似的語言定義性別歧視，它們也常被放在一起理解。

此外，或許也該是時候重新考慮一下僱主的責任是否應該受到限制，或討論是否要將責任擴大到有罪的一方。[42]這類改變將達到很大的嚇阻效果。如果原告遭到身體上的侵害，自然可以對有罪的一方提起刑事訴訟，但是分頭進行兩種訴訟總是既困難又昂貴的。

性傾向歧視

翁凱爾案擴大了《第七章》的適用範圍，發現歧視也存在於同性騷擾的案子。斯卡利亞意見書的這個結果是確實根據條文和先前的性騷擾案判決。不過還有許多職場歧視和騷擾的情況，僱員似乎會因為性傾向或跨性別的認同而欠缺保護。女性主義者一直很重視這個議題，她們總是與LGBTQ族群聯合起來，共同追求正義。在翁凱爾案中，也可以看出兩者的議題和論點都有重疊。斯卡利亞為翁凱爾案寫的意見書預示了最高法院將以文本主義作為這些進步議題的解決方案。

最高法院於二〇二〇年六月在博斯托克訴克萊頓郡案（*Bostock v. Clayton County*）[43]中明確宣布：《第七章》的「性別」應該解讀為禁止根據性傾向或性別認同作出就業歧視。有三個案件向最高法院提起上訴，而其上訴審的裁決則互相衝突。

- 博斯托克案的涉案者是傑拉德・博斯托克（Gerald Bostock），他是喬治亞州（Georgia）克萊頓郡的一名職員，他參加了一個同性戀的壘球社團，不久之後，就因其行為與郡職員的身分「不相稱」而遭到解僱。他依《第七章》的性別歧視提起訴訟，但是遭到第十一巡迴上訴法院駁回，其理由為《第七章》並沒有禁止僱主以僱員為同性戀之理由將其解僱。
- 高處快遞公司訴扎爾達案（*Altitude Express, Inc. v. Zarda*）[44]的涉案者是唐納德・扎爾達（Donald Zarda），他是一名特技跳傘教練。有一名女性客人對於課程中要用繩子綑緊感到疑慮，所以扎爾達向她保證自己是「百分之一百的同性戀」，試圖消除她的疑慮——不久之後，扎爾達就被開除了。他也根據《第七章》提起訴訟，而第二巡迴上訴法院做出對他有利的裁決，准許他的訴訟繼續進行。
- R. G.與G・R・哈里斯殯儀館公司訴平等就業機會委員會案（*R. G. and G. R. Harris Funeral Homes, Inc. v. Equal Employment Opportunity Commission*）[45]涉及的是艾米・史蒂芬斯（Aimee Stephens）的解僱案，他以男性身分受到殯儀館公司僱用，但是隨即宣布她計劃「全部轉

---

42 可參見Wood, "Sexual Harassment Litigation"。

43 *Bostock*, 590 U.S. ___ (2020).

44 *Altitude Express, Inc. v. Zarda*, 590 U.S. ___ (2020).

45 *R. G. and G. R. Harris Funeral Homes, Inc. v. Equal Employment Opportunity Commission*, 590 U.S. ___ (2020).

以女性的身分生活和工作」。史蒂芬斯也和扎爾達一樣在上訴審（第六巡迴上訴法院）贏得案件。像這樣巡迴法院之間產生分歧，是典型要由最高法院進行複審的事由。[46]（直到二〇二〇年六月時，扎爾達和史蒂芬斯都已經過世——扎爾達是死於特技跳傘意外，史蒂芬斯則是在長期臥病之後離世——不過他們的親人都還是繼續進行訴訟。）

除了翁凱爾案之外，期間發生的兩個案件也促成了最高法院的重大決定。

- 菲利普斯訴馬丁·馬里埃塔公司案（*Phillips v. Martin Marietta Corp.*），[47]是公司拒絕僱用有年幼子女的女性，但是卻僱用了家裡有同樣年紀小孩的男性。雖然公司堅稱沒有歧視女性，整體而言他們還比較偏好僱用女性，只是不想僱用媽媽，但是公司輸了，因為這名男性與該名（被拒絕僱用的）女性情況完全相同，但男性還是可以得到這個工作。換句話說，該法適用於對個人（而非群體）的蓄意對待，只需要證明原告的性別是影響僱用決定的一項因素。
- 在洛杉磯水電部訴曼哈特案（*Los Angeles Dept. of Water and Power v. Manhart*）[48]中，僱主要求女性繳交多於男性的退休基金，僱主引述的理由是女性整體而言比男性長壽，因此可以預期女性這個群體會從該筆基金中領回比較多退休金。沒有證據顯示僱主對女性有偏見，或是對她們的工作表現有負面觀感。不過，在群體層面看起來合理的作法，對個人可能是不公平的，最高法院也再次強調《第七章》關注的是個人，而非團體。任何一位女性都可能在繳了比較多退休基金之後，仍然和男性一樣早逝。因此，僱主並未「通過簡單的測試」，無法證明其對所有女性僱員都有給予（與性別無關的）相同待遇。

這三個判例替未來的案件建立起明確的框架：(1)《第七章》是關乎個人，而不是團體，因此不需要證明有群體歧視的模式存在；(2) 不必以性別因素作為決定僱用的唯一或主要因素，性別只需要是事實上的原因，也就是「如果沒有」（but/for）該原因，就不會發生僱傭行為；就算僱主當真以為他們關心的是另一個截然不同的因素，例如「身為母親」或「統計上的預期壽命」；(3) 僱主必須通過以下測試：與該名僱員有完全相同情境、但是生理性別為異性的人，是否會得到相同的對待？

---

46 分歧的兩方其實是三個巡迴法院相對於另一個，而非二對一，因為第七巡迴上訴法院的裁決與第二和第六巡迴法院一樣，不過第七巡迴法院的案子並沒有上訴：*Hively*, 853 F.3d 339。

47 *Phillips v. Martin Marietta Corp.*, 400 U.S. 542 (1971).

48 *Los Angeles Dept. of Water and Power v. Manhart*, 435 U.S. 702 (1978).

這為戈蘇奇大法官架起了舞台。他的結論看來也的確直截了當。「如果法規明文告訴我們一個答案，超越文字的考量卻給出另一個答案，那沒有什麼好爭的。只有書面文字才是法律，它所賦予的利益適用於所有人。」[49]再看一下我在上文所提的幾個要素，戈蘇奇大法官專注在第一個要素的重要性——性騷擾和其他形式的歧視都是指針對個人。如果一名女性要打贏僱主為對造的性騷擾案件，她不需要證明僱主會騷擾所有、或是大部分女性。她只需要證明性別是造成她受歧視的重要原因就好了——另一名情況與她完全相同的男性就不會受到那樣的對待。戈蘇奇接著轉向他眼前的事實。它們看起來——而且也的確是——都直截了當。「一個人的同性戀或跨性別身分與僱用決定並無相關性。除非是根據性別歧視一個人，否則不可能有人會因為是同性戀或跨性別而受到差別待遇。」如果僱主解僱了一名男性，是因為他對男性有性吸引力，但是不會因為這個特質而解僱一名女性，那麼該名男性僱員就是因為性別而受到歧視。或是在跨性別的例子中：如果僱主解僱了一名在出生時被認定為男性、但是現在自我認同為女性的僱員，但是僱用了一名在其他方面完全相同、只是在出生時就被認定為女性的僱員，這也是出於性別歧視。如果僱主是因為性傾向或性別認同而產生歧視，性別就「當然成為事實上的原因」。僱主有可能以為他的歧視是出於性傾向，但是「為達此目的，僱主在過程中也必須有部分基於該人的性別，而刻意給予該名僱員較差的對待」。

持不同意見的法官一直提起《第七章》制定時的立法者信念和目的。雖然他們也做了一些微弱的嘗試捍衛他們以文本主義為基礎的立場，然而他們的立場核心還是要遵從立法者的意圖。[50]戈蘇奇大法官在這裡再次引用了斯卡利亞對翁凱爾案的意見：「不過，最高法院全員同意的解釋為『規範我們的終究是法律的條文——而不是立法者的主要關懷』。」而且確實：在《第七章》的歷史中（尤其是在提到性騷擾的時候），這個原則非常根深蒂固，所以完全不可能將它拔除。我們也在前文看到了《第七章》的制定者們並不是只有一種想法，不過他們（很可能）都沒有想到職場性騷擾的問題。

博斯托克案在歷史上具有重大的意義，原因有二：首先是出自它的結果，再者是因為它代表原則（相對於意識形態）取得了勝利——那是美國社會當時亟需的東西。不管是對這個議題採取哪一方意見，都有許多人對戈蘇奇大法官的意見書表示驚訝，或甚至是驚嚇。這個反應只顯示他們之前都沒有把注意力放在這方面。戈蘇奇大法官和他之前的斯卡利亞大法官一樣，都是文本主義的積極擁護者，他甚至還寫了一本書，替他對這個議題的觀點辯護。[51]此外，斯卡利亞大法官

---

49 *Bostock*, 590 U.S. ___ (2020).

50 其中一份不同意見書是由阿利托（Alito）大法官與托馬斯大法官合寫。卡瓦諾大法官則寫了另一份不同意見書，他其實也採用相同的論點，只是把握機會向奮鬥中的ＬＧＢＴＱ族群和他們的尊嚴表達了個人敬意；他只是希望他們透過立法達到自己的目標。

51 Neil M. Gorsuch, *A Republic, If You Can Keep It* (New York: Crown, 2019).

也早就採取了文本主義的方向，向戈蘇奇的論證靠近。然而，前述反應可能意謂著目前的情況令人遺憾：人們相信保守派法官會根據意識形態（而不是司法原則）投票，甚至會為了意識形態而背離早已闡明的原則。似乎有許多人（不論是自由派或保守派）都預期會出現這樣的行為。對於民主來說，幸運的是事情沒有朝向這樣發展。反而是拍板確定了要依照原則，這是一個令人開心的提醒，提醒我們是生活在法治政府之下，而不僅僅是各方利益角逐的力量場。

雖然此案很重要，但它還是留下了一些未解決的問題（戈蘇奇大法官也在他的意見書中清楚的指出這點）。它沒有決定在更衣室和廁所發生的案子如何處理，它只有處理用解僱或是拒絕僱用形式呈現出來的職場歧視。[52]它也沒有宣布在多大的程度上，宗教場所可以免於職場不能有歧視的規範。最後是戈蘇奇大法官沒有提到的一點，它沒有解決《公平住房法》裡規定的類似問題，第七巡迴上訴法院認為該法既然禁止性別歧視，同時就意謂著禁止性傾向的歧視。[53]《第七章》和《公平住房法》使用的語言類似，解釋時也經常互相參照，不過到目前為止，最高法院都還沒有對這個議題作出決定。未來勢必還會再出現未來的爭議，在這些爭議中，性騷擾的法律還將繼續發揮指導作用——不論以明文或暗示。

戈蘇奇大法官在對《第七章》的意見裡寫到：「小舉動有時候會帶來意想不到的結果。重要的創新行動在事實上確保了這些結果。」[54]正是如此，主張文本主義的法官利用《第七章》的開放式語言，在某些判決中得出了非預期的結果，這些性騷擾的大膽判決所決定的卓越路線，則為博斯托克案提供了依循。

傲慢與正義

傲慢讓眼睛只能往內（自己的方向）轉。平等的尊重需要眼睛裡能看得到別人，承認另一個人也是平等的。在美國的大部分歷史中，刑法都規定強姦是一種犯罪——雖然常常沒有適當的標準，定義也會因為刻板印象而出現偏頗。不過法律還是知道某種行為會構成犯罪，所以（針對強姦，）需要做的是重新調整與制定法律，而不是創造出一個先前沒有的法律領域。職場性騷擾則不然。法律的確沒有注意到這種犯罪的猖獗：我們或許可以說法律本身就是傲慢的。男性只往裡看（看著其他男性），他們看不到女性經歷了什麼，也看不到她們的職場自主權普遍遭到否認。而法律則是與他們一起往內看。

52 職場當然會有廁所，但是戈蘇奇大法官沒有解決這個問題，只留待日後和各場所廁所發生的問題一起解決。

53 可參見 *Wetzel*, 901 F.3d。

54 *Bostock*, 590 U.S. ___ (2020).

如果說刑法改革是獻身於此的律師和勇敢的知識分子抗爭之後取得的非凡成就，性騷擾法的成果（雖然還未完成）就更令人驚奇了：它只用《第七章》的抽象和開放式文字，就（幾乎是從頭開始的）開創了一個新的法律領域。某些東西在先前的時代只被看作是「天性」、「色情」、「調情」和——也許最糟就只是——「不幸的個人處境」，但是我們現在都有了理論、有了判例法傳統，也出現了一系列前所未有的、特定而細膩的問題需要解決。這是個值得讚揚的傳統。

讚揚並不必然表示要在激烈的女性主義地盤戰中選邊站。例如琳達・賀許曼（Linda Hirshman）在《清算》（*Reckoning*）一書中，認為在性騷擾議題上和麥金儂及幾個法院站在一起，就意謂著對性革命和色情作品的合法使用提出質疑。但是，如果我們一直在關注支配和自主性的主要爭議，就會知道現行的性騷擾法在這些問題上是中立的。色情作品可以使用，並非意謂它不可能成為不友善工作環境的元素之一。把人身侵害視為犯罪，並不必然要禁止榔頭。[55]更清楚的說法是即使接受了性選擇自由的全新規範，也不表示男性就可以一直用職場壓力來否認女性的性自主權。

如果我們借用羅爾斯（Rawlsian）政治思想的一個術語，可以將當前的法律規範稱為「交疊共識」（overlapping consensus），這是指對於性別關係究竟應該如何，雖有各種不同的「全面」觀點，但都可以共同接納的共識——例如我們其實不太驚訝在此信念的關鍵時刻，同時有下列人物的發聲：凱瑟琳・麥金儂、自由派大法官露絲・貝德・金斯伯格、溫和派大法官珊卓拉・戴・

歐康納（Sandra Day O'Connor）、文本主義大法官安東寧．斯卡利亞與尼爾．戈蘇奇，和自由派實用主義法官理察．波斯納。所有這些人物的共通點是什麼呢？他們都確實的面對著女性（和男性）職場處境的真實狀況，一邊擁抱著《第七章》的理念，一邊勇敢的在不明確的文字中尋找法治延伸的可能性。

55　很重要的是麥金儂從未提議禁止色情作品；相反的，她想要替因為使用色情作品而受害的女性創設民事的起訴事由，以色情作品的製作者和傳播者為對造，她的提案是模仿「有害物品」的訴訟，例如對抗菸草公司。

插曲　對大學校園性侵的想法

到目前為止，本書已經考察了性侵害與性騷擾的發展，以及它們當下的不足之處，及面臨的挑戰。不過，這些討論並沒有完全涵蓋美國在探討的一個重要領域：大學校園的性侵和騷擾——它同時涉及聯邦法（本書第五章所討論的《第九條》）和非正式的裁決，兩者複雜且不穩定的交織在一起。我先前的討論已經涵蓋各個法律領域最主要的議題，因此不需要再用一整章的篇幅來討論這類案例，同時，我也不希望花過多的篇幅於此，讓人誤解上大學的女性比沒有上大學的女性值得更多關注。接受高等教育的機會不均，已經是美國社會一個重要的正義問題，它加深了種族和階級帶來的劣勢。如果再對進入學院或大學的女性遭遇的問題付出更多關注，只會讓這種不公平更無法消解，因此我們沒有理由這麼做。我在前文描述的傳統有一大強力特色，就是主要原告都是勞工階級和少數族群的婦女（例如雪莉・阿蘭霍、米歇爾・文森、瑪麗・卡爾）。

不過，由於體制的結構不同，校園侵害這個主題還是需要分開處理（雖然比較簡短）。沒有人明確的知道這個問題有多大，但是美國大學協會（Association of American Universities）最近的一項調查顯示：有大約百分之二十的女性大學生曾經在大學生涯的某個時間點，遭到性侵或是其他性方面的攻擊。[1]其他研究則發現男性也經常遭到性虐待，達到百分之六至八。雖然方法和定義存在爭論，不過這個問題的嚴重性毋庸置疑。不過，也不能說上大學會讓一名女性更容易遭到性侵害。[2]

性騷擾和性侵害一直都包括教職員和學生之間的權力濫用，不過整體來說，這類案例可以理解為職場的權力濫用，已經有清楚的公開規則可以處理（和其他的職場規範大致雷同）。因此，已經在第五章中基本上處理了這類案件。而在這篇〈插曲〉中，我想要集中在學生對學生的侵犯和騷擾。

關於這個主題已經有極多文獻，爭論也很激烈，這部分是因為歐巴馬政府的方針在現任美國教育部長貝琪．戴弗斯（Betsy DeVos）的不同路線之下，遭到了取代。不過，爭論也跨越了政治界線。有一群哈佛法學院的教授抗議歐巴馬路線對於遭到指控的男性不公平（他們的抗議先於戴弗斯的批評，我將在下文把他們的介入描述為第二階段），這群人包括一些保守派，但是也有左派、甚至是極左派的教員。

我只會簡短討論一下主要的議題，不會一一剖析所有爭議的來龍去脈。因此，這個簡短的討論只是要概括性的指出我在本書其他較詳細的章節中提出的整體觀點，我想要看看這類觀點將如何處理校園案件，而不是要建構一個全面的論點。[3]

酒精性飲料

性侵害和被指控為性侵害的行為大多發生在一方——或通常是兩方——喝了很多酒的情況下。飲酒過量讓記憶變得不完整，判決也變得很困難。整體而言，校園的飲酒教育和治療需要大幅改善。不過，大部分的大學管理層都會支持的一個建議是：**降低飲酒年齡**。這個方法似乎很違

1 Nick Anderson, Susan Svrluga, and Scott Clement, "Survey: More than 1 in 5 Female Undergrads at Top Schools Suffer Sexual Attacks," *Washington Post*, September 21, 2015, https://www.washingtonpost.com/local/education/survey-more-than-1-in-5-female-undergrad-at-top-schools-suffer-sexual-attacks/2015/09/19/c6c80be2-5e29-11e5-b38e-06883aacba64_story.html.

2 Charlene L. Muehlenhard et al., "Evaluating the One- in- Five Statistic: Women's Risk of Sexual Assault While in College," *Journal of Sex Research* 54, no. 4 (May 16, 2017): 565, https://doi.org/10.1080/00224499.2017.1295014. 有些假設認為大學生比非學生更容易經歷到性侵，該文中的討論顯示證據並不支持這個假設。

3 我的兩位研究助理很自然的對這個主題大感興趣，因此他們對這個主題有極為傑出且嚴謹的研究，他們的成果值得記上一筆，並由我在此留下紀錄：Sarah Hough, "Legal Approaches toward On-Campus Sexual Violence in the US: A Brief Overview"，未公開發表，July 1, 2019；與Jared I. Mayer, "Memo on De Vos's Changes to Campus Title IX Proceedings"，未公開發表，May 20, 2020。

背直覺，但卻是當真明智的作法。依照現行規定，如果有成年人出現在未成年人飲酒的場合（而大部分學生都未滿二十一歲），會被指控為助長未成年人犯罪。所以他們寧可避免提供監管——包括協助醉得失去知覺的學生——雖然那真的很需要。如果喝酒年齡降低到十八歲，成年人就可以參加派對、並提供幫助了。

教育或判決中還需要指出另一個與酒相關的議題：**與醉倒或幾近醉倒的人發生性行為，視為人身侵害**。這也是我對積極同意的相關論點之一，不過還是有必要一再重複。不過，實際上的應用標準則遠遠稱不上明確。校園裁決的許多案子還面臨到一個棘手而且還沒有答案的問題：一個人的能力要下降到什麼程度，才能算得上是無法作出決定。因為證據通常得自兩個能力下降的人，所以也很難要求他們記得到底失去了多少能力。第三人的證據通常很有幫助，但也不總是可以取得。

校園內的裁決

何以校園不直接把指控轉交給警方呢？公眾的心裡一定對這存著一個大大的問號。我們要知道：校園的成員會有一些條件——通常會詳細列在招生條約中——它們可能會超出法律條文，也必須由校園自己去執行。抄襲、缺課、考試作弊——這些事情都可能遭到處罰，有時候還會被停學或開除，雖然它們都不是犯罪。同樣的，校園也可能在性方面作出超越法律的要求。有一些可能很極端：某些宗教學校會依照榮譽準則，處罰所有非婚姻關係下的性行為。我認為這類限制會適得其反，創造緘默的文化（如果一名女性透露她被強姦了，可能會反而因為性行為而遭到處罰）。不過，也有一些合理的要求（例如需要積極同意），而這未必是國家法律。

此外，刑事司法制度曠日費時，而受害者需要快速的伸張正義，好處理她的創傷，並以學生的身分繼續前進。

最後，如果犯罪者被刑事司法制度定罪了，該紀錄會毀掉他未來的生活和就業。校園的定罪有各種程度之別，許多人會被要求強制輔導和其他較輕的處罰。如果刑事司法制度是唯一的選項，前述理由就可能會妨礙被害者提出告發和指控，因為她們通常會對毀掉犯罪者的生活感到躊躇不前，但還是想要有方法讓自己獲得肯認。她們希望有人承認對她們做了錯事——既是承認這件事有發生，也承認它是錯的——她們也希望向犯罪者問責；但是她們通常沒有想要極大的報復。她們也不想長期牽扯在正式的刑事司法制度中。

這就是為什麼校園的裁決不會被刑事司法制度所取代。不過我們也必須說，這些裁決機構通常把工作做得很差。在該機構任職的職員和管理者通常沒有受過很好的訓練，他們對這類準法律問題也並不總是有很清楚的了解。程序通常很不明確，遭指控的人通常沒有法律代表，會居於很不利的地位。

裁決的程序問題

那麼，這些裁決要怎樣才能做得比較好呢？

我將在本節中指出這個爭論的幾個主要發展階段。**第一階段**是歐巴馬政府發出的「親愛的同事」信件，信中提出想要獲得聯邦資金的所有大學都必須符合某些標準。[4]**第二階段**包括對這些標準出現的一連串反對意見，有些是貝琪．戴弗斯成為教育部長之後發布的，[5]不過在更早之前，就有法律專業人員提出過類似的異議——其中最有名的就是一群人數二十八名的哈佛大學法律系教授（包括左派和右派），他們最先是在《波士頓環球報》（*Boston Globe*）發表了一封信，後來則被廣泛的轉載。[6]接下來的**第三階段**是由新的教育部草擬了規定，它和所有行政規則一樣，都需要進行「預告暨接受公眾評論」（notice and comment），[7]當時收到十二萬四千多則評論。[8]最後則是**第四階段**（二〇二〇年五月），教育部發布了終局規則，現在，所有領取聯邦資金的學院和大學都受到該規則在法律上的約束力。[9]以下將一一討論各個問題。

首先，所有相關者都必須清楚知道最重要的**舉證責任**。這個問題是最大的政治爭論之一。美國的法律制度目前有三種標準。最嚴格的是要有**排除合理懷疑**的證據，這適用於美國的整個刑事司法制度。許多國家的刑事審判並不是採取這個標準，但是美國的傳統認為將無辜之人定罪是一件極為可憎之事，寧可錯放有罪之人，也不能錯抓了無辜的人。除了這個嚴格的標準之外，美國的刑事司法制度給被告的憲法權利還包括享受「有效」和免費的法律顧問協助，雖然免費的公設辯護人和有錢被告會僱請的那種律師之間，還是有著天壤之別——不一定是品質上的差異，而是因為公設辯護人通常都工作量過大，沒有足夠的時間投注在每個當事人身上。不過，至少還是有

---

4 National Sexual Violence Resource Center, “Dear Colleague Letter: Sexual Violence” (US Department of Education, Office of Civil Rights, 2011), https://www.nsvrc.org/publications/dear-colleague-letter-sexual-violence. NSVRC的網站還包括許多有用的背景資訊。

5 可參見“Department of Education Issues New Interim Guidance on Campus Sexual Misconduct,” US Department of Education, September 22, 2017, https://www.ed.gov/news/press-releases/department-education-issues-new-interim-guidance-campus-sexual-misconduct。

6 “Rethink Harvard’s Sexual Harassment Policy” (Opinion), *Boston Globe*, October 14, 2014, https://www.bostonglobe.com/opinion/2014/10/14/rethink-harvard-sexual-harassment-policy/HFDDiZN7nU2UwuUuWMnqbM/story.html.

7 有關於制定法規需要進行「預告暨接受公眾評論」制度的概述，可參見“A Guide to the Rulemaking Process,” Office of the Federal Register, January 2011, https://www.federalregister.gov/uploads/2011/01/the_rulemaking_process.pdf。

8 “Nondiscrimination on the Basis of Sex in Education Programs or Activities Receiving Federal Financial Assistance,” *Federal Register*, November 29, 2018, https://www.federalregister.gov/documents/2018/11/29/2018-25314/nondiscrimination-on-the-basis-of-sex-in-education-programs-or-activities-receiving-federal.

9 可參見20 U.S.C. § 1681(a) (2018)。下列備忘錄有助於釐清終局規則的內容：Apalla U. Chopra et al., “Analysis of Key Provisions of the Department of Education’s New Title IX Regulations,” O’Melveny & Myers LLP, May 15, 2020, https://www.omm.com/resources/alerts-and-publications/alerts/analysis-of-key-provisions-of-doe。

免費的代理人。除此之外，美國憲法的「對質條款」（confrontation clause）也讓被告方有權與證明他們有罪的證人對質。隨著時間的經過，憲法的保障也推斷出更多權利，最有名的就是米蘭達警告（Miranda warning），在逮捕被告時，必須向他們宣讀米蘭達警告，告知被告有權請律師和保持緘默。所以，美國的制度可以說在許多方面都有對被告進行保護。

相反的，民事審判用的是「證據優勢」（preponderance of the evidence）標準，優勢表示只要超過百分之五十就好了。這顯然是一個弱得多的標準。民事案件也不一定會提供免費律師（有些州會，但是大部分沒有）。不過，民事訴訟制度還是有牢固的程序架構，足以保障雙方——尤其是有漫長的「披露」（discovery）期間，讓雙方都有機會檢驗另一方的證據。如果沒有這類結構性的保障，也沒有法律顧問協助雙方，許多人都覺得「優勢」標準很可能會導致錯誤。

第三個（程度居中的）標準是「清楚且令人確信的證明」（clear and convincing evidence），何時適用此標準是由相關的州法明確指定，通常是在例如生父關係和兒童監護的領域。這個標準通常被認為是指大約百分之七十五確信該人的確做了被聲稱為他所做的事。

在歐巴馬政府發出「親愛的同事」信之前，[10]大部分大學都是用「清楚且令人確信的證明」來作為性侵害的裁決標準。但是歐巴馬政府堅持改用民事的「證據優勢」標準。哈佛大學法學院教授的信和戴弗斯自己的說法，都認為這個標準不足以保障被告。到目前為止，似乎沒有人支持「合理懷疑」的標準，它在非正式的裁決和不容易舉證的狀況中，的確很難採用。所以要在其他兩種標準之間做選擇，而教育部的終局規則是把決定權交給各大學。

我們要知道大學的裁決不至於剝奪被告的自由。會有那樣可怕的結果，才是法律制度要採取合理懷疑的主要理由。法院一再重複強調教育機會是經濟或財產利益，而不是自由的問題。所以，不論是採取民事審判的優勢標準，或是比較嚴格的標準（清楚且令人確信的證明），都絲毫沒有扞格之處。這就是辯論交鋒之處。

在真實生活中，兩者都有優點。優勢標準的支持者認為在通常有酒精助燃的互動中，很難要求達到任何更嚴格的標準——他們的確是對的。不過，雖然教育是財產利益，但是它在我們的社會中的確有特別關鍵的重要性。所以，對被告的保障也很重要。而且大學環境缺乏民事審判中通常有的程序保障，但是卻適用了民事標準，這可能的確不是什麼好主意。我認為用清楚且令人確信為標準，會比較有意義；但是如果一所學校選擇了優勢標準——我在前文提過，終局規則是讓大學在兩者之間自由選擇（這有點令人驚訝）——一個嚴謹的裁決大概還是會採取某種加強版的優勢標準，如果證據只顯示百分之五十．五可能有罪，那就不必然要裁決有罪。五十．五即可的方法當真不足以為被告提供足夠的保障。許多採取優勢標準的裁決其實都會把標準解釋得比較嚴格。不論標準為何，參與裁決的成員都需要針對證據和舉證責任的整體問題接受比較好的培訓。

10 National Sexual Violence Resource Center, "Dear Colleague Letter."

第二個很重要的問題，是對**性騷擾的定義**。校園程序通常會把法律制度中仔細區分的兩件事——性侵害／虐待與（職場的）性騷擾——混在一起。只要對子定義作好明確的區分，把這兩者合在一起倒也沒有什麼壞處。性侵害通常是指單一次的行為，而不是一種行為模式：只需要對女性實施一次強姦，就會被判強姦罪了！相比之下，性騷擾就有兩種形式。如果存在交換條件，單一次行為就構成了。但是如果原告主張性騷擾造成「不友善的環境」，就必須證明該行為模式足夠「嚴重」且「普遍」，而且「令人不快」。只講了一次的侮辱性評論或是讓人覺得噁心的表示，還不足以構成性騷擾。這樣的區別看起來也很正確。

從這樣的法律背景來看，「親愛的同事」信其實離適當非常遙遠。信中對性騷擾的定義是「不受歡迎、並涉及性的行為」，其中包括「不受歡迎的性挑逗、要求性交，以及其他涉及性的口頭、非口頭或身體上的行為」。依這樣的定義，即使是令人覺得噁心或侮辱的一次性言論——沒有先前的證據顯示它不受歡迎——依然可以提出控告。相較之下，教育部（在**第四階段**）的終局規則決定嚴格堅守美國其他法律制度所接受的法律標準。將性騷擾分成三種類型：(1)「學校職員所為的任何有交換條件的騷擾」，(2)「任何不受歡迎的行為——理性的人將覺得其嚴重性、普遍性及客觀上令人厭惡的程度，已經達到使人無法平等接受教育的程度」；以及(3)「《克萊瑞法案》（*Clery Act*，其為一規範校園安全的聯邦法規）規定的所有性侵害——約會暴力、家庭暴力或跟蹤騷擾——其在《防止對婦女施暴法》（*Violence Against Women Act*）中也都有規定」。換句話說，單一次的突發行為仍然可能構成性侵害或交換條件，但是口頭騷擾就必須形成一種模式（要符合最高法院對普遍性和嚴重性的標準，其標準是根據理性觀察者的判斷）。終局規則保護了作出深具冒犯性言論的人——即使他突發的說出一些令人不喜的話，但是只要他不持續如此即可。

教育部的終局規則大致上是比歐巴馬政府的規定更往前進，也比教育部最初的規定（戴弗斯時期的第三階段）更往前，最初的規定還不包括約會暴力、家庭暴力或跟蹤騷擾。終局規則的適用或許過於狹小，因為它要求原告證明騷擾不只嚴重、普遍、客觀上具有冒犯性，而且會對一個人公平受教育的機會帶來有害的影響。校園是學術機構，但是也同樣是社會組織。社會的騷擾未必總是會影響一個人的學習能力，所以何以發生在校園就需要證明這件事呢？一個人的校園社交生活遭到毒害，這還不夠嗎？還有其他問題也被提了出來，不過總體來說，「預告暨接受公眾評論」過程似乎運作得十分良好。

對於新舊規定中的訊問和對質程序的各種討論，在這裡不擬細論。我想要關注的是我認為校園裁決裡最大的問題之一（但是不曾有任何一個規定裡提到）：被告無法獲得免費的法律顧問。大部分機構不只是不替被告方提供律師；他們甚至積極的勸阻被告僱用律師。被告通常可以有一名援助者或是顧問，但是如果被告詢問是否可以用律師擔任該角色，通常會遭到阻礙。這是不對的。「顧問」通常是教職員或管理層，他們沒有受過法律訓練，而且也不會積極的護衛他們當事人的權利。要求人們自己僱用律師也是不對的。既然有（第二階段的）二十八名哈佛法學院教授對制度的不公平性抱有疑慮，免費的法律協助將對消除他們的疑慮有長足的幫助。哥倫比亞大學（Columbia University）有為被告提供免費的法律顧問，哈佛法學院現在也有提供了（不過哈佛大學的其他學院並沒有）。我自己的大學最近也開始推動一項政策，同時為被告和原告提供免費的法律顧問。我沒有辦法確定其他還有多少機構也這樣做。有一些聯邦的撥款可以用來支援州立大學的被告學生。但是美國司法制度的關鍵在於法律代表。或許一些輕罪可以跳過這個要求（例如處罰頂多只有酗酒諮商）；但是既然這類案件的被告可能會面臨被開除學籍的結局，（不論其花費為何）這應該是強制的要求。學院和大學的發薪名單上有許多醫生、護理師和心理學家。也的確有聘請律師，只是目的不在於此。學院和大學應該擴大法律部門，把為學生服務的律師也包括進來（就算只是為了處理這類問題）。

我在前文提過裁決機關通常沒有受過什麼訓練。因為作裁決的人也一直在輪替，所以對這個問題最有效的解決方案，就是**強制要求所有職員和管理層都必須接受性侵害與性騷擾的職訓**。大部分大學現在都有要求這類培訓，大部分企業也都有。芝加哥大學（University of Chicago）的所有管理層和教職員每年都必須在線上完成這個課程。它稱不上完美，但是的確能夠為大家提供標準水準的認識。

《第九條》的程序

校園現在有了《第九條》辦公室，可以提供大家所需的、經驗豐富的專業元素。他們通常會做面對面的培訓和線上培訓（雖然不是那麼頻繁）。不過他們也透過責任通報制的強力規範（這有助於彌補資訊的缺口），扮演了至關重要的角色。如果一名學生向任何教職員或管理層透露她遭到性騷擾或侵害，該名職員就必須立刻告知《第九條》的專員，並把申訴者的名字提供給他／她。該名專員接下來就會與申訴者聯絡，（如果她要求的話）通常也會保證絕對保密，並且不會透露她的姓名。申訴者通常也有最終決定的自主權：除非申訴者明確表示要追究，否則什麼事都不會發生，被聲稱犯罪的人也不會接到聯絡。同時該名專員則會向申訴者提供如何進行程序的建議。

責任通報其實有爭議。許多人擔心這會阻礙揭露：因為只要妳開口告訴一個妳相信的人，那個資訊就會在同時間流向另一個妳不認識的人。但是整體來說，責任通報似乎是明智的。根據我的經驗，《第九條》的相關人員都表現得很克制而且專業，也能夠保密。就我所知，只要教職員和管理層有過與專員的經驗，都覺得能夠信任專員。而且要處理創傷者的後續生活和選擇，整體而言是一大負擔，專員也讓教職員等人能夠從這個巨大的負擔中解脫出來。不論教職員有多麼好心，他們通常不具備承擔此一重任的能力。

哈佛法學院的二十八名教授在聯名信中，反對哈佛大學法學院（在最初決定要如何將歐巴馬政府的標準制度化時，）賦予《第九條》辦公室過多且集中的權力。他們指出的主要問題是調查和裁判都由《第九條》辦公室進行。他們的信正確指出了這種設計既不公平，又不明智。哈佛大學法學院也很快的注意到他們的批評，並且把這兩項職務分開了。《第九條》辦公室的主要功能應該是——而且現在大部分也是——調查和諮詢。裁決機構通常是由教職員組成，有時候是由管理層組成，而且是根據教授自治和教授治校的程序選任。他們的確有許多不足之處，但他們不是侵入校園的外來官僚——如同哈佛教授信中所擔心的那樣。

這些辯論多少帶來了痛苦，但是也讓我們都學到很多。事情也真的有進步了。雖然戴弗斯在某些方面是個兩極化的人物，不過教育部的終局規則在她的保護之下——拜「預告暨接受公眾評論」程序之賜——雖不乏爭議，但是仍然稱得上公平。它似乎也顯然優於規則的草案和歐巴馬政府提出的標準。我們現在需要做的，就是處理這個程序中依然存在的漏洞，尤其是法律代理的部分。

第三部分

還在頑抗的堡壘：司法、藝術、運動

權力的濫用與缺乏可問責性

終於，女性對性侵害和性騷擾的投訴得到了正視。雖然不是在每個地方、對每個人——例如在參議員提名的確認聽證中，對布雷特．卡瓦諾的指控就沒有得到完整的調查，一九九一年對克拉倫斯．托馬斯的聽證會也是。但是#MeToo運動的確取得長足的進步，讓公眾意識到女性受到的特殊傷害無所不在，以及她們要為此付出的代價。

我們在前文看到這場運動絕不是想捧出名人吹哨者。數十年來，一直有普通女性和她們的律師嘗試發出聲音，她們的努力也帶來很大的進步，這樣形塑的法律文化讓女性的指控受到認真看待（即使女性未必總能占優勢）。聲音增加之後，也開始創造出自信的文化：有這些勇敢的女性不怕站出來，讓許多女性開始覺得「那麼我也應該願意說出來」。#MeToo的整體概念是團結起來、要求可問責性。#MeToo這個主題標籤（hashtag）能夠為女性帶來支援——妳不需要孤身一人站出來；妳是與我們站在一起，我們都會站在一起要求正義。

#MeToo文化是我們整個社會的一劑強心針，喚醒了任何願意傾聽的人。不過也帶來一些問題。女性的指控太常得不到明確的判決，因為她們聲稱的錯誤經常存在於久遠的過去。追訴時效的法律常會對法律行為造成阻礙；就算是還在追訴時效內，時間的流逝也經常意謂著證據變得不足。通常已不存在強姦的完整證據，如果有證人，大概也都離開或忘記了。這對於投訴的女性當然是壞消息，因為這會妨礙她追求正義。但是這對被告也是壞消息，因為這類指控無法正式成立的話，表示他無法享有正當法律程序，通常也沒有完整的調查。雖然女性找不回正義了，但是男性損失的也不少——他的職涯、生活、心靈的平靜——都已經無解了。法律（和法律帶來的保護）被公然羞辱的文化取代了，而關心正義的人們花了幾個世紀的努力，就是一直想用法治取代羞辱的文化。在今天，還是有人贊成用羞辱帶來懲罰，但是它有缺陷（我將在〈結論〉中仔細討論）。法律是公正的，奠基於羞辱的文化則不然。我們應該儘可能的靠法律嚇阻不好的行為，而不是用非正式的譴責。

不過，#MeToo也帶給立法者和一般公眾一股強大的推力：因為這種行為是不好的，所以應該受到某種制裁（不論是刑事還是民事）。它也為制度帶來一個訊息：把規則制定清楚，在還沒有完成之前，也要先訂出哪些行為是可以接受的、哪些不可以接受，並且公平的執行，不可以有例外。現在我們知道在有明確界線的職場（例如律師事務所、企業和大學），只要對性騷擾和性侵害有清楚的制度規定，就會具有強大的嚇阻和改革力道。這些環境中的性騷擾在一九七〇年代一樣普遍可見，就連自己會避免這類行為的男性，也並非確信這是錯誤的，所以未必會阻止別人這樣做。被害者投訴無門，就算她們稍有怨言，也常被看作是害羞。就連懷抱善意的男性也經常覺得至少有些行為還可以接受：許多人似乎認為上級和下屬之間的合意性關係是性慾的「自然」表現，而不是有害的權力濫用。

相比之下，今天通常已經有明確的規則決定哪種關係在職場會受到允許，又有什麼關係是不行的，所以性愛已經沒有什麼模糊的光環，讓男性騙自己說可以繼續像以前一樣、「一切照舊」。一般人喜歡讓自己的行為遵守法律和規定——有些人是因為覺得這樣是對的，其他人則是因為害怕後果。規則也教育了下一代。在今天——性騷擾法洗禮了一整代人之後——即使職場中存在著比較明確的規則，然而還是會犯罪的，通常是對界線存有非典型問題的人：心理病態者、濫用藥物者等。總的來說，有法可管的職場存在著充分的可問責性，#MeToo的爆發更進一步支撐了職場文化支持這些規定。就算是擁有極大權力的人，只要違反了眾所周知的清楚規定，也一樣需要被問責——就像是麥當勞的首席執行長（CEO）史蒂夫．伊斯特布魯克（**Stephen Easterbrook**），因為違反公司的政策與一名僱員有染（在雙方同意的情況下），而遭到解僱。[1] 伊

---

1 可參見David Yaffe- Bellany, "McDonald's CEO Fired over a Relationship That's Becoming Taboo," *New York Times*, November 4, 2019, https://www.nytimes.com/2019/11/04/business/mcdonalds-ceo-fired.html。

斯特布魯克的遣散費是大約四千兩百萬美元，這某個程度削弱了規則要實現的正義，當然也突顯了大企業內部的薪資差異，不過他的例子還是顯示出職場規則的應用具有驚人的公平性。

但是也有其他領域還在抵抗可問責性。這些領域的犯罪者不會受到嚇阻，也不必承擔責任。法律還沒能在這類領域中擔當起震懾的角色，也沒有激起恐懼，或許是這個事實讓法律也沒能對投身這些領域的人做出更深層的行為改造。我要研究的這些人深受傲慢之害（或許我們可以稱之為熾熱的傲慢），他們深信其他人適用的規則與他們無關。傲慢會激發不好的行為。但是不夠明確的制度會助長傲慢。因為制度太過薄弱，會讓我們討論的男性有好理由相信：即使有些規定在理論上應該及於他們，但終究還是不會套用到他們的案件。這類還保有傲慢心態的領域通常是指少數有非凡才能的人可以在裡面賺大錢、或是少數人對其他人擁有很大權力的領域。這類少數人難以取代，所以他們被隔絕於法律的適用之外。CEO擁有高位，但是很容易被取代。政治人物的替補者也在四周環伺。不過天賦異稟的明星運動員、難得的藝術表演家、或是（出於制度原因而）具有影響力的聯邦法官們，就不是如此了。本書第三部分會集中討論這三種傲慢的堡壘，我們想問的是：是什麼讓他們如此抵抗可問責性，我們又應該如何實現改革。

這三個領域各自不同，但是有一項改革對三者都很重要：要有明確定義的公共規則，也要確立執行的程序。吹哨文化伴隨著這些改革出現，也要有明確的政策保護吹哨者免受報復。但是，歷史中顯示這些領域的執法都不嚴格、或甚至是不存在，所以必須讓大眾也參與其中。我們都是消費者，對娛樂媒介（不論是藝術或運動）的成功與否都有重大影響。如果不良行為會成為追求利潤的不利條件，傲慢—貪婪這一組行為就會被打破了。這表示就算那些男性不想被改造，消費者的行為也會把他們推向那個方向。

我舉了三個例子，這個方法應該足以對其中兩個做出終局修正。但是其中一個例子——大學體育——的影響和誘因結構實在太過於不健全，以至於我甚至認為應該將一級聯賽（Division I）級別的大學美式足球和籃球完全解散——雖然籃球已經有比較小型的聯盟系統取代大學體育，可謂向前邁了一大步。我的主張可能很有爭議，但我在此處是根據NBA總裁蕭華（Adam Silver）的精彩論點——蕭華是一名律師（也是芝加哥大學法學院的畢業生），他是體育界最有影響力和受人尊敬的人物之一。

男性也可能遭到有權有勢的男性性侵與騷擾，他們也可能是受害者。有些男性認為他們凌駕於法律之上，有時會以性虐待作為他們濫用權力的表現之一。女性長期主張性虐待主要是關乎權力與濫用，其次才是關於性。我也同意。真正的問題是傲慢與物化，沒有把其他人視為平等的人，並給予他／她們充分的尊重。這個缺失在於文化上直接與男性連結在一起，因為大部分的權力架構都是由男性主宰；但是，沒有理由相信男性的性裡只有受害者。在權力的等級中，位置較低的人比較容易遭到虐待，如果有權勢的男性有同性戀傾向，虐待也有可能以性的形式產生。

在這裡重複一遍：這本書從某種意義上來說，是關於女性的，但它其實是關乎權力的等級制度和濫用，會有這種行為的人，大概都覺得自己居於法律之上，而其他人都不是真實的人。

第六章 傲慢與特權

聯邦司法機構

如果要完成以下句子：「身為法官意謂著……」
亞歷克斯．科金斯基（Alex Kozinski）法官：「你永遠不必說抱歉。」
——在聯邦黨人學會（Federalist Society）活動中聽眾向各與會者的提問，
二〇一五年十一月十四日

聯邦法官其實對美國生活的各個領域都有很大的權力。一旦遭到任命並確定之後，他們將終身居於該職位；只有極少數人遭到拔除，而且十分困難。有時候他們會出於自己的野心而自我管束：尤其是如果他們還想要晉升到最高法院，就要很警惕，也要對政治勢力和大眾的壓力夠敏感。但是如果他們沒有那樣的野心、或是放棄了（可能是因為年齡增長、曾經提出過有爭議的論點，或就只是與當權的政治不合），他們可能會覺得可以做自己想做和想說的任何事。

這就是亞歷克斯・科金斯基法官在聯邦黨人學會論壇上那句玩笑話的重點——雖然它是句玩笑話，但是它和科金斯基的許多玩笑話一樣，都透露出他自己的許多事。他表明了如果你是一名聯邦法官，除非你的行為真的極不檢點，才會有人來叫你負責任。科金斯基的職涯也解釋了這句玩笑話的真義。他多年來那些當真明目張膽的惡劣行徑都可以逍遙法外，還對適當的行為規範嗤之以鼻——包括對女性職員有性暗示的行為，還有對職員的一般性苛刻與霸凌的行為。雖然他最後被迫退休，但是他拿了全額退休金離開，而且還是可以從事賺大錢的法律行業。他從來不承認他的行為在那幾年間造成的傷害。

我在這裡集中於討論聯邦上訴法官。州法官的任命存在著各種極為不同的規則，所以很難一概而論；有些是終身職，有些則是有限的任期；有許多是選舉產生的，也有很大一部分至少可以由公眾投票罷免。相較之下，聯邦法官則一定是由總統任命。有些法官（例如美國稅務法院〔U.S. Tax Court〕、美國聯邦索賠法院〔U.S. Court of Federal Claims〕和其他「第一條〔Article I〕的法官」）屬於專業人士，並不特別政治化；地區法院的「第四條（Article IV）法官」也是如此。在聯邦體制中最有權力的法官被稱為「第三條（Article III）法官」，要依照憲法條文的規定；他們都是由總統任命，並由參議院確認。法官體系分成三層：地方法官（在今天共有六百七十三名），上訴法官（均隸屬於一個巡迴法院，今日共有一百七十九名），以及美國最高法院的法官（九名）。

聯邦地方法院的法官也是一項重要的工作，但是這個工作比較不引人注目，而且不太能夠在公眾面前取得地位或是帶來驕傲。最高法院的法官人數稀少，而且一直出現在大眾眼前，所以也很難對他們作概括性的描述，或是把他們的行為與其他法官作出概括的對比。在一方面，他們的工作負擔相較於上訴法官算是很少的。而另一方面，如果他們的行為不端，也得承受來自法官外部的公眾壓力——像是亞伯・方特斯（Abe Fortas）大法官在一九六九年辭職，就是因他的各種財務腐敗讓他感受到被彈劾的威脅。

因此，可以說上訴法官是最有可能出現需要處理的不端行為。被提名是一個難得的榮譽，因此會讓人感到驕傲。它也會帶來巨大的影響力；既然最高法院極少受理案件，因此大部分案件都不會從上訴審再往上到最高法院。所以在聯邦法律統轄的大部分地區，我們在法律下的生活方式大致都是由上訴審層級打造的。而這種影響力又幾乎總是在遠離大眾目光的渾沌中操作；所以他們很少需要承擔公眾的壓力——即使當真有劣行攤在眾人眼前。

聯邦法官與其權力

聯邦上訴法官幾乎都是擁有名校法律系學位的律師。他們通常會至少有一段時間的法律實務經驗。有些人曾經是學者——雖然最近對爭議議題發表任何意見都會形成不利條件，為對手提供可用的材料。他們在被總統提名之前的所有職涯和生活，都會受到總統顧問的仔細審視——雖然還比不上對可能的最高法院被提名人的審視程度。亞歷克斯・科金斯基的危險訊號在對他的審查期間就浮出檯面了，所以還得重開他的確認聽證會，但是最終，還是不足以推翻對他的提名（雖然有了這些事，大概可以確保他不可能得到最高法院的任命）。對上訴法官的確認程序在過去相當簡明，但是隨著時間經過則愈來愈政治化。直到現在，整個程序已經變得很費力而且耗時，以至於通常大家都不想重做一次。

一旦獲得確認之後，法官「只要行為良好」就將終身擔任該職位，這個條件其實沒有太大意義，因為彈劾法官極為困難。影響力通常也會隨著年資增加；因此，在政治或財務上與某一名法官有利害關係的人，幾乎總是希望該人繼續留任——除了將其免職本來就很難，要任命一個新人還有更進一步的難度。這使得法官與大部分CEO不同——CEO可能今天還在，明天就走了。投資者希望公司運作良好，也知道公司應該優先於任何個人；相較之下，上訴法官則通常是因為個人的貢獻而受到珍視。終身制增加了任命政黨或是派系的政治利益；一旦他們找到一個合適的法官坐上那個位置，就不想讓步了，不論是在確認程序中或是確認之後，他們都會想辦法駁斥對該人選的任何指控。有時候，（不論是因何理由）不履行職責的法官會被祕密勸退，尤其是在服務十年之後，假設他們的年紀和年資加起來達到八十以上，他們就可以領取終身的全額薪水了（以其達到的最高級別計算）。[1]這個安排自有其他方面的深意，但是為法官的不正行為創造了一個裂口，讓面臨指控的法官還有一個有錢可賺的離職選項。

大學教授也會受到保障，而且美國有終身職制度，[2]所以很難剔除個別的教授。不過，就算是最資深的教授，也要接受每年對出版和教學的審查，而且院長有許多對策，可以提供誘因讓表現不如預期的人退休。此外，任何一名教授都是同等級的教授同儕中的一分子，沒有人是不可或缺的。他們也不代表強大的政治或金錢利益（至少不是直接代表），教授的任命和任期要通過同行評審的程序，因此至少可以假設他們的任命不會受到政治壓力的干預。而且他們每天都要受到同事和學術社群的同業批評，所以要變得自我膨脹至少顯得比較困難。相較之下，司法界的上訴巡迴法院就很少聚在一起交換批評的意見；法官通常身處在不同的城市。第七巡迴上訴法院位於芝加哥，其中包括相當比例的學者（在某些情況下還會定期教學），他們發展出合議和交流評論的習慣，可謂是對聯邦法官整體而言的良好模範（不過通常未獲遵循）[3]。

上訴法官也一直不乏極有才能的助手：法官助理（judicial clerk）。聯邦上訴法官通常每年有

---

1 這樣的薪資安排是因為律師轉任法官時通常會蒙受財產損失，要為這提供部分補償。法官不只比大部分執業律師少賺得多；他們也不可以接受演講費和其他酬金。想要減少工作量但是還不想退休的法官也有一個選項：他們可以選擇「資深」的身分，這表示他們還是會參與案件，但是比較少。

2 其他大部分國家根本沒有終身職，或是名為終身職，但實則有強制退休的年齡上限，而且可能早至六十五歲。其他大部分國家的法官也必須強制退休。

3 第七巡迴法院的一大幸運是地理上可以集中，該法院的口頭辯論都在芝加哥進行。其他巡迴法院則通常會有幾個不同的活動中心，要發展合議就更困難了。

兩名助理。法官助理（或謂「法官辦公室助理」，這是為了與文書人員作區隔）的工作就是協助法官。年輕的法律人擔任助理理應可以學到有用的技巧，擔任聯邦上訴法官的助理也的確可以提高聲譽，不論他們將來是決定到最高法院擔任助理，或是要做其他類型的法律職業。（助理的經歷對於大型法律事務所招聘僱委員會而言是一大賣點。）但是極少有法官會專注於幫助理發揮才能。還是有這樣的法官，他們也的確應該受到讚揚。也有些法官認為某些工作應該由自己來做（例如起草意見書），因此當真不希望讓助理插手。但是，今天的事實是大部分上訴法官和幾乎所有的最高法院法官都是讓助理寫他們的意見書初稿。不只是讓助理處理引文，就連主要論述都是他們寫的——通常是在與法官交談之後，助理也會被交代要表達法官的觀點，而不是自己的觀點——但是總之通常的確是由他們執筆的。每年都會有上千名優秀的法律系學生申請這類工作。當下最優秀、最聰明的法律系畢業生日以繼夜的工作（通常他們的工時很長），還熱心的排隊爭取在下一輪繼續接下那些法官不想做的工作（雖然法官能夠、或許也應該自己做），有什麼比知道這件事更能助長法官的優越感和豁免心態呢？

這和大學很不相同。教授會有研究生，但是那些學生被預期要發展出獨立工作的能力，指導教授會督導他們，之後並協助他們找到工作。教授有時候也會聘僱研究助理，那些支薪的研究員的確會幫教授工作，但是依照時數計酬的研究員角色和攻讀博士學位的研究生角色有清楚的界線——即使有時候會由同一個人擔任兩種角色（尤其是臨時性的夏季支薪）。大部分博士生從未擔任研究助理，許多研究助理也不是博士生。博士生不會長期擔任研究助理，因為他們可以接受資助、從事自己的工作，他們通常也被禁止從事許多其他工作。教授可能會用研究助理寫的備忘錄輔助他們起草章節。但是如果他們真的一字不漏的用了研究助理的備忘錄草稿，就應該將研究助理列為共同作者。法官助理絕對不會被列名為共同作者，但是其實他們經常是唯一作者，法官本人則只是提供了很多幫助的指導者。

法官和助理之間的權力差異很巨大。法官對助理接下來的全部人生握有很大的權力。就算該法官助理後來不是在法律實務界發展，而是轉往法律學界（所以對他／她的評價會有某程度是奠基於他／她自己的出版作品），但是法學院的招聘僱委員會還是一定會打電話給僱他／她擔任助理的法官，詢問法官的意見並作為參考。不好的評語一定會帶來傷害。除此之外，有些法官又比其他法官擁有更多的權力：也就是擁有全國性名聲、或是所謂的「傳送門法官」——這是指受到一或多名最高法院法官信賴的上訴法官，因此他們比其他人更有辦法讓自己的助理當上眾所垂涎的最高法院法官助理。如同亞歷克斯・科金斯基自己所寫的：「法官和法官助理在彼此接下來的職業生涯中，其實已經被一條看不見的繩子拴在一起了。」[4]但是這種浪漫的說法理應包含相

4 Alex Kozinski, "Confessions of a Bad Apple," *Yale Law Journal* 100 (1991): 1707–30. 他所謂的「告解」（confessions）與性騷擾或霸凌都無關；他只是說自己在官方截止日期之前，就內定了僱用誰當助理——雖然曾經嘗試過多次改革，但是這種作法還是十分普遍。

互性和互惠性。不過法官和助理的關係卻沒有互惠性，因為法官完全可以自由決定要怎麼評論助理，但是助理卻終身受制於嚴格保密條款的約束。這裡又跟大學有很大的不同，大學裡的現任和之前的博士候選人並沒有保密義務，他們依附於指導教授的時間也很短：甚至在這段時期過後，還常不允許用指導教授的意見當作任期或升遷的參考。

「雖然《行為守則》並沒有定義何謂機密資訊，不過這個詞通常包括你透過助理身分得知的所有資訊（只要不是公開紀錄的一部分）。」聯邦法官助理的官方倫理守則是這麼說的。[5] 助理被禁止洩露這類資訊——不論是向公眾或是他／她的「家人、朋友和前同事」，也不論是在具名或匿名的交流中，除非僱用他／她擔任助理的法官明確授權他／她對外透露。「在你的法庭服務結束之後，這項義務仍然繼續存在。」後來的確有一些洩露法官辦公室小道消息的助理遭到公開責難，所以守則的用語鬆散，被理解為幾乎禁止談論一切有關法官個性和舉動的事。由於助理只要洩露一點點小事，都可能對未來的評語造成影響，所以看起來，法官的失誤將真的淹沒在完全的黑暗中了。當上法官，似乎就意謂著當真永遠不必說抱歉。我們將在後文看到這樣鬆散的用語現在已經重新詮釋過了。不過的確有一段很長的時間中，它讓科金斯基得以高興的披著這層防護罩。

不充分的行為守則

不只有法官助理的守則才有這樣規則混淆的狀況。規範法官的守則也極為不充分。我們已經在第五章討論過：企業界和學術圈的大型職場在今天已經發展出明確的公共規則，對性行為加以規範。除了禁止性侵害和性騷擾之外，也規定了幾種性關係是不恰當的——最典型的就是所有具「監督者—被監督者」結構的關係。有些守則只說這類關係並不明智。好得多的規則會直接禁止這類關係。這樣明確的規定可能也讓許多無害的關係無法發展，但是實際上，存在明顯權力差異的關係極少是無害的。它們會暗藏壓力——不論是在進入這段關係時，或是最後讓這段關係無法終止。它們還會造成偏袒和公平性的問題（這會影響到其他員工）。用清楚的規定禁止這類關係可以保護職場的公平性，也避免在關係破裂之後，還要無止盡的糾結於當初是否是當事人自己歡迎這段關係。

至於合理的擔憂同時也有許多良性關係會遭到禁止，其實善意的人通常會找到調整方法以讓他們的行為符合規定。CEO大概就不可能做這樣的調整，因為他們是所有僱員的「督導者」。不過督導者通常可以換，有了程序的確保，就不會讓地位較高的一方參與決定劣勢者的未來。好

5　*Maintaining the Public Trust: Ethics for Federal Judicial Law Clerks*, 4th ed. (Federal Judicial Center, 2013).

的安排會要求透明度。(不幸的是許多職場關係都有內幕，而這類秘密就是造成規則被違反的主要原因。)

第五章已經指出職場騷擾不是「自然的」，它是文化下的產物，這也表示它可以用明確的規則制止。我們已經證明性騷擾這種罪行的確很有可能被嚇阻。人們會害怕職涯遭到制裁，大部分人也都想要做對的事。這類誘因結合在一起，如果再加上明確而公開的規則，就可以帶來相當好的結果。

直到極近期，聯邦法官都還不存有這樣的明確性。聯邦法官要遵守《美國法官行為守則》(*Code of Conduct for United States Judges*，我稱之為《法官守則》)和《法官行為暨司法失能訴訟規則》(*Rules for Judicial Conduct and Judicial Disability Proceedings*, JCJD)，後者是可以對法官提出控訴的機制，也就是投訴法官沒有履行他／她的職責。這些守則在二〇一九年三月之前都沒有提到職場性騷擾。《法官守則》指示法官「在任何時候的行事，都要有助於提高公眾對司法清廉和公正之信心」，還要避免「所有不當行為和看似不當的行為」。其中沒有條列出什麼行為會違反這些規定。JCJD和相關的員工守則都有列出例示，但是並不包括性方面的不當行為；重點全是放在任用私人和以不正的手段致富。[6]

因此，性挑逗、向職員出示色情物品、發表性方面的言論、發送色情電子郵件或是用其他方式霸凌職員，到底是否構成不當的行為，就留待個別法官捫心自問了。雖然到了一九九〇年代，我們大概可以指望大部分法官會說這類行為的確不適當（有這種意識的法官也一定很多），但是規則的鬆散還是鼓勵了不良行為的出現。人們太容易覺得「我能逃得過」——即使有一位法官在數年職涯中做出許多不良的行為，他還是很可能逃得了一切，唯有到了職涯的很後期，才必須面對處罰，但是處罰到今天還是很輕微，而且並不徹底。

梅菲斯托費勒斯式的職業生涯

亞歷克斯．科金斯基在一九五〇年出生於羅馬尼亞的布加勒斯特（Bucharest）這個地方的一個猶太人家庭，他在年僅十二歲時來到美國。[7]他說話仍帶著一絲外國人口音，而且似乎認為這是象徵他炫爛角色的一項元素。他在加州大學洛杉磯分校（UCLA）取得經濟學的學士學位（BA）和法律博士學位（JD）之後，擔任了兩位法官的助理，他先是在一九七五至七六年之

---

6 二〇一〇年的另一個法規——《示範就業爭議解決計畫》（*Model Employment Dispute Resolution Plan*）——提供了另一種控訴途徑，法條禁止所有基於種族、宗教和性別的歧視，性別歧視的範例也包括對懷孕的歧視和性騷擾。不過這個《示範計畫》雖然在全國性的司法會議（Judicial Conference）中被提出來作為建議參考，但是對各個巡迴法院均沒有約束力；每個巡迴法院還是必須制定自己的計畫。

7 他的父親是二次大戰時被關在集中營的倖存者。

間擔任安東尼．甘迺迪（Anthony Kennedy）的助理（那時候甘迺迪在第九巡迴上訴法院擔任法官），接著則是於一九七六到七七年之間擔任最高法院首席大法官華倫．柏格（Warren Burger）的助理。私人執業了幾年之後，他進入雷根（Reagan）政府的法律顧問辦公室（Office of Legal Counsel），接著在一九八一到八二年又擔任美國功績制保護委員會（U.S. Merit Systems Protection Board）的特別顧問——他在任職期間幫人重寫了一份解僱一名礦工吹哨者的內容，使其通過法律審查[8]——這件事在他要被任命到第九巡迴法院的確認聽證會中，浮出了檯面。他在一九八二年到八五年之間擔任美國索賠法院（U.S. Claims Court）的法官。[9]就在那個時候，雷根總統提名科金斯基到第九巡迴上訴法院擔任新職，他在那裡的任職期間是從一九八五年到二〇一七年，其中包括擔任首席法官的七年。他的提名獲得確認時，他是美國最年輕的上訴法官之一，一顆明日之星。

科金斯基很快的攀上司法界的頂峰，成為全國最著名和受人尊敬的上訴法官之一，他是最高法院看重的「傳送門法官」，可以打造或破壞眾多年輕人的職業生涯。科金斯基的才智讓許多人看得目眩神迷，雖然科金斯基從未寫過書，也沒有寫過幾篇文章，大家都認為他很有才華，但是他並沒有當真經過嚴謹的學術論點交流的檢驗——不像是那位與他相提並論的、特立獨行的自由論者理察．波斯納（波斯納是第七巡迴法院的法官）。法官很容易有那種形象，他們也太常對自己的智識優越感有一種油然而生的信心。科金斯基的魅力讓許多人傾倒。他聰明、風趣、無法無天，還經常有點淫蕩，他就是有辦法讓所有目光都轉往他的方向。然而在嘻笑怒罵之下，卻有一絲殘忍在其中。我第一次遇到他是在二〇一四年的春天，在UCLA的一場演講上（那之前我對他早有耳聞），[10]我認為他比較像是歌德（Goethe）在《浮士德》（*Faust*）中創造的梅菲斯托費勒斯（Mephistopheles）一角：一個危險的人物、一個否認的靈魂（「我是個否定一切的靈魂」），但同時又是一個風趣、具顛覆性的靈魂，以殘暴為樂，祂對一些人有吸引力，同時又讓別人覺得反感。（當然梅菲斯托費勒斯也常讓同一個人既被祂吸引，又對祂反感——顯然也包括歌德本人。）最重要的是梅菲斯托費勒斯這個靈魂全然只以自己為中心（self-involvement），不留絲毫的同情或溫柔。

科金斯基當老闆時的惡劣行徑在他的職涯早期就已經廣為人知了。當他被任命到第九巡迴法

8 Daphne Wysham, "Mining Whistleblower Speaks Out against Massey," Institute for Policy Studies, July 23, 2010, https://www.ips-dc.org/blog/mining_whistleblower_speaks_out_against_massey.

9 "Kozinski, Alex," Federal Judicial Center，於二〇一四年十月至二〇二〇年二月間瀏覽，https://www.fjc.gov/history/judges/kozinski-alex。

10 那場演講是要向法律理論的巨人之一——赫爾伯特．莫利斯（Herbert Morris）——致敬，莫利斯也有出席，不過那場演講也是關於性的——在講美國與印度對同性戀感到的噁心感所扮演的角色。科金斯基的出席可能是因為其中一個理由，或兩者兼是。

院的確認程序中，參議院司法委員會（Senate Judiciary Committee）原本在一開始就很快同意了他的任命，但是隨即又重新召開一次聽證會——這是很不尋常的事情——一方面是為了回應吹哨者的揭露，二方面也是為了回應特別檢察官辦公室（OSC）前僱員（經宣誓過）的證詞，他們說科金斯基「苛刻、殘酷、愛羞辱和虐待人、不誠實，也沒有同情心」。[11]這樣說任何一名老闆都稱得上是極強烈的用語了，但是這記警鐘卻沒有敲醒科金斯基，後來還有一長串的證詞，都說科金斯基在司法官生涯中持續出現那樣的表現，他後來勉強獲得了任命確認，這讓他擺脫了應該對所有僱員（例如OSC的那些僱員）承擔的可問責性——不過那些僱員的未來並不須完全仰仗他，這點和法官的助理不同。我們必須要銘記：從某種意義上來說，科金斯基是一名施予均等機會的施虐者——雖然他的確痴迷於性事，但是他的刻毒卻反而常轉向反女性的方向。

科金斯基一直覺得自己是性的生物，這點在他的職涯早期就很明顯了。他報名了電視節目《愛情乒乓球》（*The Dating Game*），是其中一名參賽者——這對於一個有抱負的法律界領袖來說，可能有點奇怪（好吧，畢竟他當時只有十八歲）——他的對手是在《拉文與雪莉》（*Laverne & Shirley*）劇中扮演「Squiggy」的演員大衛．蘭德（David Lander），其中一個片段是在當年（一九六八年）的感恩節當天播出（該節目片段有被保留下來，並且可以在YouTube上觀看：https://www.youtube.com/watch?v=OdjCdbGucCU）。「單身漢二號」科金斯基憑著誇耀他的外國口音（他聽起來很像是在模仿〔吸血鬼〕德古拉〔Dracula〕，不過他真的就是那樣講話的），打敗了「Squiggy」，他還加了一個詩的用語（「我心之花」），那聽起來就當真像是出自一部老吸血鬼電影了。他在贏得與麗塔（Rita）的約會之後，便走向前，用十分具侵略性的方式直接親上她的嘴，一邊還抓住她的後頸，充滿了威脅性。或許這應該是一種浪漫，配上他那老掉牙的獻媚。不過在今天，我們只會覺得不寒而慄，而且這似乎是個預兆。

時間流逝，但科金斯基還是一直抓住機會，宣揚他在性方面的優越，不過那就不是那麼外西凡尼亞（Transylvanian）式了，而是比較插科打諢的風格，還有他那獨有的、自戀式的自嘲。有一個「搏君一笑」的部落格叫作《在他們的法袍下》（*Underneath Their Robes*），內容是一些聯邦法官的八卦軼事，它有一個現在進行式的專題叫作〈最辣的聯邦法官〉（Hotties of the Federal Judiciary）。[12]名字出現在那裡的法官通常都會覺得很尷尬（雖然當然一定有人私下感到竊喜）。但是毛遂自薦應該就完全不可想像了——除了一個人以外，那個人在二〇〇四年六月投稿到部落格的讀者來信專欄，提名他自己角逐「超辣」男法官的評選。那封信很長，列了一長串像是開玩笑的資格，所以我們簡短的摘要一下應該就夠了：

11　引用於下列文章中：Chris Chrystal, "Senate Panel to Reopen Kozinski Hearing," UPI, October 31, 1985, https://www.upi.com/Archives/1985/10/31/Senate-panel-to-reopen-Kozinski-hearing/393349958280。

12　該部落格是由大衛．萊特（David Lat）創始的，他也編寫了另一個極具影響力、半嚴肅的法律部落格《法律之上》（*Above the Law*），後文還會再提到。

親愛的A3G（指「Article III Groupie」的縮寫，那是編輯者的代號）：

我必須說：對於貴方在「最辣法官」比賽中派出的候選人名單，我感到十分失望。我認為女性候選人都很優秀，不過，老實說男性候選人就有遺珠了。被你遺落的那個人就是我。約翰・羅勃茲（John Roberts）和傑夫・薩頓（Jeff Sutton）當然很年輕，而且非常英俊，但是那又怎麼樣呢？我可以很負責任的告訴你：有眼光的女性和男同性戀會找頭髮灰白、矮胖的中年男性，而且還帶著像是史瓦辛格（Schwarzenegger）州長的口音，這樣的男性才會令她／他們無法抗拒。

所以我要提名我自己……可以支持提名我的論點如下。

＊我是唯一曾經上過《愛情乒乓球》的「第三條法官」——而且還上過兩次。我甚至贏了一次，我還留有錄影帶可以證明這件事。

＊我的照片曾經登上《喬治雜誌》（*George Magazine*），刊出許多我跳躍姿態的性感照片。那是幾年前的事了，但是隨著年紀增長，我只有變得更可愛。[13]

他接下來又繼續寫了整整兩頁。當然內容是滿有趣的——從某方面來說。他也只是打算開個玩笑——應該是吧。不過在公眾面前，用這種篇幅宣揚一個人的性優勢（就算只是玩笑話），應該還是不適當的，而且前述OSC的僱員也描述過這類人的特徵就是「沒有他該有的樣子」，其他人對他來說都不是真實的。他正是但丁所描述的那種極端傲慢的人。

他還是繼續用性的眼光看待每一件事。另一位法官的前助理——作家黛莉亞·利特維克（Dahlia Lithwick）——描述了她與科金斯基在一九九六年的新助理歡迎會上的第一次見面：

> 我和另一名助理在歡迎會上，被介紹給這位當時已經很有名、享有終身職的年輕法官，我們也交談了一會兒。我不記得我們到底談了什麼。只記得我覺得他很小心眼、又很骯髒。另一位前助理同事在當週寫電子郵件給我，信裡談到了這次互動，他寫到（我沒有跟他提任何事）：「他根本完全不理我，一直像在用眼睛剝掉妳的衣服。過去我從未見過一個人像那樣向另一個人拋媚眼，直到現在，我依然沒有再看過第二個人。光看就覺得很不舒服了，而且他甚至連看都不看我一眼。」[14]

---

13 Alex Kozinski to Article III Groupie, "Courthouse Forum: The Hot. Alex Kozinski," *Underneath the Robes* (blog), June 28, 2004, https://underneaththeirrobes.blogs.com/main/2004/06/courthouse_foru.html.

14 Dahlia Lithwick, "He Made Us All Victims and Accomplices," *Slate*, December 13, 2017.

利特維克在幾週後打電話到科金斯基的辦公室，與科金斯基的一名助理討論社會計畫。接電話的是科金斯基本人。他問利特維克人在哪裡。她回答說在她的旅館房間裡。他接著說：「那妳身上穿的是什麼？」利特維克把這件事向她的法官報告，她的法官「大吃一驚」——但是沒有做出任何反應。

這類事情還發生了上百次，再加上一些令人反感的撫摸（包括襲胸和強吻）；辦公室裡充滿了不請自來的黃色笑話，助理又常被要求看一些色情內容；還有「皮條客的笑話清單」，助理、前助理等會收到連番的電子郵件，內容都是科金斯基喜歡的笑話，其中有很大一部分是黃色笑話，也有相當一部分很刻毒；除此之外，他還常爆炸性的宣稱他對助理的一切生活面向都有完全的控制權——科金斯基的法官生涯中還有一些明目張膽、但是從來沒有發生過什麼後果的幕後故事。他的品行不端當真是惡名遠播。有些法學院和更多的教授個人拒絕推薦女性到他的辦公室。但是他的權力還是不受抑制，而且受害者也源源不斷的出現。其嚴重性和普遍性——這兩者是構成不友善環境的指標——都能獲得充分的證明，但只是這麼說，都還算是輕描淡寫了。

科金斯基作為一名法官是該受到人們的尊敬。他的卓越全國皆知，這也的確非浪得虛名——雖然他的高調也的確有推波助瀾之效，還讓著名的法律網站《法律之上》（*Above the Law*）對他十分矚目，甚至一併關注了他的某些厭女式的幽默感。（接替大衛・萊特〔David Lat〕成為網站編輯的凱瑟琳・魯比諾〔Kathryn Rubino〕後來批評該部落格的「偶像化傾向」，她指出：「時間顯示科金斯基的『嬉鬧』性格下隱藏了許多黑暗。」）[15]整體而言，他可以被歸類為自由主義者。他一向捍衛廣泛定義下的表達和藝術自由，有時候還帶來爭議（例如他在一份不同意見書中，為反墮胎主張的言論自由辯護，在另一份不同意見書中，又嘗試限縮「真正威脅」的定義——存在「真正的威脅」表示一個人可能要承擔法律責任），不過，有時候他又很合藝術家的心意，因為他反對要對智慧財產權作廣泛的理解，所以（在涉及詼諧的改編詩文和諷刺文學的案件中）這捍衛了藝術自由。他指出商業言論應該和政治言論獲得同樣的保護，還為此寫了一篇文章，也發揮了影響力。[16]（這篇常被引用的文章是普遍認為他支持企業的主要源由之一。）

他有時候會在刑事案件中為受迫害的人發聲：例如他認為不加區別的規定囚犯在審判之前都要戴著鐐銬，這是違反憲法的。他對死刑提出一個奇怪而且意義不明的不同意見，他認為施打一堆混在一起的各種致命化學藥劑來執行死刑，只是為了掩飾死刑的殘酷，如果我們要使用死刑，就應該明確的展現出這種作法的固有殘忍本質——像是利用行刑隊。我們不太明瞭他到底認為法律應該朝哪個方向走。不論是在這個例子或是其他例子中，他都喜歡扮演難以捉摸的特立獨

15 Kathryn Rubino, "*Above the Law*'s Dangerous Love of Federal Judges: Did We Help Support Sexual Harassment?" *Above the Law*, September 10, 2018.

16 "Who's Afraid of Commercial Speech?" *Virginia Law Review* 76 (1990): 627.

行者。

因此，聽穎又年輕的助理（像是布雷特・卡瓦諾）會對科金斯基感到欽佩，並且願意對他保持忠誠，也應該不是什麼令人驚訝的事，他們甚至會同情他所做的那些不光彩的事。不過，卡瓦諾在最高法院的確認聽證會上（他有經過宣誓），說他從來沒有聽過科金斯基對女性有過行為不端的事，就顯得完全不可信了。其實卡瓦諾還有許多其他可用的說法，像是「我們都無權無勢，只能聽從他的控制」，和／或「我想我必須遵守保密義務，不能再針對他的行為說更多了」。遺憾的是，卡瓦諾沒有採取任何一種這類閃避式的回答，而是選了「非禮勿視」的作法，這也使得他說的一切可信度都打了折扣。[17]

也有警訊顯示科金斯基畢竟無法超越於法規之上。《洛杉磯時報》（*Los Angeles Times*）在二〇〇八年揭露了一個科金斯基的私人檔案伺服器，科金斯基以為它是非公開的，但是它其實可以供大眾瀏覽（只要該人知道如何搜尋）。[18]那個資料夾命名為「stuff」，裡面包含了猥褻圖片，例如一隻長著女人臉的乳牛，還有一個半裸的男人「與性興奮的農場動物一起放蕩的玩樂」。[19]科金斯基很快的自請調查，依規定該程序必須由另一個巡迴法院執行。第三巡迴法院的報告採納了科金斯基的免責聲明，科金斯基說他以為已經封鎖了該網站的存取權限，第三巡迴法院也認可了他的道歉，但還是歸責於他太不審慎，並指出他的行為並不符合法官的高標準要求。雖然科金斯基沒有進一步受到懲戒，但是這件事已經廣為人知了，並讓他在公眾面前蒙受莫大的恥辱。不過，第三巡迴法院只以輕度的警告了事，這似乎可以看作他的權力標誌；所以，看起來這對科金斯基也沒有起到警示作用。

還有另一件事可能也帶來警告信號：科金斯基（以首席法官的身分）被委以調查蒙大拿州（Montana）聯邦地區法官理查德·塞布爾（Richard Cebull）的責任——有人指控塞布爾寄送了上百封有種族主義和厭女內容的電子郵件（其中有一封信「開玩笑的」說歐巴馬〔總統〕是他的母親和一隻狗性交之後所生的）。提出這個指控的證人的確有站出來舉證。以科金斯基為首的五人法官小組懲戒了塞布爾，但是沒有將他免職；在科金斯基的強烈主張下，大部分程序都是保密的。[20]不過科金斯基足以控制本案的結果；所以大概也沒有對他起到警示作用。他也的確有理由感到安全。畢竟所有人都知道科金斯基在做什麼，但是從來沒有人對他的所作所為有任何反應。

---

17 阿克拉·拉齊（Akela Lacy）在下列文章中也有類似的結論："What Did Brett Kavanaugh Know about His Mentor Alex Kozinski's Sexual Harassment? A Timeline Suggests an Awful Lot," *Intercept*, September 20, 2018。

18 Third Circuit, "In re: Complaint of Judicial Misconduct," JC no. 03-08-90050 (Judicial Council of the Third Circuit, 2009). 這件事是由《洛杉磯時報》揭發的：Scott Glover, "9th Circuit's Chief Judge Posted Sexually Explicit Matter on His Website," *Los Angeles Times*, June 11, 2008, https://www.latimes.com/local/la-me-kozinski12-2008jun12-story.html。

19 Third Circuit, "In re: Complaint," JC no. 03-08-90050.

20 可參見Third Circuit, "Proceeding in Review of the Order and Memorandum of the Judicial Council of the Ninth Circuit," JC nos. 09-12-90026, 09-12-90032 (January 2014)。

他是個人物，反之，塞布爾就什麼都不是。尤其是不曾有他的助理出面投訴，雖然許多人都應該有投訴的理由。還有什麼比這更能顯示他能完全掌控他的助理（不論是過去或現在）呢？

在二〇一七年十二月八日，閘門開始洩洪了。有六名前助理或女性實習生具名向《華盛頓郵報》（*Washington Post*）說出她們遭到科金斯基騷擾的故事，幾天後，又有另外九人跟進。[21] 這群人是以海蒂．邦德（Heidi Bond）為帶頭，邦德曾經當過科金斯基的助理，現在則是寫歷史愛情小說的作家（她的筆名是寇特妮．米蘭〔Courtney Milan〕）。諷刺的是，正是因為科金斯基把像米蘭和利特維克這樣的女性趕離法律職涯，才造成了他自己的墜落。還有許多其他女性匿名而出。邦德（米蘭）廣泛的寫下她自己和其他人的經驗，用詳細的例子說明科金斯基強迫助理看一些色情內容，還有他那些露骨而具有暗示性的色情對話，以及現在已經臭名遠播的「笑話清單」電子郵件裡的那些玩笑。[22] 利特維克和凱瑟琳．庫（Katherine Ku）寫的一些文章也值得注意。[23] 每一篇文章都提到他周圍的每件事都令人厭惡的扯到性，她們會被強迫談論性、不時被撫摸，他還讓女性觀看及討論色情內容，使她們感到羞辱——而這些都是出自一個更全面的脈絡（他要完全的控制和支配），助理的保密義務被扭曲成對科金斯基自身的全然忠誠義務。（他對邦德說：「妳讀什麼、寫什麼、吃什麼都由我控制。如果我說不，妳就不能睡覺。如果我沒說好，妳就不能拉屎。懂了嗎？」）[24]

科金斯基在一開始是透過他的律師，質疑這幾位女性的故事真實性——諷刺的是，他的律師正是著名的女性主義法學教授蘇珊·埃斯特里奇，她是改革強姦法的發起者之一。他這樣做，是在對他「不尋常的幽默感」遭到誤解表示遺憾。他也表達了他的蔑視，在第一輪對他的控訴文章發表之後，他告訴《洛杉磯時報》：「如果她們在三十五年之後還是只能翻舊帳重提這些舊事，我倒也不覺得太擔心。」不過，在第二輪控訴出現之後，又有更多匿名指控接踵而來，邦德和利特維克也寫出了許多細節，事情便很快朝向不同的方向發展。第九巡迴法院的首席法官西德尼·托馬斯（Sidney Thomas）認為應該對科金斯基的行為展開調查，他還要求羅勃茲（Roberts）首席大法官如同往常一樣，把調查任務指派給另一個巡迴法院的司法委員會。[25]首席大法官也同意

---

21 Matt Zapotosky, "Prominent Appeals Court Judge Alex Kozinski Accused of Sexual Misconduct," *Washington Post*, December 8, 2017；與Zapotosky, "Nine More Women Say Judge Subjected Them to Inappropriate Behavior, Including Four Who Say He Touched or Kissed Them," *Washington Post*, December 15, 2017。

22 Heidi Bond, "Me Too," "Thinking of You," "Gag List Emails Received between 2006 and 2007"，都寫在她的部落格裡：*Courtney Milan*, http://www.courtneymilan.com。Heidi Bond, "I Received Some of Kozinski's Infamous Gag List Emails. I'm Baffled by Kavanaugh's Responses to Questions about Them," *Slate*, September 14, 2018.

23 Lithwick, "He Made Us All Victims"; and Katherine Ku, "Pressuring Harassers to Quit Can End Up Protecting Them," *Washington Post*, January 7, 2018.

24 Bond, *Courtney Milan*.

25 Ninth Circuit, "In re: Complaint of Judicial Misconduct," JC no. 02-17-90118 (Judicial Council of the Ninth Circuit, 2017).

了，並在二〇一七年十二月十五日選中了第二巡迴法院。[26]但是在調查開始之前，科金斯基就在十二月十八日宣布他的退休立即生效；既然司法委員會對他不再有管轄權，控訴便不被受理，但是這件事的嚴重性的確獲得了注意。

科金斯基的迅速退休讓他得以保留全部的退休金，包括全額終身俸。大概也阻止了更多人站出來，因為既然官方不會再開啟調查，她們能獲得的也就很少了。他也避免了他的律師資格被取消。在科金斯基宣布退休的僅僅一天之後，他就在十二月十九日重新恢復了他的加州律師資格。（自願「中止」資格的人只需要重新繳交會費之後，就可以隨時回復資格。）雖然律師公會規定成員必須具備「良好品格」，但是這項要求一向很弱，不過，在這裡也是因為恢復資格在技術上十分簡便，所以科金斯基在恢復資格之前，顯然完全沒有經過任何審議，恢復之後，也不曾面臨正式的懲戒舉動（雖然我們其實無法完全確定這件事，因為加州律師公會規定所有與律師的道德人格有關的訴訟都要保密）。總之，他還是繼續在法律實務界賺錢。

科金斯基在二〇一八年七月又重新成為大眾的目光焦點，他在最高法院大法官安東尼·甘迺迪退休時接受採訪，並對甘迺迪大法官表達了敬意。過去指控他的人之一——任教於加利福尼亞大學哈斯汀法學院（University of California, Hastings College of Law）的法學教授艾米麗·墨菲（Emily Murphy）——說：「我擔心這對女性釋放出一個訊號，說我們這一行並不真的關心騷擾問題。這也證實了我們幾個人在他辭職之後的一項擔憂——沒有經過調查或正式的程序，這讓他的行為很容易被輕描淡寫帶過，也讓他擺脫了我們還未來得及深究的事情，輕易的恢復了原本的生活。」[27]

科金斯基的例子告訴了我們幾件有關於聯邦司法制度的事，應該會讓我們感到很不安。首先，在他的例子中被騷擾的助理人數之多，可說是十分異常（我們要記得男性助理也會遭到霸凌，也會被強迫忍受厭女的氣氛，許多人對這也一定感到遺憾）。基本上，這個例子顯示：就算是一個很過分的施虐者，只要他夠聰明、懂得炫耀、人脈廣而且無恥，他還是可以存活二十年。這也展露出組織上的弱點：機構的行為守則完全幫不上女性的忙，依照當時的解釋，就連保密義務都對她們不利。它也顯示被指控的法官可以輕輕鬆鬆的逃過正式程序，只要他選擇退休——律師規則也有類似的結構缺陷，可以確保他除了保有全部的退休好處之外，也還可以繼續靠法律維生。

這個例子讓我們聯想到許多不是那麼無恥、也比較會選擇施虐對象的罪犯，他們說不定還潛藏在陰影中，沒有受到懲罰，也完全沒有被嚇阻。我們的確知道有這樣的人，因為就算很勤勞的

26 John F. Roberts Jr., "Letter to Chief Judge Robert Katzmann," *Supreme Court of the United States*, December 15, 2017.

27 Matt Zapotosky, "Judge Who Quit over Harassment Allegations Reemerges, Dismaying Those Who Accused Him," *Washington Post*, July 24, 2018.

挖掘，也只會看到面臨正式控訴的聯邦法官非常稀少：上訴法官就沒有第二個人了，地區法院的法官也只有五人——他們也都靠著選擇退休逃過了制裁。[28]

羅勃茲法官帶來的改革

在科金斯基辭職之後，首席大法官約翰．羅勃茲呼籲要進行改革，他也當真採取了行動。就在科金斯基宣布辭職的後兩天，羅勃茲在二〇一七年的年終報告中宣布：「從二〇一八年開始，司法體系將仔細評估行為標準和調查／糾正不當行為的程序是否適當，是否足以確保每一位法官和法院僱員能夠享有足堪楷模的職場」。[29]他成立了一個獲得兩黨支持的委員會，負責研究相關守則，並提出修改建議。該小組在六個月後提出報告，建議了多項改革。他們的建議在二〇一九年三月十二日有部分被相關規範所採納。

工作小組發現聯邦法官的確存在騷擾問題。[30]該小組的分析並不限於性騷擾，不過整體而言，那的確是主要重點。分析指出法院職場的特點在於會助長隱匿不報的風氣，尤其是法官和助理之間的權力不對等、助理終生都須仰賴法官。另一個因素是助理的任期很短，該小組的推論是：較長的工作任期通常會讓僱員比較能夠做出投訴。它提議要在以下三方面進行變更：(1)實質標準，(2)投訴程序，和(3)藉由事前教育預防騷擾。第一項明確的指出法官有義務不「做出、或以任何方式容忍構成騷擾及其他形式的霸凌行為和言論，包括基於種族、膚色、宗教、性別、國籍、年齡、身心障礙、性傾向和性別認同的霸凌」。

法官也負有打擊法院職場騷擾的積極義務，尤其是如果騷擾來自法庭上的其他法官。該小組強調因為法官和助理的關係緊密，根除騷擾的行動更可能進一步強化這些關係。在程序方面，小

28　這五名地方法官分別是美國德克薩斯西區聯邦地區法院（US District Court for the Western District of Texas）的沃爾特·史密斯（Walter Smith）法官（於二〇一四年因為對一名助理性騷擾而遭到控訴）；美國科羅拉多聯邦地區法院（US District Court for the District of Colorado）的愛德華·諾丁漢（Edward Nottingham）法官（於二〇〇七—〇八年遭到多項控訴，包括酒後去了一間脫衣舞俱樂部並召妓）；美國蒙大拿聯邦地區法院（US District Court for the District of Montana）的理查德·塞布爾法官（於二〇一二年遭到控訴，原因已如前述）；美國德克薩斯南區聯邦地區法院（US District Court for the Southern District of Texas）的理查德·肯特（Richard Kent）法官（於二〇一七年因為對一名法院僱員性騷擾而遭到控訴，證據顯示他應為慣犯）；以及美國哥倫比亞特區聯邦地區法院（US District Court for the District of Columbia）的理查德·羅伯茲（Richard Roberts）法官（於二〇一七年因為強制一名十六歲的證人進行性行為而遭到控訴，這件事發生在他被任命為法官之前、擔任聯邦檢察官的期間）。在最後一個案件中，雖然羅伯茲退休了，但是依然有對他的行為展開調查，只是調查後，認為他在擔任法官之前的行為不能夠適用法官守則加以審理。

29　John G. Roberts, "2017 Year- End Report on the Federal Judiciary," in *Report of the Federal Judiciary Workplace Conduct Working Group to the Judicial Conference of the United States*, June 1, 2018, https://www.uscourts.gov/sites/default/files/workplace_conduct_working_group_final_report_0.pdf, appdx. 2.

30　Roberts, "2017 Year-End Report," 6.

組的建議是必須釐清保密要求不適用於「報告或揭露法官的不正行為」。它也認可除了正式的申訴之外，還需要更多非正式的申訴程序，包括由僱員組成的團隊向其他僱員建議如何處理他們碰到的問題，以及一些追蹤、減輕和預防騷擾的方法。最後，小組推薦的職場標準培訓（它已經存在於許多其他職場，而且是強制的）包括「旁觀者干預培訓」。有鑑於首席法官扮演了影響職場風氣的特殊角色，他們也建議首席法官要接受特殊培訓。

這些建議已經進入實行階段，包括保密義務的重要例外。另一項進步的重要變更是如果怠於對另一名法官的不正行為提出報告，也算是法官的不正行為。這件事頗令人驚訝——但也是足堪為司法界引以自豪的明顯標誌——花了這麼久的時間，聯邦法院終於轉化為現代的職場，我們應該向羅勃茲首席大法官的堅持改革喝采——雖然做出這些明顯的改變本不應是件讓人大感為難的事。

萊恩哈特醜聞事件

性虐待不會理會政治。受人愛戴的「自由之獅」——第九巡迴上訴法院的史蒂芬・萊恩哈特（Stephen Reinhardt）法官——在二〇一八年三月二十九日因心臟病逝世。在他離世的將近兩年後，他是個性騷擾犯和全方位厭女者的醜陋形象進入公眾眼中，當時，有一名他的前助理——奧利維亞・沃倫（Olivia Warren）——在參議院司法委員會的法院、智慧財產權與網際網路小組委員會（Subcommittee on Courts, Intellectual Property, and the Internet）中作證（該委員會是負責舉辦聽證會，保護聯邦法院的員工免於受到性騷擾和職場的不正行為）。沃倫說她遭到性騷擾的證詞由該委員會的報告紀錄在案。[31]萊恩哈特在沃倫擔任助理的期間過世，因此雖然她試著向司法廉正辦公室（Office of Judicial Integrity）提出正式投訴，但是沒有成功，她轉向哈佛大學的法學院——她的母校——提出正式投訴，但是哈佛大學也沒有承接這個案子，到這裡為止，都是在她計劃下發起的行為。她的故事就像是科金斯基的故事一樣，隨著確證越積越多，也隨之掀起了後續的驚濤駭浪，有七十名萊恩哈特的前助理簽署了一封公開信，要求更進一步的改革。[32]很顯然的，萊恩哈特也和科金斯基一樣，長年以來都會對女性口出、或與其他人談論醜化與詆毀女性的性言論。

---

31 *Protecting Federal Judiciary Employees from Sexual Harassment, Discrimination, and Other Workplace Misconduct: Hearing before the Subcommittee on Courts, Intellectual Property, and the Internet*, 116th Cong. (2020) (testimony of Olivia Warren), https://judiciary.house.gov/calendar/eventsingle.aspx?EventID=2791.

32 Debra Cassens Weiss, "Over 70 Former Reinhardt Clerks Urge Judiciary to Change Reporting Procedures and Training," *ABA Journal*, February 21, 2020, https://www.abajournal.com/news/article/former-reinhardt-clerks-urge-judiciary-to-change-reporting-procedures-and-training.

即使內情有著令人沮喪的類似，細節還是相當不同。雖然如同托爾斯泰（Tolstoy）所說的，每個不幸的家庭都有各自的不幸，不過詳細探究萊恩哈特獨有的騷擾型態，對於我們的主題倒也沒有什麼幫助。基本上來說，他會一直對女性的身體發表性的相關言論，尤其是在僱用新助理時，他會看著照片替她們評分，還經常詆毀那些他覺得沒有吸引力的女性。沃倫就是其中之一，所以她會照三餐受到羞辱，萊恩哈特侮辱的對象包括她和她的丈夫，萊恩哈特說她的丈夫一定是糊塗了或是同性戀，才會和她在一起，而且她丈夫一定無法進行性行為。萊恩哈特會替科金斯基法官、哈維·溫斯坦（Harvey Weinstein）和其他被指控在性方面有不正行為的男性辯護。他會用貶低女同性戀的詞彙來攻擊女性主義者。其他這類的事也還有很多。

沃倫的證詞中，對於首席法官羅勃茲的改革能否解決聯邦法院的騷擾問題，表達了懷疑的態度：她覺得能對吹哨者保密的保護太少了。她也覺得頂尖的法學院怠於警告可能會成為助理的年輕人，讓他們知道這個圈子有權力濫用的事情存在。在她作證之後，有一大群耶魯、哈佛和史丹佛（Stanford）法學院的法律系學生組織起來，提議推動進一步的改革，他們極力主張要由司法廉正辦公室集中負責處理投訴（沃倫曾經試圖向那裡投訴，但是沒有獲得成果）。[33] 雖然集中化可能的確比目前化整為零的方法更好，但是我認為這個補救措施還是太弱了，因為整個助理制度的深層問題可謂積習已久了。

改革後的司法體系

傲慢是個棘手的問題。長期以來因為人性和結構的特徵，讓法官實際上凌駕在法律之上，而這些人性和結構的特徵並沒有改變，所以問題就在於眾所矚目的改革是否達到眾人渴望的效果。社會的改變當然很重要：#MeToo運動再加上科金斯基的跌落，至少讓未來的科金斯基們注意到他們未必能保證自己永遠不必說抱歉。萊恩哈特法官的不正行為也受到關注，大概也有進一步強化這個訊息。我們有理由期望新一代的法官會受到不同的教育，就算他們沒有受到這類教育，至少也會被嚇阻。

最棘手的還是法官與助理之間的親近本質。如果是律師事務所，大概不會有年輕的同事一直和同一位律師搭檔。輪流、再加上共同分擔可問責性，就可以提高透明度。大學裡的博士指導教授有不成比例的權力——大約可維持三年。不過隨著擔任博士後的時間愈久，年輕學者累積了自己的發表作品，之後就不再那麼仰賴導師的幫助了。轉往事務所工作的前助理卻不是這樣的。（事務所的律師大概都不會透露她們曾與科金斯基共事的經驗。[34]）此外，許多大學院所要求指導

33 "To the Judicial Conference (Honorable Chief Justice John G. Roberts, Jr., Presiding)," https://ylw.yale.edu/wp-content/uploads/2020/02/Judicial-Misconduct-Letter.pdf.

34 Vivia Chen, "The Careerist: Why Haven't Women in Law Firms Called Out Kozinski?" *Connecticut Law Tribune*, December

過程應該開放，論文委員須有三人以上，他們在某個程度上有相同的職權，並且與博士候選人定期會面。因此便可以將可問責性延伸出去，如果有投訴，也比較容易被聽見。

對於我來說——身為一個經常推薦法律系學生擔任助理工作的司法體系局外人——這似乎也是可以對法官助理採用的一個好方法。可以讓助理在一年中輪流替三名法官工作，或是由三名法官組成委員會，一起決定如何用彼此都能同意的方式劃分三人助理的職責，這將大大提高透明度，並且揭開對外界保密的面紗。但是我也很現實：我知道沒有人會想採用這個解決方案。法官和助理的關係被過度浪漫化了，人們沉浸在一種值得懷疑的想法中（以為這種關係可以終身享受教育的好處），因此不可能啟動這麼徹底的改革。要朝向這個方向，最可行的作法是讓首席法官替每一位助理（除了主要〔僱用她〕的法官之外）指派一到兩名「輔助法官」，輔助法官的功能是從旁監督及指導助理的工作，因此，未來就可以在需要的時候擔任參考人的角色。或者，還有另外一個不是那麼勞動密集的替代方案：由首席法官每年指派一或兩名法官擔任「助理顧問」，特別讓他們處理助理的相關勞務問題。這些改變都是在某些巡迴法院（例如第七巡迴法院）才比較可行，因為它們在地理上比較集中。或許每個巡迴法院都應該採取適合於自己的規模、地理和歷史的方法，來處理這個問題。

不論這些建議的優點和命運各是如何，法官都不應慶幸自己解決了性騷擾的問題。雖然改革的努力當然值得讚賞，但是基本的結構問題依然存在，所以法官的傲慢也依然會導致虐待。

亞歷克斯・科金斯基在二〇一九年十二月九日回到因他而蒙羞的巡迴法院，在巡迴法庭上為一樁著作權案件進行了口頭辯論。[35]

20, 2017, https://www.law.com/ctlawtribune/sites/therecorder/2017/12/20/why-havent-women-in-law-firms-called-out-kozinski.

35 Ross Todd, "Alex Kozinski Set to Return to 9th Circuit as Oral Advocate," *Recorder*, December 5, 2019, https://www.law.com/therecorder/2019/12/05/alex-kozinski-set-to-return-to-9th-circuit-as-oral-advocate/?slreturn=20191117125149；與 Todd, "Alex Kozinski Makes Post- retirement Debut at Ninth Circuit in 'Shape of Water' Case," *Am Law Litigation Daily*, December 9, 2019, https://www.law.com/litigationdaily/2019/12/09/kozinski-contends-playwrights-due-process-rights-are-at-stake-in-copyright-case-against-shape-of-water-filmmakers-407-11110。

第七章　自戀與免於究責

表演藝術

一名年輕的小提琴學生被問到：如果你只能夠救一個人，你會選誰——指揮家，還是小提琴家自己的母親。指揮家說：「如果你選擇了母親，就等於是走出這扇門，永遠不要再見我了。如果你選擇了我，就等於是關上這扇門、踏進這間屋子裡，永遠與我在一起。」

——小提琴家阿爾賓．伊夫奇（Albin Ifsich），出自他很久以前與指揮家詹姆斯．李汶（James Levine）的會談[1]

哈維．溫斯坦、比爾．寇司比、詹姆斯．李汶、普拉西多．多明哥（Plácido Domingo）：這些人的共通點是什麼呢？他們都在表演藝術界享有極大的權力。他們也都利用這種權力虐待女

1 Malcolm Gay and Kay Lazar, "In the Maestro's Thrall," *Eoston Glcbe*, March 2, 2018.

性（或者在李汶的例子中，是青少年男性）。他們現在都已經名譽掃地了——每一個人都因為被害者揭發的故事積累的沉重性，而足以說服管理部門終止與他們的契約（或者像溫斯坦的例子，是從他經營失敗的製片公司中退出）。不過為了避免我們以為正義和弱勢的聲音已經取得勝利，進而放下了心中的大石，讓我們再看向他們的另一個共通點：他們都已經走到職業生涯的尾聲了。溫斯坦雖然只有六十八歲，但是已經病得走不動了；八十三歲的寇司比已經看不到了，還生著病，電視生涯早已離他遠去；李汶七十七歲，在大都會歌劇院（Metropolitan Opera）管理層決定相信他的那些傳言之前（那些傳言早在一九八〇年代早期就甚囂塵上了），他早就因為帕金森氏症而幾乎無法指揮了。多明哥的情形最複雜：他八十歲，身體還算精力充沛，聽眾和評論家也一直很驚訝他那個年紀的人還能唱得那麼好，但是公眾（及僱主）還是覺得他的地位脆弱，因為我們都知道他的歌唱生涯很快就要結束了，只是沒有人確定知道是什麼時候。不過同時，值得注意的是他既然是幾個人中最健壯的人，也是名譽受損最輕微的人，雖然他在美國的所有契約都終止了，但是在歐洲的演出還是繼續，而且能夠搏得聽眾起立鼓掌三十分鐘。[2]其實這些男性每一個人的性犯罪都有可信的報告，且流傳經年——在寇司比的案件中，還有民事訴訟和臭名昭彰的宣誓證詞為佐證。但是不知為何，社會就是無視於被害者的聲音——直到加害者已經又老又病，再也沒辦法迷惑我們，還有很重要的是，他們巨大的才能也無法再為其他人賺進錢財了。因此，即使他們目前陷入了不名譽，但是也沒有讓我們樂觀的理由：這並非表示有像他們這樣權力的人已經不再凌駕於法律之上。他們被認為可以犧牲，是因為他們早已消耗殆盡了。也有比較年輕的人因此而被摧毀，但是據我所知，他們都比不上這四個人的明星地位、和足以鎮住某個領域的權力。難道我們不能做得更好嗎——難道我們無法在大明星墜落神壇之前，就讓藝術界的人毋須受到他們的虐待嗎？

我所有的案例研究（像是第六章討論的亞歷克斯．科金斯基）都是紀錄某種畸形的傲慢——有這種傲慢的人會覺得他們能夠魅惑其他人，並使他們位居在社會規範或甚至是法律之上。但是這些傑出的藝術家和科金斯基不一樣，他們向我們展示了一種人類的深切悲哀：那些深刻而細緻的洞見，還有能夠在最重要的領域中照亮人類生命的能力，卻能夠與乖戾、自戀、完全沒有同理心的人格併存。如果亞歷克斯．科金斯基從地球表面消失了，我們大概不會覺得我們的世界從此欠缺他所提供的深刻洞察。相較之下，詹姆斯．李汶和普拉西多．多明哥為我們的世界貢獻了如此多的美麗和光亮，萬一我們得承認他們以病態的方式對待其他人，還必須一併考量到他們的作品留給世界的財富。

---

2 Associated Press, "Opera Star Plácido Domingo Receives Standing Ovation for 50th Anniversary in Milan," *USA Today*, December 16, 2019.

傲慢與藝術天賦

表演藝術會誘惑人心；它的內容和影響模式的核心便是激情。不論是戲劇、歌劇或甚至是交響樂，其中都充滿了激情，所以也很容易有人邪惡的利用這些激情。「妳太僵硬了。讓我知道妳真實的感受到這個角色。全部都釋放出來。」而且因為表演藝術是用身體表達激情，所以身體的確很難脫離整體的僱用關係。

在藝術的教學、訓練、（經常還有）指導中，身體碰觸是普遍、必要、而且通常是好的——但是這通常在律師事務所和大學教室中是禁止的。以歌唱老師為例，他們通常必須把手放在學生的背部、胸口和下巴。舞蹈老師總是要碰觸到腿部、手臂和背。此外，表演藝術要探索的內容具有親密性，這也表示師生獨處可以達到適當的效果。如果所有歌唱課程都是團體課，學生能學到的東西就少得多了，學習樂器也是如此。

表演通常包含各種形式的跨越界線。一幕戲通常是先由兩個人排演，然後才呈現給群組。每一幕戲可能——通常也會——依照劇本的要求，包含各種形式的觸摸。稍後可能還會有導演或指導人員一起加入，他們可能會與其中一名演員共同演出某個場景中的某一段，或是鼓勵兩名演員做出更真實的表達。在情感上也要跨越界線：你經常要表演性愛，或是演出性方面的吸引力，還有其他複雜的激情。

再加上早期的美國表演教學中，團體劇場（Group Theatre）的標準作法（高度選擇性的）朝向康斯坦丁・史坦尼斯拉夫斯基（Konstantin Stanislavski）式。也就是說，如果一名演員要做出真實的表演，她就要利用自己生命中各種不同的情緒／記憶片段，好在當下那一刻展示出自己對於那類記憶的真實感受。這表示老師會覺得他可以嘗試喚醒表演者內心的各種真實感情，因為他假設（但是這通常不正確）這類情緒如果能夠在教室裡展現給老師看，之後要恰如其份的在戲裡演出來，就不成問題了。

我清楚記得在紐約大學（NYU）的課堂中，曾經有一次遭到一位非常著名的表演老師羞辱（他就是出身自團體劇場）。我很生氣，而且（受到他在教室裡營造的整體氣氛所煽動，）打了他一記耳光。他宣布我有此反應，是在成為女演員的發展路上的一大突破性進展。但是這個真實的情緒表現其實沒有儲存為我的表演技能（這也沒有什麼好奇怪的）。我並沒有聽說這位老師用性方面的引誘「達到」類似的「突破性進展」，但是無論如何，當真有理論支持這樣的教學。就算是老師沒有試圖引誘妳，同台的其他表演者也會。因為我們都相信表演就是妳真實生活中的片段，所以我們也被鼓勵著相信如果想演好性愛場景，唯一的方法就是與對手戲演員發展出性方面的感情。在當時（一九六〇年代晚期），也有許多人認為使用藥物能夠帶來更多真實性（authenticity），我一直都很有興趣觀察當初的夥伴有誰繼續走上表演生涯，誰又沒有：重度藥物成癮者通常今天都已經不知去向了。

也有反對這個理論的人。我在紐約大學還有另一位同樣著名的表演老師，他對於我們在作品中過度自詡的真實性感到十分震驚。在一場嫉妒的戲中，與我演對手戲的夥伴（他飾演一名家暴施暴者）因為太過於入戲，甚至還扭傷了我的手臂，造成我嚴重瘀血。我那時候覺得這很酷，表示我們演得很真。這位老師看到我的瘀傷之後，用最嚴厲的措辭責備我們。他說：有些界線是絕對不能越過的。他也教導我們如何釋放身體，他的方式對我來說舒服多了，我覺得也更符合倫理規範，舉例來說，他會叫我們排演莎士比亞的一場戲，像馬一樣在房間裡四處飛馳。我們都全心專注在這樣劇烈的活動中，所以不可能會怯場，我們也學會用新的方式把聲音喊叫出來。但是團體劇場派會覺得這是異端，也不夠真實。即使是在今天，團體劇場派的態度和這類意見還是會大大增加演員受虐待的可能性。

這類態度——或謂神話——在古典音樂界就很少見，但是既然歌劇也融合了（或是至少需要）表演，在這個高畫質製作的時代，這種表演界的神話有時候還是會伺機而入。

施虐者通常不只是受到這種「真實性神話」的保護，還有另外一種神話也盛行在所有表演藝術（甚至是其他所有藝術）中。這個神話的歷史久遠，至少和浪漫主義一樣悠久。這個神話認為一般的社會規範／準則的限制對藝術家是不好的。我們應該要容許藝術家越界、打破規則，否則他們的創造力就會遭到扼殺。天才無所謂善惡之分。這個神話基本上是虛妄的：許多藝術家在創作領域的內在自由與外在生活方式之間，還是可以維持好界線。不過這個神話實在太常見了，以至於它成了許多人的自我實現預言。如果有一名藝術家真心相信要成功勢必要打破社會規則，久而久之，他就會變成如果不越界，就當真無法創作了。發人深省的是這個神話壓倒性的在講男性的創造力，適用於男性，也針對男性。同樣發人深省的是這個神話主要是關乎性方面的規則。我想不出任何一個我所知的藝術家會覺得擁有創造力，是代表他可以偷竊或是搶劫。然而少數有才華的男性會出於他們的男性傲慢，經常會用這個方便的推理來達到以下結論：我凌駕在性方面的法律之上，而其他人則非完全真實的。

受害者經常被這個神話所迷惑。藝術和藝術家都是令人目眩神迷。人們很容易被個人的魅力所誘惑，例如「追星族」（Groupie）就是這類現象。（《在他們的法袍下》部落格裡，代號為「Article III Groupie」的角色就寫出了藝術與司法魅力之間的類似性。）有時候，藝術家甚至會在自己周遭創造出一種崇拜，把一整個族群引誘過來，就像是詹姆斯·李汶周圍就反覆發生這種事。強而有力的男性通常不乏人自願與他們發生性關係，但他們還是太常過度覺得自己能夠和心目中的任何對象發生性關係——不管她們是不是全然自願。

就像世界上的其他人一樣，我們——觀眾和粉絲——也會受到魅惑、感到目眩神迷、受到那些強大之人的魔力蠱惑，這通常是因為他們帶給我們真實的啟發。我們也喜歡被他們喚醒的激情和情慾的力量所捲走，因此在這個限度內，其實我們也不願意批評他們的行為，或是我們會覺得那些都是「真情流露」。

還有另外一個因素：如果要我們鍾愛的藝術能夠蓬勃發展，勢必需要明星的力量。明星的力量會帶來票房的收入和捐獻。即使我們不喜歡明星的力量和明星的影響力，但即使只是為了讓我們喜愛的藝術能夠持續下去、好好發展，我們還是擺脫不了明星（不論他們的行為有多糟）。也有些人可能不是那麼關心藝術的健全，反而比較關心投資能夠賺錢。因此，如果有些明星的天賦能夠為其他人賺到錢，他們大概只有在又老又病、再也無法為別人賺錢時，才會被要求為自己的行為擔起責任。

沒有邊界的職場

我們已經在前文看到當涉及性騷擾和性侵害時，有明確定義的職場——也就是可以很清楚的知道誰是成員、而誰不是的職場——會很有幫助。這類職場（包括大學、大多數企業環境、律師事務所等）可以制定明確的規範，在事前教育和阻止不好的行為，也為事後處罰訂下公平的標準。性騷擾法的一個主要概念——「不友善的工作環境」——便是針對這類職場，而另一個重要的概念——「交換條件」——也最容易適用在這裡，因為大家都很清楚晉升和解僱的規則，誰該得到什麼待遇，也至少有某程度是出於共同的理解。當然人員會有更替：例如每年都會有新生進入大學，也會有舊生畢業。不過在某個特定的時間點，誰是學生而誰不是則很清楚，因此我們也很清楚誰要受到校規的規範，而誰不必。（或說這也清楚顯明了：一級聯賽大學體育的幾個嚴重缺陷之一，正是在這個問題上有難以彌補的混亂，我們將在下一章討論。）這類機構中的其他角色也都是如此。

表演藝術界則完全不是這麼一回事——只有一些例外。明顯的例外是交響樂團的音樂家，他們通常會長期待在同一個職場，甚至最後還有可能變成終身職，而且他們的僱用是遵照工會契約中明文列出來的清楚規則。歌劇合唱團裡的演唱家也是類似的例外。就算交響樂團和合唱團有額外兼職的團員，通常也會在契約裡清楚列出他們的僱用期間。長期受僱於單一舞蹈團的舞者也是例外。但是劇場、電影、電視演出、舞蹈和單人音樂（聲樂和樂器獨奏家、小型合奏）中，大部分僱用的人都是暫時的，即使該名表演者是工會成員，工會也只能夠提供有限的保護。表演者都是單次僱用，期限有長有短，但是大概都不會太長期。就連長期在熱播的電視節目中演出的明星，也通常是每年重新洽談契約。例如上演十年的百老匯熱門秀舞者，就通常不是在整個演出期間都受到僱用，因為他們的技巧可能會退化。交響樂團和合唱團有時候也要重新試鏡——但是這個程序會在契約中列明，而且上映中的劇場或電視極少會這麼做。其實也很少有演出會很長期地上演。

無論是名氣多麼響亮的演員，都一定要試鏡，因此她們有充分的理由感到不安全。正如同超級名模海蒂．克隆（Heidi Klum）在《決戰時裝伸展台》（*Project Runway*）裡常說的一句話：

「今天妳被選中，明天妳就被踢出來了。」沒有什麼世界馳名的明星，就連聲望也不會永遠穩固（而且人總要害怕變老——這是一種會招來恥辱的特性）。不論是劇場、電視或電影界的演員都必須仰賴人脈，而且通常都是由經紀人幫她們媒合、確保下一次試鏡。試鏡沒有什麼規則，大家都知道那根本無從預料。（讓我們再次和交響樂團作對比，交響樂團的試鏡規則會明文列在工會契約中，而且為了隱藏試鏡者的性別和種族，試鏡者〔至少在最後一輪之前〕必須在簾子後面演奏——最後一輪必須和整個樂團合奏——這革新了美國交響樂團的選拔制度〔尤其是和今天的歐洲交響樂團對比，歐洲並沒有採用這個作法〕。）獨奏的音樂家和演唱家（不論是在夜總會或歌劇院）基本上也是這樣。基本上，妳就是要一直試著推銷自己、把自己賣給某個人，而妳的好運只能夠維持一段時間。歐洲的國家劇團有時候會提供終身僱用，但即使是在有「正規演員」的美國劇團，演員還是無法確保可以年復一年的受到僱用。簡而言之，即使妳有了一個工作，妳還是一定要同時留意其他兩、三個工作。雖然目前這個工作沒有人會施暴，妳還是要擔心掌握妳下一個工作機會的人會不會犯事。

簡而言之，前述的每一種藝術在大多數情況下，都是以整個藝術圈為一個很大、沒有邊界的職場。這表示某些財大勢大的人多多少少可以影響其他人的機會。就算妳現在不是受僱於哈維．溫斯坦，或是想要到他的製片公司謀職，但是說真的，妳也一定在尋找受僱機會，而且不知道什麼時候就會需要這種有錢有權、影響力無處不在的人拉妳一把。就算妳受僱的每一個交響樂團都不是由詹姆斯．李汶擔任指揮家，但是他這麼偉大的人物勢必會影響到別人如何看待音樂家的才能（即使那個人不直接受僱於他），尤其是因為他會固定在一些培訓計畫中指導年輕的音樂家，並規劃他們往上提昇的道路。雖然妳現在不會與普拉西多．多明哥同台表演，但是妳明年還是有可能與他一起演出；即使妳現在和洛杉磯歌劇院（Los Angeles Opera）沒有任何關聯（多明哥直到二〇一九年都在那裡擔任總監），但是妳大概也不會想要放棄未來可能被那裡僱用的機會。在大學裡很具影響力的人物也可以阻斷某個人進入這間大學的道路，或是妨礙別人進入他可以發揮影響力的其他地方。但是學術界的明星不會對所有僱用有廣泛的影響力，僱用通常要由整個系投票決定，而且要獲得一個穩固的職位並最終取得終身職（不再受制於該人），絕對是可能的事。但是在表演藝術界，妳卻總是在試鏡、總是要受制於別人。

大明星可以用這種方式確保自己不會遭人舉報。他們不需要像法官助理那樣的保密要求。表演者需要的是隔絕於外的封閉性。

藝術世界還有兩個保護明星的機制。其一是他們純粹的明星威力所帶來的票房價值。就算是他們或許一時之間會被其他人所替代，但是只要他們已經晉升明星之列，就是不可取代的——要一直到他們老了、身體不好、或是病了。參與製作的人會害怕與第一線明星疏遠距離，因為她們意識到自己的生計需要靠這些明星。藝術領域（相較於其他）比較沒有那麼依賴售票收入，但是要仰仗金主，而贊助團體願意慷慨解囊的關鍵，通常就是大明星。例如大型歌劇團每年從贊助商那裡獲得的收入，就遠高於票房收入。[3]古典音樂和歌劇（百老匯劇院很可能也差不多）的贊助團體大概都是相對年老的白人、在藝術和社會上較為保守，所受的音樂教育則參差不齊，（罕見的）教育程度較高的贊助者會依照他們自己的技能對指揮家或表演者的藝術成就進行評價，然而比較典型的贊助者都還是看藝術家的知名度及聲望。

簡而言之，許多事情的出發點都還是要保護名人（只要他們一旦出名了），而最大的問題是就業本身完全不可靠。如果明星騷擾的是各類臨時僱員、或僅僅是可能受僱的人，傳統的性騷擾法幾乎根本不可能派上用場。表演者這個職業意謂著永遠的脆弱性——不論在財務上或是身體上。

藝術及其差異

不同藝術會造成不同類型和不同程度的脆弱性。其中一個變數是天賦的作用，天賦對古典音樂的作用強大，在表演領域就稍遜一籌。如果你抽中老天爺的樂透、成為具音樂天賦的天選之人，大概很難——至少你的勁敵很難——阻止你的天賦發光發熱，雖然受到騷擾還是很有可能讓一個天選之人背負痛苦的人生。另一個重大的因素是專業培訓。如果沒有許多年極艱苦的學習和自律的練習，根本不可能從事古典音樂或芭蕾舞、或是大部分的現代舞種類。這類訓練通常是從小開始，不過古典歌手通常開始得比較晚，因為聲音的成熟（尤其是男性）需要時間。有些一流的歌劇演員直到大學才開始專門培訓[4]——不過他們通常都已經用其他方式踏入音樂生涯了（像是彈鋼琴、在教會合唱團唱歌等）。還有許多其他的古典歌手早已是演唱家，但是從來沒有接觸過歌劇——直到某一位老師指點了他們這條路。大部分古典和爵士樂器演奏家也一樣早早就開始訓練了，這些領域幾乎沒有很晚才被發掘的人。

因為供過於求，所以只有天賦和培訓就顯得不夠了。不過這兩項還是縮小了可能被僱用的對象，大概也不可能純粹因偏愛就放進一個不適格的人。如果有人不喜歡自由工作者難以擺脫的不安全感，也可以選擇比較安穩的作法：只要有足夠的才華，（靠著不透露身分的試奏）也可以在

3 以芝加哥抒情歌劇院（Lyric Opera of Chicago）為例，它在二〇一八到一九年間的贊助收入達百分之四十三，門票收入則只佔百分之三十一。大都會歌劇院的帳目分析也與此類似。

4 一個著名的例子是男低音薩繆爾・雷米（Samuel Ramey），他一直要到堪薩斯州立大學（Kansas State University）才有一名老師發現他的才華，讓他接受成為音樂老師的培訓。（出自雷米在大約十二年前對美國華格納協會〔Wagner Society of America〕的演講。）男高音勞倫斯・布朗利（Lawrence Brownlee）是被他在揚斯敦（Youngstown）教會的一名合唱團指揮發掘的，那名指揮家告訴布朗利：他就是生來唱歌劇的，甚至還為他指定了角色類型（華麗的美聲男高音），他現在也的確唱得不輸給世界上任何人。（出自勞倫斯・布朗利於二〇一七年春天在作者於芝加哥大學開設的歌劇課程中的訪談錄。）

交響樂團謀得一席，或是對演唱家來說，可以在歌劇團的合唱團中謀得職位。[5]另一個選項是擔任教會或猶太教堂的樂師（這是一份穩定的工作），另外兼差賺些外快。還有許多音樂家也會當音樂老師，或是保有其他類型的正職，再以彈奏或唱歌作為兼職。

如果連古典音樂都有供過於求的問題，那麼劇場、電影和電視演員自然一定有相當高比例的申請者能夠符合資格。表演當然也有對聲音、肢體和想像力的要求，但是它們很浮動，而且對特定角色的要求可以有很多種理解。如果你想甄選進交響樂團，最好能演奏得出擺在你面前的樂譜。劇場和電視裡的角色則通常比較開放，有很大範圍的聲音和身體詮釋都可以被接受。此外，在電影和電視中，科技可以大大彌補表演者的不足（讓他們看起來更高、更生動等，而且重要角色也不必記得住所有台詞）。訓練也不是一個必然的要求。有些演員可以靠表演、聲音和動作訓練學到很多，但是有些演員不需要有這些訓練，反而可以做得更好。我們應該完全可以說每一個舉辦試鏡的角色，都有超過一千個人可以把那個角色演好。而公開試鏡（一般稱為「海選」〔cattle calls〕[6]）的確可能有多達一千個人報名。運氣佔了一部分，自我行銷和人脈佔了一部分，技術當然也佔一部分。但是和古典音樂比起來，技術因素佔的份量就小得多了。

流行音樂讓我覺得有點神祕，但是我認為它比較接近表演，而不是古典音樂。有些明星有天生的好聲音或音樂天賦，也經過長時間的練習和訓練，才發展出她的技巧。女神卡卡（Lady Gaga）的天賦和訓練就和大部分古典樂天才一樣引人注意，而有些樂器天才（像是基思．理查茲

〔Keith Richards〕和艾力克·克萊普頓〔Eric Clapton〕）也稱得上是如此。不過基本上，流行樂界的表演者通常還是演員和很會自我推銷的人，他／她們是用技術來包裝自己。汲汲營營的人很多，成功的人極少，其中的大部分差異則是運氣和人脈造成的。

因為每個角色都有一大堆合格的申請者，所以到底要選這個人還是那個人，僱主（不論是導演或製片者）都有極大的權力。表演界不會像交響樂團那樣隱藏身分識別後才進行甄試——表演圈怎麼做得到那樣呢？如果與當權者有些關係，就很可能會造就或毀掉一段職涯。這當真為腐敗創造出極大的空間。一名有權的僱主——例如哈維·溫斯坦——是真的可以打造或毀掉幾百人的人生。再加上職場的互通性，你會發現一個腐敗的掌權者就足以擾亂數千人的生活，因為每一個現在沒有被他僱用的人，或多或少都是他未來或潛在的僱員。

腐敗通常有互惠性：對於就業的不安全感，至少會讓一些人自願為哈維·溫斯坦所用。申請者可能會覺得這是我從一群人中脫穎而出的唯一辦法，這是在為我自己取得優勢。這一事實助長了溫斯坦繼續從事虐待行為的傾向：掌權者可能誤以為對方接受那些行為，是「自己想要的」。

5　歌劇院合唱團的頂尖職位可以有很好的薪水：大都會歌劇院的全職合唱團員平均每年可以賺得二十萬美金，另加十萬美元的福利。薪水和福利與大都會歌劇院交響樂團的中等團員差不多；大部分的主要交響樂團都與這差不多，不過薪水和退休計畫一直是近期交涉中的癥結點。

6　譯者注：直接的字面意思是「召喚牛群」。

這一定也會讓許多其他人同樣這麼想，並且不願意認真看待女性對虐待的指控。如果像溫斯坦這樣的人物威脅說要報復，軟弱而且有不安全感的人通常也會屈服於他的要求（即使她們並不願意）。在爭取角色的過程中，也許妳本來對陪睡這件事劃定了界線，但是如果面臨被放進黑名單的威脅，或許妳還是會心不甘情不願的答應陪睡。雖然這類情節符合梅里特儲蓄銀行訴文森案中的典型性騷擾模式，[7]但是卻不一定會被視為違法的性騷擾。

表演工作的短期特性放大了這些問題，因為就算妳現在快樂的得到了一個工作，也知道明天可能就沒有工作了。所以像溫斯坦這類人還是能夠對妳握有很大的權力。

通常可以用權勢進行剝削的是導演、製作人或指揮家，或者像溫斯坦是製片公司老闆。不過，也有些時候是另一名演員。大部分演員在整個職涯中，都對未來的就業充滿不安全感。但是（我也在前文提過）還是有一些人能夠獲得真正的權力和安全感——他們可能是公認的明星，他們的演出可以幫一部電影取得成功，或是在一部成功的電視影集中長期演出具有全國能見度的角色。比爾．寇司比的權力就是這樣來的，而且他的權力不只及於渴望從事這個行業的演員，還有那些在媒體圈以及其他相關業界工作的人。（主要指控他的人——安德莉亞．康斯坦德〔Andrea Constand〕——是透過與天普大學〔Temple University〕的共通人脈才認識他的。）除了因為他的權力及於缺乏安全感的女性，所以能夠保護他之外，也是因為他對投資者和贊助商都有影響力（這兩者都要借助他的名氣賺錢）。這類權力有時候可以結合在一起：詹姆斯．李汶和普拉西多・多明哥當然對潛在或現在的僱員握有權力，但也是因為他們的天賦可以為其他人賺錢，才能夠支持他們保有這種權力，並保障他們免於受人告發。

雖然我把焦點放在表演藝術，不過，我們應該注意到繪畫和純藝術（fine art）才是可能最令人感到不安全的，因為天賦對好賣價的影響占比很高，而有抱負的藝術家如果想取得決定一切的「優勢地位」，幾乎都要靠有錢收藏家的一時興起，以及宣傳和自我推銷的力量。不過，這個領域的女性對性騷擾的投訴倒是不常見（她們比較常抱怨的是受到排擠和公然歧視）。歌劇、芭蕾舞和劇場都保證會有女性的角色，交響樂團在甄選時也會刻意隱藏性別。而純藝術裡就沒有這類事情了。雖然現在有越來越多博物館會推出女性藝術家的作品特展，但是女性藝術家則認為這是一種廉價的惺惺作態：相較之下，才顯出真正缺乏的是以女性藝術家的作品作為博物館的永久館藏。

腐敗的人物群像

我現在只集中在表演藝術界的其中一個領域——古典音樂——和其中的四個案例，這些案例為我們展示了虐待有不同的軌跡和其中可能的可問責性：指揮家詹姆斯・李汶和夏爾・杜特華

7　*Meritor Savings Bank v. Vinson*, 477 U.S. 57 (1986).

（Charles Dutoit）、歌唱家／指揮家兼藝術監督普拉西多．多明哥，與歌唱家／聲樂老師大衛．丹尼爾斯（David Daniels）。

這幾位都是不同凡響的古典音樂家。也都有可信的指控說他們持續有性騷擾或性侵害的行為。他們都部分或完全因此而受辱。他們在過去的許多年中也都有傳出（基本上無人理會的）性剝削名聲。所有人都是在職涯的尾聲才被拉下神壇，那時候他們已經不再讓聽眾感到魅惑、或是能夠為其他人產生收益，或者說（總而言之）就是被認為走到職業生涯盡頭了。而且我們要記得：出於天賦扮演了一定的角色，所以古典音樂界很可能已經比劇場和電影界少了許多腐敗。

大衛．丹尼爾斯

丹尼爾斯出生於一九六六年，他多年來都是美國歌劇界的重要假聲男高音，在歐洲也頗負盛名。假聲男高音有時候被稱為「男聲最高音」，是指男性能夠唱到相當於次女高音的音域。[8] 一九八〇年代之後，巴洛克音樂在美國的歌劇院越來越受到歡迎——這有很大一部分要歸功於英國演唱家阿爾弗雷德．德勒（Alfred Deller，一九一二年—一九七九年）的高人氣，他是近年來第一個大受讚揚的假聲男高音，而他極力提倡巴洛克音樂——因此，就需要更多演唱家來演唱原本由韓德爾（Handel）或是其他作曲家為「閹伶」（*castrati*）所寫的角色——「閹伶」是指接受閹割手術的男歌手，曾經有一度十分流行，他們的聲音結合了女歌手的高音和柔韌性，再加上通常是男聲才可能有的爆發力。[9] 一旦那種聲音被大家接受而且喜愛，就會有現役的作曲家開始為它創作角色了。[10]

好的假聲男高音極為難得。同時具有敏銳的藝術性和表演才能的假聲男高音更是超級難得，可能一代人裡只有兩、三名。這種稀少性構成了丹尼爾斯那不光彩職涯的背景。

丹尼爾斯最初是接受男高音的訓練，但是沒有取得太大的成功。他在密西根大學（University of Michigan）的音樂學院讀研究所時，才重新改學假聲男高音，也讓他的職涯就此起飛。許多年來，他在全世界一直炙手可熱，他的聲音靈活又具有表現力，戲劇表演又足夠擄獲人心（例如他在韓德爾的《朱利奧・凱撒》〔*Giulio Cesare*〕中扮演的同名角色），因此絕非浪得虛

8　假聲男高音會在多大程度上使用假聲，哪些會用、哪些則不用，存在著許多爭議。不過這不是本書要關心的議題。

9　「閹伶」都很高大而且粗壯，這是接受閹割帶來的結果。不過德勒讓我們看到有「正常」性發育的男性也可以唱出這類角色——而且他不遺餘力的強調他是已婚男性，還有三個孩子，藉此標示他是異性戀，好去除審慎的歌劇院常客和年輕演唱家對假聲男高音的污名化。另一名假聲男高音唱法的重要推手和老師是美國的羅素・奧伯林（Russell Oberlin，一九二八年—二〇一六年），他錄製的巴哈（Bach）和韓德爾作品向我這一代的年輕人介紹了這種獨特的聲音（而且他沒有使用假聲，這是眾人都同意的）。

10　班傑明・布瑞頓（Benjamin Britten）的《仲夏夜之夢》（*Midsummer Night's Dream*）的奧布朗（Oberon）一角、托馬斯・阿德斯（Thomas Adès）的《暴風雨》（*Tempest*）中的亭居洛（Trinculo）一角、和菲利普・葛拉斯（Philip Glass）在《阿肯那頓》（*Aknaten*）中的同名角色，都是為假聲男高音寫的角色。

名。[11]作曲家西奧多・莫里森（Theodore Morrison）在二〇一三年為丹尼爾斯寫了一齣歌劇《奧斯卡》（*Oscar*）——那是在描述奧斯卡・王爾德（Oscar Wilde）的晚年生活——堪稱是近年來最受萬眾期待的新作品之一，並且在聖達菲歌劇院（Santa Fe Opera）舉行了世界首演。[12]

丹尼爾斯是出櫃的同性戀，而且在對同性戀友善的歌劇界，他已經是某種具代表性的同性戀人物；他在二〇一四年與指揮家斯科特・沃爾特斯（Scott Walters，生於一九八一年）結婚，他們的結婚儀式是由露絲・貝德・金斯伯格大法官主持的。

到了二〇一五年，丹尼爾斯的表演已經可見明顯的粗糙感，靈活度也偶有下降。那時候已有其他假聲男高音取代他的位置。大都會歌劇院在二〇一九年到二〇年演出菲利普・葛拉斯（Philip Glass）的《阿肯那頓》（*Aknaten*），同名角色是由安東尼・羅斯・科斯坦佐（Anthony Roth Costanza，生於一九八二年）演唱的。或許是因為他的聲音退步，丹尼爾斯在二〇一五年接受了回母校密西根大學的音樂、戲劇與舞蹈學院（School of Music, Theatre & Dance）擔任教職的邀約。他在二〇一八年秋天被授予終身職，年薪為將近二十萬美元。雖然由於密西根大學對丹尼爾斯的投訴和相關調查都採取保密措施，因此我們很難確定後續的事件，不過授予終身職似乎是發生在第一波投訴之後。

前密西根大學研究生安德魯・利比安（Andrew Lipian）在二〇一八年對密西根大學提出訴訟，指控丹尼爾斯在二〇一六年到二〇一八年期間對他有騷擾和侵犯之情事，不論是在私人的聲樂課上，或是在其他場合——包括丹尼爾斯會把他手淫的影片傳給利比安看，還有一次把安眠藥唑吡坦（Ambien）塞給他，但謊稱那是鎮痛藥泰諾（Tylenol），利比安宣稱他後來被脫掉衣服並遭到性侵。利比安說密西根大學也知道騷擾的事，但是沒有做任何處置。這個訴訟有一個奇怪之處，在於密西根大學曾經有一度試圖取得利比安是同性戀的證據，以反駁利比安說他會對性方面的接觸感到不愉快。雖然利比安自己在書狀中指出他是異性戀，而且已婚，但是這與這件事讓他心生不快的主張當然沒有任何關係；如同利比安的律師所指出的，密西根大學顯然有一種刻板印象，認為男同性戀在性方面完全不挑，這是不可饒恕的。[13]利比安也似乎能夠證明該機構先前就知道這些事情。他在法律書狀中說早在丹尼爾斯加入密西根大學之前，就「已經因為性方面的侵犯舉動而聲名遠播，他會一直談論性，並且作出性暗示」，也有一名教授作證說：當他系上的教

---

11 丹尼爾斯也演過布瑞頓的奧布朗和阿德斯的亭居洛。

12 這齣歌劇是根據奧斯卡．王爾德的審判和死亡所寫的，而不是他的機智和成就，一般都將這齣劇評價為失敗之作，它那假道學的台詞和無甚可取的音樂廣受批評。就我所知，它莫名的選擇以假聲男高音扮演王爾德這件事，倒是沒有遭到批評，但是所有關於王爾德的描述，都說他擁有一副洪亮、深沉的嗓音，就連科羅拉多的萊德維爾（Leadville）的礦工都為之著迷！這齣歌劇標榜要打破對男同性戀的刻板印象，但是它的聲音編寫顯然證實了這一種愚蠢的刻板印象。

13 David Jesse, "U-M Trying to Out Former Graduate Student as Gay, Court Filing Claims," *Detroit Free Press*, July 31, 2019.

員得知丹尼爾斯將被僱用時，他們就討論過未來可能發生的問題，他們的結論是「要有個人去告訴他：離……學生們遠一點」。[14]在利比安於二〇一八年提出訴訟不久之後，舊金山歌劇院（San Francisco Opera）就把丹尼爾斯從新製作的韓德爾《奧蘭多》（*Orlando*）中除名了。

同時，密西根大學內部也對丹尼爾斯的行為展開調查，並訪談了五十個人，至少揭露二十起對丹尼爾斯不端行為的一手指控。他的行為從性暗示的對話，到透過約炮電話應用程式「Grindr」向兩名學生提議進行性行為（這在密西根是重罪）。據說丹尼爾斯還提議在安娜堡畢業生飯店（Graduate Ann Arbor hotel）付費觀賞一名密西根大學學生和一名男性校友做愛。（該名學生在最後一刻決定退出。）[15]雖然完整的調查結果看起來絕對不會公諸於世，不過如果我們翻開二〇一九年十二月末密西根大學的音樂、戲劇與舞蹈學院的教職員名錄，就會發現上面完全沒有丹尼爾斯的名字了。[16]

後來還發生了更糟糕的事。在二〇一九年一月，丹尼爾斯和他的丈夫因為二〇一〇年的一起事件，在德克薩斯州（Texas）遭指控犯了性侵重罪，有一名叫作塞繆爾・舒爾茨（Samuel Schultz）的年輕男中音歌手——他在案發當時是萊斯大學（Rice University）的學生——聲稱丹尼爾斯和沃爾特斯在休士頓大歌劇院（Houston Grand Opera）的一場閉幕派對之後，對他下藥，並強暴了他。（舒爾茨其實是在利比安之前站出來的，但是得到大陪審團的起訴花了不少時間。）舒爾茨知道站出來可能會賠上自己的大好前程，他得冒著失去眾多就業機會的風險，他也說是因為害怕被報復，才阻止他及早說出來。[17]他說那兩個人邀請他在派對結束後繼續去他們的公寓續攤，當時他樂壞了；他們給了他一杯飲料，他喝下去之後就失去了意識，直到隔天下午才醒過來，醒來時，他身邊已經沒有其他人了，身上還一絲不掛，他「充滿了驚嚇、滿心困惑、還流著血」，完全不記得發生了什麼事。丹尼爾斯和沃爾特斯回來之後，丹尼爾斯告訴舒爾茨不必擔心他們「沒戴保險套的事，我確定是陰性的」。舒爾茨立刻把這件事告訴兩個人，他們也證實了他的說法。舒爾茨也馬上打電話給診所，但是無法預約到兩週內，所以沒有留下法醫學上的證據。

---

14 Gus Burns, “Report Reveals New Misconduct Claims against University of Michigan Professor David Daniels,” *MLive*, August 14, 2019, https://www.mlive.com/news/2019/08/report-reveals-new-misconduct-claims-against-university-of-michigan-professor-david-daniels.html.

15 Burns, “Report Reveals New Misconduct Claims”; Anastasia Tsioulcas, “Memos Lay Out Sexual Misconduct Allegations against Opera Star David Daniels,” NPR, August 8, 2019, https://www.npr.org/2019/08/08/749368222/memos-lay-out-sexual-misconduct-allegations-against-opera-star-david-daniels.

16 Isobel Grant, “Findings of David Daniels Investigation May Be Kept from the Public,” *Michigan Daily*, September 19, 2019, https://www.michigandaily.com/section/news-briefs/findings-david-daniels-investigation-may-be-kept-public.

17 舒爾茨的故事可參見Norman Lebrecht, “A Baritone Writes: I Was Raped,” *Slipped Disc*, July 15, 2018, https://slippedisc.com/2018/07/a-baritone-writes-i-was-raped；與D. L. Groover, “#MeToo at the Opera, the Samuel Schultz Story,” *Houston Press*, August 27, 2018, https://www.houstonpress.com/arts/samuel-schultz-says-he-was-drugged-and-raped-after-an-hgo-performance-10798013。

丹尼爾斯和沃爾特斯否認這項指控，他們聲稱雙方的性交是出於合意。而同時，舒爾茨卻說這個創傷和害怕再次看到那兩個人，幾乎斷送了他的歌唱生涯。「但是我不能夠卻步不前。如果我不再唱歌，他們就掌握了所有權力。他們強姦了我。我不能再讓他們奪走我的聲音。」[18]

丹尼爾斯在二〇二〇年三月二十日遭到密西根大學解職，那是該大學董事會六十多年來，第一次投票將一名有終身職的教員解僱——這是根據董事會主席羅恩・維瑟（Ron Weiser）的說法，他說丹尼爾斯沒有領到離職金。董事會沒有解釋詳情，只說這是為了「我們學生的安全和福祉……免受特定人士之害」，那位特定人士是指丹尼爾斯。[19]

很難想像丹尼爾斯和沃爾特斯會在這件刑事指控中被判有罪，因為時間已經過了很久，而且案件各執一詞（he-said/they-said）。不過，即使沒有刑事有罪判決，在密西根挖出的大量訊息似乎已足以確認丹尼爾斯的確是性騷擾慣犯，如果沒有先經過廣泛的調查，當初其實不應該任用他（或許從頭到尾都不應該任用他），而且他的解職是一件好事。遺憾的是大學有保密政策，大概會讓我們無從得知我們想知道的事。

其實多年來，丹尼爾斯一直有性方面的侵略性名聲在外，不過這始終沒有讓他惹上過什麼麻煩——直到他進了一間有明確規範和投訴程序的大學。他的明星光環、他無人可比的才華、再加上除了他之外就很少有具天賦的假聲男高音，顯然都使人們閉上了眼睛，他一開始是用魅力吸引了年輕受害者，接下來則是因為害怕報復，使得受害者不願意站出來。他的案件（和我舉的其他三個例子一樣）都顯示對明星光環的崇拜帶來有害的結果，但是也顯示可以由機構宣告新的行為守則——就像是舊金山歌劇院在這個案子裡所做的，它詳細描述了性騷擾的政策。[20]不過，要不是因為丹尼爾斯已經過了演唱的全盛時期，他們敢採取這樣勇敢的立場嗎？

夏爾．杜特華

杜特華出生於一九三六年，他是一名瑞士指揮家，在世界各地都享有許多讚譽。他曾經擔任蒙特婁交響樂團（Orchestre Symphonique de Montreal）、倫敦皇家愛樂樂團（Royal Philharmonic）和法國國家管弦樂團（Orchestre National de France）的音樂指揮，並且在日本、美國、俄國等多國的管弦樂團擔任過頗負盛名的職位。他的得獎紀錄不勝枚舉。他有此特殊成就，最重要的原因是他對法國管弦樂曲的理解細膩，許多指揮家受的訓練是以德國樂曲為主，因此他們不常設想、

18 Groover, "#MeToo at the Opera."

19 Michael Levenson, "Opera Star, Charged with Sexual Assault, Is Fired by University of Michigan," *New York Times*, March 26, 2020, https://www.nytimes.com/2020/03/26/us/david-daniels-michigan-opera-singer-fired.html.

20 Joshua Kosman, "SF Opera Removes David Daniels from Production amid Sexual Assault Allegations," *San Francisco Chronicle*, November 8, 2018, https://datebook.sfchronicle.com/music/sf-opera-removes-david-daniels-from-production-amid-sexual-assault-allegations.

也不會用最精緻的方式詮釋法國樂曲。很多人都覺得聆聽杜特華指揮某些作曲家（像是拉威爾〔Ravel〕和德布西〔Debussy〕）的樂曲如同天啟，他也因此而常被邀請去擔任客座指揮家。

許多年來，杜特華會騷擾女性音樂家和其他管弦樂團僱員的名聲一直流傳在外——對他的投訴至少可以回溯到一九八五年。那又是一個很類似的故事：人們會警告女性不要和他單獨相處（我會在下一節討論），但是沒有人想到應該懲罰他的所作所為，或是一開始就不要聘僱他。

閘門是在二〇一七年被打開的——就和亞歷克斯·科金斯基一樣——當時有一群人站出來提出指控。先是四個，接下來又多了六個，然後又有更多。[21]大部分女性都說她們被強制撫摸。歌唱家保拉·拉斯穆森（Paula Rasmussen）說他於一九九一年在洛杉磯歌劇院「強拉我的手，往下伸進他的褲子，並把他的舌頭伸進我的喉嚨」。享譽國際的女高音西爾維亞·麥克奈爾（Sylvia McNair）說她在一九八五年剛出道時，有一次在明尼蘇達州（Minnesota）的排練結束之後，杜特華「強行把他的膝蓋從我的雙腿之間往上擠，並把他的整個人強壓到我身上」，而在旅館電梯裡時，他想要對她「為所欲為」。[22]其他故事也都是令人沮喪的類似——只有一個匿名的指控說杜特華強暴她。[23]

沒有人提出刑事控告——大部分案件都發生在太久以前，而指控的人當時並沒有準備好向當局求助。杜特華否認了所有指控。不過，波士頓交響樂團（Boston Symphony Orchestra）和費城管弦樂團（Philadelphia Orchestra）進行了內部調查，覺得指控是可信的。[24]杜特華與幾個管弦樂團（包括費城管弦樂團）的僱用關係立即終止，他也退出和芝加哥交響樂團（Chicago Symphony）、紐約愛樂（New York Philharmonic）及克利夫蘭管弦樂團（Cleveland Orchestra）的契約關係。再一次的，是他的年齡讓管弦樂團作的這些決定不須付出什麼金錢代價，也完全稱不上勇敢。

想像這樣的世界其實很令人沮喪——在二十年前左右，年輕的音樂家就是得在這樣的世界中尋求成功，而且其實直到二〇一七年都還是如此。有些人會直接投訴；其他人則是找方法讓

---

21 Jocelyn Gecker, "Famed Conductor Charles Dutoit Accused of Sexual Misconduct," *AP News*, December 21, 2017, https://apnews.com/278275ccc09442d98a794487a78a67d4/AP-Exclusive:-Famed-conductor-accused-of-sexual-misconduct；與 Jocelyn Gecker and Janie Har, "Famed Conductor Dutoit Faces New Sex Claims, Including Alleged Rape," *Boston Globe*, January 11, 2018, https://www.bostonglobe.com/arts/2018/01/11/famed-conductor-faces-new-sex-claims-including-rape/I6e3hq3rDlqaCBdYXGCoAO/story.html。

22 Jocelyn Gecker, "Famed Conductor Accused of Sexual Misconduct," *AP News*, December 22, 2017, https://apnews.com/278275ccc09442d98a794487a78a67d4/AP-Exclusive:-Famed-conductor-accused-of-sexual-misconduct.

23 Jocelyn Gecker and Janie Har, "Philly Orchestra Latest to Break Ties with Dutoit amid Scandal," *Philadelphia Tribune*, December 23, 2017, https://www.phillytrib.com/entertainment/music/philly-orchestra-latest-to-break-ties-with-dutoit-amid-scandal/article_887237a8-635f-5994-82c4-477cd273bb98.html.

24 Gecker and Har, "Philly Orchestra Latest to Break Ties"；與 "BSO: Sexual Misconduct Claims against Dutoit Credible," WAMC，於二〇二〇年一月瀏覽，https://www.wamc.org/post/bso-sexual-misconduct-claims-against-dutoit-credible。

事情非正式曝光。但是從一九八五年到二〇一七年——當時杜特華已經八十三歲，差不多就要退休了——緘默法則與恐懼還是保護了他。這不能歸因於（至少不是主因）成長於不同時代所以會開的下流玩笑。他不會不知道這個行為被認為是犯罪。但是他也知道——和科金斯基及丹尼爾斯一樣——他的魅力與才華會讓還未茁壯的年輕藝術家無法把事情講出來，也可以確保管理層就算能夠、也不會採取任何舉動。西爾維亞．麥克奈爾如果早點站出來，很可能就會毀了她的璀璨職涯，也不會替其他女性起到任何作用。

我把杜特華的例子放進來，有部分是因為他雖然傑出，但是不像李汶和多明哥那樣名聞全世界（因此或許有人會認為要像那兩人那樣，才對藝術家的職涯掌有特殊權力）。杜特華的故事告訴我們不是只有世界知名才能握有指揮家的權力，他們也不是特例。還是極可能有其他掌握權力的施暴者，只要他們在顛峰時，還是足以虐待年輕的藝術家。

詹姆斯．李汶

詹姆斯．李汶生於一九四三年，他擔任紐約大都會歌劇院的管弦樂團指揮超過四十年（一九七六年—二〇一七年）。也在芝加哥附近舉辦的拉維尼亞音樂節（Ravinia Festival）擔任過指揮，並出任波士頓交響樂團的音樂總監（二〇〇一年—二〇一一年）。大都會的林德曼青年藝術家發展計畫（Lindemann Young Artist Development Program）是由他創辦的。夏天時他經常會到密西根的梅多．布魯克音樂學院（Meadow Brook School of Music）任教，也會在拉維尼亞音樂節指導年輕的音樂家。李汶在一九九四年之後深受帕金森氏症病痛所苦（雖然他否認了許多年），變得愈來愈行動不便，休假的時間也拉長了。在他跌落神壇之前，他已經需要一個電動輪椅和特別的指揮台，而且那時候他的節拍已經很難跟得上了。

李汶是我們這個時代最偉大的音樂家之一。身為指揮家，他透過領導才能、領袖魅力和能夠激發大家團隊合作的獨特力量，將大都會的管弦樂團打造成世界上頂尖的管弦樂團之一。他的詮釋不只是顯示他充分掌握了技巧，還有深刻的情感洞察。這是一個殘酷的矛盾，這個專門瞄準年輕人的人，他以完全管理的名義奪去了年輕人日後的愛和喜悅，但他卻是我們這個時代對莫札特（Mozart）和華格納（Wagner）的絕佳詮釋者之一——莫札特認為人類的愛和自由每次都能夠勝過宗教和權威，而華格納的《尼伯龍根的指環》（*Ring*）則指出只有人類的愛，才能夠讓世界從貪婪的殘酷中得到救贖。當你看著李汶的指揮時，[25]他看起來就像是一個很有莫札特風格的人：充滿樂趣的鬧著玩、天真無邪，在他的音樂家身上和他們共同創出的音樂中，都流露出喜悅。哎呀，他真的太不一樣了；或者應該說他既是別人看到的那個樣子，但也是另外一個非常不同的人。

25 我最後一次看到他是在二〇一六年夏天，此時最好使用過去式。

李汶會剝削年輕人的傳聞，從一九七〇年代晚期就開始流傳。我是在一九八〇年左右，從一名大都會管弦樂團的團員口裡第一次得知。從二〇一七年開始有一連串事件被揭露之後，我們終於得知了真相：李汶用數十年的時間創建了對他的崇拜，容許性虐待是其中一個關鍵的條款。馬爾科姆・蓋伊（Malcolm Gay）和凱・拉扎爾（Kay Lazar）在二〇一八年於《波士頓環球報》發表了一篇文章——〈名指揮家的奴役下〉（In the Maestro's Thrall）——提供了長篇且詳細的描述，[26]兩人訪談了許多原本是李汶的狂熱樂迷，他們坦誠而且有紀錄在案的說法，為這篇文章的內容提供了支持，釐清了這種崇拜堪稱是一種藝術宗教，李汶則是最高階的祭司。（作者並沒有明確的把這件事對比到天主教會的戀童癖罪行——當時在揭發這件事的過程中，《波士頓環球報》也扮演了英雄般的角色——但是讀者難免會聯想到兩者的對比。）李汶會在夏季節目中召集一群他的信徒，這群人對他的天才都有絕對的忠誠和信服，而且還完全獻身於音樂價值。我在本章的開頭提的問題——年輕人是會選擇救李汶還是救他自己的母親——就是為了測試對方的忠誠。而為了測試對方是否獻身於音樂，李汶會問年輕的音樂家是要救貝多芬最後留下的第九號手稿，還是一個嬰兒。[27]正確答案只有一個。

學生是因受到鼓動被吸引而來，接下來他們的防衛會被無情的批評和羞辱給擊垮。性幾乎立即成為一個明顯的主題。李汶會在私人課程中詢問學生的手淫習慣。有些人說他們當下就被嚇跑了，對於繼續留在小團體的人，李汶會進一步要求大家互相手淫和口交，有時候是要學生和他自己來，也有時候是團體練習（每個人都蒙上眼，兩人兩人為一組）。李汶為性和音樂的融合提出了辯護，他說這是他的藝術「整體概念」的一部分。學習性興奮的體驗既能夠教會一個人自我控制，也可以擺脫壓抑。一名他以前的學生說：「基本上，他的理論是如果你能夠在性方面少點壓抑，就可以成為比較好的音樂家。」李汶告訴他的學生說：終極目標是創造一種完美的、「天國的」管弦樂團。小團體的學生不應該和外人有性或是戀愛關係，就連愛自己的家人都被看作是一種不專注。

由於那種關係勢必是秘密的，再加上當時對同性戀的憎惡以及羞恥和恐懼，學生現在說他們當時覺得被孤立了，就連向父母或朋友都無法透露這件事。一名李汶之前的學生詹姆斯・勒斯托克（James Lestock）說：「我當時像是孤身一人在這個世界上。」這個秘密狀態一直持續到二〇一七年十二月——這是我們許多故事中的關鍵月份——當時有一群本來的學生找上了媒體。先是有三個人站出來——男低音克里斯・布朗（Chris Brown）、大提琴家勒斯托克和小提琴手艾索克・白（Ashok Pai）——於是大都會歌劇院在十二月三日將李汶停職，並且委任一個外部的律

26　Gay and Lazar, "In the Maestro's Thrall."

27　這個問題沒有經過周密的思慮：第九號本身有完全消失的危險嗎？還是只有貝多芬手中的珍貴手稿可能遭到危險？這個作品顯然還有許多版本與複本、以及數不清的錄音表演可以保留下來。

師事務所調查這些指控。[28]拉維尼亞音樂節和波士頓交響樂團隨即取消了對他的僱用，波士頓交響樂團還說「未來也絕對不再僱用或與李汶簽約」。[29]後來又出現了第四名指控者——小提琴家阿爾賓．伊夫奇。在大都會的調查期間，又有另外五個人站出來，李汶告大都會誹謗時，大都會也有在回應中將這五個人加入。[30]調查在二〇一八年三月作出結論，大都會決定終止與李汶的關係，但只有說原因是「性方面的虐待與騷擾行為」。[31]李汶也以違反契約和誹謗為事由提出控告，紐約州最高法院（New York State Supreme Court）的法官駁回李汶的大多數主張，不過法院還是裁決在三月時提出的一項聲明的確是誹謗。該訴訟在二〇一九年八月獲得最終確定。[32]

雖然彼得．蓋爾伯（Peter Gelb）和大都會歌劇院的其他管理階層在二〇一七年聽到指控時，反應是相當驚訝，不過他們也承認其實在一九七九年，就收到過匿名信對李汶的行為提出警告（他的行為不論怎麼看都是惡名昭彰）。在比較接近前段敘述的時間點，也有艾索克．白在二〇一六年十月對李汶提出了刑事指控，白指控李汶對他性虐待長達經年，（伊利諾州）森林湖市（Lake Forest）的警察有與大都會聯絡，但是大都會的管理層在李汶否認之後，就什麼事也沒有做了，那些指控後來也都被撤回，因為在白聲稱他開始遭到虐待的時間點，他已經十六歲了。雖然如果較年長的一方與投訴者屬於監督關係，伊利諾州今天的法律是規定同意年齡為十八歲，不過在白的虐待事件第一次發生的時候，並不是這樣：當時規定所有情況的法定同意年齡都是十六歲。

站出來的人——現在還包括五名新的指控者，所以總共是九名了——被李汶虐待時，大概都是能夠同意的年齡，但是大多數州現在都要求有監督關係時，要提高年齡。所以，要不是早期的法律不適當和訴訟時效問題，李汶的確可能已經受到刑事追訴了。總而言之，李汶嚴重濫用了他的權威、對案中的男性施以虐待，這是絕對成立的，他們今天全都說當時覺得不能說不。他們都有一部分被摧毀了。布朗和伊夫奇仍然在古典音樂界取得了成功；白和勒斯托克則離開了音樂

---

28 Michael Cooper, "Met Opera Suspends James Levine after New Sexual Abuse Allegations," *New York Times*, December 3, 2017.

29 Jeremy Eichler, "Levine Allegations Prompt BSO Review of Sex Harassment Policies," *Boston Globe*, December 5, 2017, https://www.bostonglobe.com/arts/music/2017/12/05/levine-allegations-prompt-bso-review-sex-harassment-policies/hLqts5V0h9pxqK19v8okRN/story.html.

30 Anastasia Tsioulcas, "James Levine Accused of Sexual Misconduct by 5 More Men," NPR, May 19, 2018, https://www.npr.org/sections/therecord/2018/05/19/612621436/james-levine-accused-of-sexual-misconduct-by-5-more-men.

31 Ronald Blum, "Levine Fired by Met After It Finds Evidence of Sexual Abuse," *AP News*, March 12, 2018, https://apnews.com/1f1d30df52ca447db82a0fd1db691a5f/Levine-fired-by-Met-after-it-finds-evidence-of-sexual-abuse；與Michael Cooper, "James Levine's Final Act at the Met Ends in Disgrace," *New York Times*, March 12, 2018, https://www.nytimes.com/2018/03/12/arts/music/james-levine-metropolitan-opera.html。

32 Anastasia Tsioulcas, "Majority of James Levine's Defamation Claims against Met Opera Dismissed," NPR, March 27, 2019, https://www.npr.org/2019/03/27/707147886/majority-of-james-levines-defamation-claims-against-met-opera-dismissed.

圈。他們都受到了創傷。現年六十六歲的布朗（眼裡噙著淚）對一名記者說：「我也不知道為什麼我會這麼痛苦。」「我不知道為什麼我會這麼消沉。但一定就是因為發生了那樣的事。我深切的關懷那些和我一樣受到虐待的人、所有經歷過那個處境的人。」[33]勒斯托克也一樣說他帶著受虐的傷痛過了好幾年。兩個人都說他們對於有一天能夠站出來幫助其他人，覺得很感動。勒斯托克說：「真相很有幫助。真相會創造美好。」[34]

這是一個難以置信的、悲傷而糟糕的故事。多年來，光輝的藝術都與令人髮指的權力濫用有關，其實也與藝術本身遭到濫用有關。我們大概永遠也無法得知還有多少人遭到虐待。李汶現在已經墜落神壇，再也沒有誘因讓其他人繼續站出來了。顯然他應該更早受到調查，調查也應該積極得多。大都會的調查讓管理層洗清了任何包庇的嫌疑，但是原本還有許多機會進行徹底的調查，卻都被錯過了：艾索克．白在二〇一六年就提出他的主張了；有一次李汶接受《紐約時報》（*New York Times*）的採訪，在談到錯誤行為時顯得不屑一顧；十年後因為德國出現的一則推測，使得《時報》又作了另外一次採訪，李汶在採訪中說「我絕對不可能在公眾面前談論我的私生活梗概」。[35]關注此事的歌劇聽眾大概很難不認為是因為#MeToo的宣傳甚囂塵上，而且已經有其他管弦樂團做出迅速的反應，才逼得大都會不得不採取行動——而且當時的李汶已經比較像是負債，而不是資產了。當李汶對大都會的藝術和財務成功還是一項重要元素時，劇院是選擇保護他、拒絕進行調查。唯有當李汶已經又老又病，無法為劇院帶來錢財和新創藝術時——而且可能也已經老／病到無法再虐待任何人——他們才轉而保護李汶的受害者。大都會在二〇二〇年九月透露他們支付了三千五百萬美元給李汶作為和解金。[36]由於二〇二〇到二一年季度的表演取消造成許多人面臨重大的財務困難，在這個脈絡下，這則新聞當然掀起了批評的浪潮。

普拉西多．多明哥

西班牙演唱家普拉西多．多明哥生於一九四一年，他是該類型的音樂史上最偉大的歌劇演唱家之一。他唱了數十年男高音（是著名的「三大男高音」中唯一還在世的一位），最近則改唱男中音的角色，這延長了他的演唱生命。今天他已經八十歲了，還是唱得有聲有色（只是需要一些休息日），而且總能夠得到聽眾的喝采。他很有魅力，而且能夠將自己的喜悅和對生命的愛投射出來，這是一種罕見的能力，因此，他也是難得的既會表演又會唱歌的男高音之一。他的魅力在初踏入這個行業時就顯而易見了。（我會知道，是因為我有幸在不曾預期的情況下觀賞了他在一

---

33 Cooper, "Met Opera Suspends James Levine." 也可參見白在前注中的陳述。「它當真把我搞得一團亂。」

34 Cooper, "James Levine's Final Act."

35 Cooper, "Met Opera Suspends James Levine."

36 James B. Stewart and Michael Cooper, "The Met Opera Fired James Levine, Citing Sexual Misconduct. He Was Paid $3.5 Million," *New York Times*, September 20, 2020, https://www.nytimes.com/2020/09/20/arts/music/met-opera-james-levine.html.

九六八年的大都會歌劇院出道公演，當時他是代替另一名生病的演唱者上台，但是劇團沒有事先宣布。我們的票是朋友的父母給的，我們當場都驚呆了。）

多明哥是一名真正的藝術家，他以富有詮釋力的洞察和聲音的力量而聞名。他也擁有罕見的情緒表達力，只要他在，就能夠把人們吸引去歌劇院。他也是洛杉磯歌劇院的藝術總監，有時候還是指揮，他能夠為劇團提供能量，並為許多不同的表演者帶來巨大的鼓勵。簡而言之，他是個天才，也是一股善的力量。由於歌劇正在失去群眾的基礎，因此需要抓住所有能得到的幫助，所以其實可以理解——雖然還是應該受到譴責——多明哥有性騷擾的明顯事實，但是卻被禁聲了這麼多年。

但是在二〇一九年的夏天和秋天，蜂擁而至的指控讓多明哥在美國的幾個契約相繼畫下句點——只有洛杉磯歌劇院是例外，（和科金斯基一樣）他在那裡先發制人的提出了辭呈。當然有許多女人自願和多明哥睡覺（雖然他的婚姻維持了很久）；但是他不滿意於此，還是一直用強制的撫摸或騷擾電話，追求那些不配合他的女性。他的模式和杜特華不一樣：他似乎有時候是在尋求一段關係，而不是一次性的相遇；他對某些人（例如其他演唱家）很迷戀，他會三更半夜的從家裡打電話給她們；而且他在追求時，最為人不喜的就是會胡攪蠻纏。倒是沒有出現過說他強姦的指控。由於他在該行業無疑具有很大的權力，所以二十幾個指控他的人大部分是匿名，不過她們還是指出了具體的時間、地點和事情經過。女中音帕特里夏・沃爾夫（Patricia Wulf）和女高音安吉拉·特納·威爾遜（Angela Turner Wilson）指名道姓的給出了細節。[37]許多受害者說她們害怕他可能會對自己的職涯造成影響。並說她們因事件而失去了信心、懷疑自己的才能。一名舉報者的同事說：「這就像是看到一個人在心理上遭到殺害。她作為一個人，變得愈來愈小。」[38]

多明哥一開始完全沒有道歉。他否認了一切指控，說他的行為處事一向很尊重人，也很紳士，還說「規則與標準」「和過去比起來已經十分不同了」。[39]指控者駁斥了多明哥的否認，舉例來說，她們說他不能夠把一個人的乳房揉到會痛，還認為這是一種紳士的行為。[40]

和我們這裡所舉的其他犯罪者一樣，多年來，多明哥的惡行也一直為人所知。旁人會警告女性絕對不要在後台和他獨處。她們除了做自己的工作之外，還得花時間去想避開他的策略。他會強抓住她們、撫摸她們、揉捏她們的乳房、強吻她們。有兩個人說她們在被騷擾和強制亂

---

37 Jocelyn Gecker and Jocelyn Noveck, "Singer Says Opera's Domingo Harassed Her, Grabbed Her Breast," *AP News*, September 7, 2019, https://apnews.com/3baf2ccc5914428 4b227f29eb7d44797; Jocelyn Gecker, "Women Accuse Opera Legend Domingo of Sexual Harassment," *AP News*, August 13, 2019, https://apnews.com/c2d51d690d004992b8cfba3bad827ae9.

38 Gecker, "Women Accuse Opera Legend Domingo."

39 Gecker and Noveck, "Singer Says Opera's Domingo Harassed Her."

40 Associated Press, "Plácido Domingo's Accusers: Nothing 'Chivalrous' about Groping Women," *Hollywood Reporter*, December 3, 2019, https://www.hollywoodreporter.com/news/placido-domingo-s-accusers-nothing-chivalrous-groping-women-1259453.

摸了幾個月之後，同意和他睡覺只是為了結束這整件事。（其中一個真的結束了，另一個則沒有。）沒有人會幫助她們。在坦格活德（Tanglewood）的一名早期投訴者——實習生費歐娜·艾倫（Fiona Allen）——就沒有被認真當成一回事，別人只是告訴她不要再和多明哥獨處了。那完全是一個「公開的秘密」。

多明哥是一名真正偉大的藝術家，也是一個巨星，有他的演出就保證有票房，他在上升的路上，也抬升了其他人的職業生涯。人們對他的藝術深感著迷，許多與他共事的人都喜歡他。（就連指控他的人都覺得他其實很慷慨。）他和這裡所舉的另外三個人不同：有人替他辯護，男高音安德烈·波伽利（Andrea Bocelli）就公開譴責沒有完整的調查。[41]我與一名認識的著名歌劇女主唱討論過他的案子，那名女主唱多年來也與他合作過許多次。我無意曝光她的名字，以免她感到為難，但是我想強調：我認為（無論是什麼職業）很少有人比她更有洞察力、更公正。她很堅定的認為多明哥是個精力旺盛的色胚，但是不曾使用過暴力，或是威脅別人要報復她。當然壞事都比較不會傳出來，不過我的這位消息提供者已經在他身邊數十年了，無疑也聽過多年來流傳的各種說法。如果要試著釐清這整件事，我想第一個結論是多明哥會在受到拒絕時（他就應該停手了）卻繼續死纏爛打，他也對自己全然的明星光環和他在這個行業中無處不在的勢力、甚至是許多人為了讓他演出所做的巨大投資，都太不敏感（但是這些都會在無形中替對方的職涯帶來壓力）。因此，他便做出了在大部分職場中都會被認為是性騷擾的行為。但是他的行為和李汶比起來其實沒有那麼掠奪成性，和丹尼爾斯及杜特華比起來，也沒有出現身體上的暴力。

現在有兩份調查能夠確認事情的確是像這幅圖像。第一份調查是美國音樂藝術家工會（AGMA, American Guild of Musical Artists）所做的。這份報告的結論是多明哥「的確做了一些不恰當的舉動（在職場內外都有），包括調情和性挑逗等。許多證人說她們擔心會在業內受到報復，所以沒有更早站出來」。[42]報告中提到不為對方所喜的觸摸和一直要求見面，這讓某些證人覺得像是被「跟蹤」。不過，我們也可以注意到沒有人指控他使用身體暴力——只有令人不喜的觸摸——也沒有人指控他威脅女性說會報復她們。但是，我們還是發現被害人普遍充滿對報復的恐懼，只要一想到歌劇院為了讓多明哥登台花了多少錢，這種擔憂就很可以想像了。他當然應該對這種恐懼更為敏感，不過他沒有。但是能夠說是因為他做了什麼激發出這種恐懼嗎？報告中也

---

41 Adriana Gomez Licon, "Andrea Bocelli Questions Shunning of Accused Opera Star Plácido Domingo: 'This Is Absurd,' " *USA Today*, November 12, 2019, https://www.usatoday.com/story/entertainment/celebrities/2019/11/12/andrea-bocelli-appalled-absurd-treatment-placido-domingo/2578364001.

42 Jessica Gelt, "Plácido Domingo Apologizes for 'Hurt That I Caused' as Investigation Finds Misconduct," *Los Angeles Times*, February 24, 2020, https://www.latimes.com/entertainment-arts/story/2020-02-24/placido-domingo-allegations-apologizes-opera-guild-investigation.

不支持這種論點。[43]

那麼，他的性騷擾類型看起來比較像是劇團放任「不友善的環境」存在，而不是「交換條件」型的（或是觸犯刑事的性虐待罪）。如果要形成不友善的環境，性騷擾必須夠普遍，而且更重要的是劇團怠於聽取女性的投訴。劇團當然有過失，其過失在於不能夠一開始就妥當建立起性騷擾的投訴機制（並且讓所有相關人士都知道），或是雖然有機制，但是執行卻發揮不了作用。多明哥的行為到底有沒有像科金斯基和萊恩哈特那樣「普遍」，迄今為止的證據都無法解決這個問題。首先，是因為除了在洛杉磯以外，他不像科金斯基和萊恩哈特那樣具有辦公室裡的無上權力；他的權力是因為劇團希望他高興，這樣才有助於提升劇團的藝術和財務狀況。

第二波調查是由洛杉磯歌劇院進行的，歌劇院僱用了格信律師事務所（Gibson, Dunn, and Crutcher LLP）執行調查。多明哥也配合了調查。調查結果會對外公布摘要。[44]報告中認為指控者的說法可信：多明哥的挑逗的確讓她們不舒服。報告中也覺得多明哥的否認是「出自真心」，但是「有一些否認之詞不全然可信，或是太缺乏意識」。在全面的約談之後，格信事務所的結論是「沒有證據顯示多明哥先生曾經提出過交換條件，或是對任何女性採取報復，讓她無法在洛杉磯歌劇團取得角色、或是以其他方式遭到僱用」。他們接著敦促洛杉磯歌劇院未來必須更積極的解決這類問題，例如建立一個更正式的調查程序來對應性騷擾的投訴，而且要讓管理層和簽約者都接受專門的性騷擾培訓。

在二〇二〇年二月二十四日（就在AGMA公布結論之前），多明哥道歉了：

> 在過去的數個月期間，我認真反省了我的幾位同僚對我所做的指控。我敬重這些女性最終願意說出來，我也希望她們知道：我當真為我造成的傷害感到十分抱歉。我接受我的行為造成的一切責任，這次經驗也讓我有所成長。[45]

但是在三天後（也就是洛杉磯歌劇院公開報告的兩週之前），他又發出了一份限縮道歉內容的聲明：

> 我的道歉是誠摯而且發自內心的——給那些曾經因為我而覺得不舒服的同僚們，或是因為我的所做所說而受到傷害的人。正如我一再強調的，我絕非故意要傷害或是侵犯任何人。

---

43 關於AGMA把報告公開這件事，存在著爭議，因為它顯然一開始是要保密的。有些當事人主張當初達成了協議，多明哥會支付五十萬美元罰金，以交換報告保密；但是其他人則否認有這類協議存在。我不會在這裡繼續深究這個問題。

44 "LA Opera Independent Investigation: Summary of Findings and Recommendations," LA Opera, March 10, 2020, https://www.laopera.org/about-us/press-room/press-releases-and-statements/statement-summary-of-findings.

45 Gelt, "Plácido Domingo Apologizes."

但是我也知道有些事情是我沒有做的，對於那些事，我將再次否認。我從來沒有對任何人展現過侵略性，我也從來沒有用任何方法阻礙或是損害任何人的前程。相反的，在我待在歌劇界的半個世紀中，我竭盡全力的支持這個行業，也拉拔了無數演唱家的職業生涯。[46]

針對第二份聲明，普遍的反應是覺得他沒有道歉。《紐約時報》下的標題是〈普拉西多·多明哥撤回對騷擾主張的道歉聲明。〉（Plácido Domingo Walks Back Apology on Harassment Claims.）[47]我認為這個反應並不公平。他還是為他造成的痛苦和不舒服道歉了。他對道歉做出限縮，是要否認他有拿對方的職涯做報復，也否認他有使用暴力（他那句「展現出侵略性」顯然就是指暴力）。兩週後公布的格信事務所報告也似乎同意了多明哥的第二份聲明。

綜觀整個情況，多明哥似乎對他擁有十足的權力、而這會對他要追求的人造成什麼影響，顯得毫無頭緒。而且他對「侵略性」的內涵只有十分狹隘的觀點，顯然他不認為多次觸摸、甚至是愛撫具有侵略性。不過，格信事務所的報告也再次認為他與李汶、杜特華和丹尼爾斯的邪惡行為屬於不同類型；多明哥的第二份聲明也只是要主張兩種類型的差異。或許是他的朋友和支持者敦促他進一步出示了這份聲明。

名聲會帶來權力，權力則帶來額外的責任；多明哥無疑犯了不注意、也不負責任的罪。但我們還是要精確一點：像是《華盛頓郵報》那樣把他的行為說成具有「掠奪性」，應該就太超過了，也不正確，[48]或許他的第二份聲明就是為了回應那篇對他有害的文章。

解決方案？

對於明星的權力腐化有任何解決方案嗎？解決方案不只是要針對這裡所舉的四名年邁的明星（他們的共通點就是直到大部分虐待行為——和明星勢力——都已經成為過去式很久之後，才

---

46 Anastasia Tsioulcas, "Plácido Domingo Backpedals on Public Apology; Meanwhile, Union Seeks Leakers," NPR, February 27, 2020, https://www.npr.org/2020/02/27/809995613/pl-cido-domingo-backpedals-on-public-apology-meanwhile-union-seeks-leakers.

47 Alex Marshall, "Plácido Domingo Walks Back Apology on Harassment Claims," *New York Times*, February 27, 2020, https://www.nytimes.com/2020/02/27/arts/music/placido-domingo-apology.html.

48 Philip Kennicott, "Plácido Domingo's Reputation as a Performer Enabled the Opera World to Ignore His Predatory Behavior," February 26, 2020, https://www.washingtonpost.com/entertainment/music/placido-domingo-apologizes-after-union-finds-he-engaged-in-inappropriate-activity/2020/02/25/19ac42ac-57e9-11ea-ab68-101ecfec2532_story.html. 那個標題看起來不像是出自肯尼科特（Kennicott），因為他在文章中肯定多明哥不是徒有名聲而已，他是一名大膽創新的表演者，只是道德判斷過於偏差。唯一可能被貼上「掠奪」標籤的行為，是一名投訴者描述他有類似「跟蹤」的行為。我在前文討論過多明哥不斷提出令人不喜的邀約，這似乎算得上是「不友善環境」的元素之一，但是它到底是不是真的構成跟蹤犯罪，我們還是需要對事實作出更全面的裁斷，才能夠決定。

有方式治他們），解方也應該要承諾在明星的光環還沒有褪色時，就扼殺他們剛要萌芽的虐待行為，有這樣的解決方案嗎？

#MeToo。這裡的四個案子（就和科金斯基一樣）都可以往回追溯到數十年前。但是可問責性直到二〇一七年到一九年才出現。不可否認的，是#MeToo運動創造了新的風氣，認為應該尊重投訴者的聲音，才讓這些投訴者終究願意站出來。如果我們的社會繼續用尊重的態度傾聽受害者的聲音，或許就可以期待許多未來的虐待事件會在發生之前就被阻斷。不過在那時候，被害者就有責任站出來了。雖則我們現在可以諒解處在那個世界的西爾維亞．麥克奈爾們——她們選擇了不說出來、繼續追求自己的職業生涯——因為說出來也不會有什麼效果，還可能要犧牲她們已經萌芽的職業生涯，然而我們現在居住在一個不同的世界了，我們應該對受虐者有更多要求。

刑法。丹尼爾斯的例子告訴我們：只要違反了刑法，即使是有權力的人（就算他當時還活躍於舞台上），還是會被起訴——雖然五十五歲的丹尼爾斯還能夠表演的日子也無多了（這是因為他的聲音性質，還有巴洛克風格的假聲男高音的音樂很需要靈活度）。或許從現在開始，還會有其他的刑事起訴在明星的顛峰時期發生——雖然明星的勢力和藝術家的脆弱性讓這件事情並沒有那麼容易發生。除此之外，這些案件中有許多符合性騷擾的要件，但是不構成性侵害——就因為不存在封閉的職場，所以無法控告工作場所放任虐待發生（這是「不友善環境」的侵權行為要求之一）。

大學規範。丹尼爾斯的例子也讓我們看到：如果一個明星加入一個更常規、界線更明確的職場，可問責性就會被強化。密西根大學扮演了關鍵性的角色——不論是協助將丹尼爾斯引渡到德克薩斯州接受刑事指控，或是自己調查密西根學生的投訴，並導致他最後被解職。

工會。理想的工會具有保護會員的責任，也有權力確保一份合適的契約（其中要規定指導方針和程序）。在表演藝術圈中，最重要的工會包括美國演員工會（Actors' Equity Association）（其會員是舞台劇演員）、演員工會（Screen Actors Guild, SAG）、美國電視和廣播藝人聯合會（American Federation of Television and Radio Artists, AFTRA）、美國和加拿大的美洲音樂家聯合會（American Federation of Musicians of the United States and Canada, AFM）、美國音樂藝術家工會（AGMA）（它是代表歌劇團、合唱團、舞團和花式滑冰的表演者，以及各種後台工作人員）與美國綜藝藝術家工會（American Guild of Variety Artists, AGVA）（代表歌舞秀餐廳、喜劇表演、諷刺滑稽劇、馬戲團和夜總會的藝術工作者）。這些工會都隸屬於美國勞工聯合會和產業工會聯合會（AFL-CIO），AFL-CIO訂有嚴格的反歧視和反騷擾政策，可以約束與它簽約的所有成員組織和實體。該政策規定其所屬工會——

> 不可因員工的人種、民族、宗教、膚色、性別、年齡、國籍、性傾向、身心障礙、性別認同或表現、血統、懷孕或其他法律所禁止的依據，而對員工加以歧視或容許對其騷擾，也

不可因為員工有受反歧視法保障之行為（對抗受到禁止之歧視，或參與法律認可的投訴程序），而對員工加以歧視或容許對其騷擾。[49]

該政策根據《第七章》的總綱提供了一段有幫助的描述，說明什麼行為會構成性騷擾。它也提供了性騷擾的例子，包括有性暗示的笑話和姿勢、附交換條件的約定，以及展示或散布色情文宣。它還列出了調查有人提出的主張時要適用的程序。這些都會成為工會成員的內部規定。投訴者的第一步是要同時聯絡僱主和工會代表。非正式的紛爭解決方式和較正式的程序都有列在其中。

工會的成員組織通常還會自己加上更具體的方針來補充這類政策。例如AGMA除了有與AFL-CIO類似的正式政策之外，還替會員提供具體有用的建議，甚至創設了一個線上的入口網站讓投訴者遞交指控，並承諾會加以保密。

這些工會政策大概都會在相關領域成為所有契約的部分內容，只要是有清楚界線的職場，都能夠提供良好的嚇阻功能和堪用的補救程序。該政策還包含正式的試鏡程序。所有受到騷擾的員工——只要在騷擾發生時有受到契約保護，並有任何一工會為其代表——理論上都可以透過這類程序進行投訴。被杜特華和多明哥騷擾的女性具有在職身分，因此可以向管理層或工會代表提出投訴。（但是我們也注意到杜特華通常會挑選客座的獨奏者進行虐待，而不是與他有持續日常工作關係的人，這或許可以解釋為什麼工會都沒有收到投訴。）如果劇團本身採用的政策是以工會政策為榜樣，就可以、也確實會引用這些政策終止繼續僱用有問題的藝術家，就像是舊金山歌劇院解僱了大衛・丹尼爾斯。但是多明哥自己就是洛杉磯歌劇院的管理層，所有投訴他的女性也都說她們擔心自己的故事不會被認真看待（雖然其實大家對兩名男性的行為都心知肚明）。

好的政策需要有獨立調查的程序，像是洛杉磯歌劇院就邀請了外部機構來調查多明哥的案件。工會會有幫助，好的契約也有幫助——但是如果涉及到明星的權力，這些都還不夠。杜特華之所以相對容易推倒——不必等到他八十三歲——是因為人們覺得他（和多明哥比起來）比較沒有勢力、不是那麼無可取代。而李汶的受害者是因為沒有任何職業契約的保護（他們只是青年人才暑期計畫的參加者），也還不在任何工會的保護傘之下。

因此塞繆爾・舒爾茨當選了AGMA的幹部就一點也不令人驚訝。或許他可以保護其他人免於受到明星的虐待（像是他聲稱的丹尼爾斯和沃爾特斯對他所做的事）。

明星的勢力龐大，但是他們也很容易受到攻擊。很可能有人會對他們提出虛假的指控，想要敲他們一筆。出於這個理由，任何好政策都需要某種正當程序，也要讓遭到指控的人有回應的機

49 "AFL- CIO Anti-Discrimination and Anti- Harassment Policy"，於二〇二〇年一月瀏覽，AFL-CIO, https://aflcio.org/about-us/afl-cio-anti-discrimination-and-anti-harassment-policy。

會。洛杉磯歌劇院的調查似乎在這方面堪稱模範，或許它的核心策略——聘用一間獨立的律師事務所進行調查——應該成為往後的準則。交響樂團和歌劇團的大部分法律工作都已經納入大型律師事務所所提供的無償公益服務（pro bono）。事務所可以把這項重要功能列為他們的捐助。[50]

注意與示警。這四位男性的虐待行徑都有名聲流傳在外，所以也有許多幕後人士試著保護脆弱的員工，讓她們不要遭到其中三位大師的可能行為（我沒有聽說誰聲稱他曾經試著讓年輕人遠離李汶的魔爪！）。丹尼爾斯去密西根時，音樂學院就被非正式的告知他們最好不要讓學生離丹尼爾斯太近。我們也可以看到當真發生投訴時，投訴者受到的對待是尊重而且快速的。

杜特華在費城管弦樂團擔任指揮時，管弦樂團的團長說關於他可能會有不恰當行為的傳聞甚囂塵上，所以領導層「明確的告訴每個參與費城管弦樂團工作的人都要小心，如果有任何不當的行為發生，也應該告訴我們。而當我在那個位置時，不曾有人回報有什麼事情發生」。[51]（不過鋼琴家詹妮．柴〔Jenny Chai〕說她在那段時間曾經遭到杜特華的性侵害。）行政人員費歐娜．艾倫——她之前在杜特華擔任客座指揮的期間曾經在坦格活德實習——是在把文件送到杜特華的更衣室時，遭到杜特華騷擾，她有報告這件事，之前也有人警告她絕對不要自己一個人去找他（但是太遲了）。「他們的確是對這件事訂了一套制度。那個制度就叫作：不要自己一個人去他房裡。就像是有人投訴了之後，我們對那件事的處理方式就是把人兩個兩個送去。而不是：我們不要再僱用那個人了。」[52]就算是這種「警覺」的確能夠阻止騷擾者的行為（不過我們也不知道它是否有用），但是，好像不能說我們就該保持這種「警覺」，並且時時回報，因為這本身就構成了不友善的工作環境：如果妳沒有夠小心的提防自己遭人虐待，就沒辦法做妳的工作了。

對付多明哥的策略在多年後變得益發精細。一名在洛杉磯歌劇院和休士頓大歌劇院都與多明哥共事過的製作統籌告訴《美聯社》（*Associated Press*）：她會特別注意絕對不要讓多明哥在排練室和年輕女歌手單獨在一起，她也會「試著」指派男性服裝師給他。她總結說：「我絕對不會派任何職位的女性進他的化妝間。」她還會邀請多明哥的太太瑪爾塔（Marta）出席劇團派對，「因為如果有瑪爾塔在他身邊，他就會檢點得多」。[53]但是只靠管理層的策略通常還是不夠：女性必須找到她們自己的規避機制——在最後一刻撇開頭，避開她們不想要的濕吻，鎖上自己的更衣室

---

50 安東尼・弗洛伊德（Anthony Freud）——芝加哥抒情歌劇院的總監和CEO——在二〇一九年四月針對芝加哥大學法律學院（學習創意藝術的）法律系學生進行了一場演講（其講題為〈表演藝術中的法律人職業〉〔Careers for Lawyers in the Performing Arts〕），演講中詳細講解了志願代表這個整體的政策。

51 Peter Dobrin, "Philadelphia Orchestra Has Played 650 Concerts with Charles Dutoit, the Conductor Accused of Sexual Misconduct," *Philadelphia Inquirer*, December 21, 2017, http://www.philly.com/philly/entertainment/charles-dutoit-sexual-misconduct-philadelphia-orchestra-20171221.html.

52 Michael Cooper, "Charles Dutoit, Conductor Accused of Sexual Assault, Leaves Royal Philharmonic," *New York Times*, January 11, 2018.

53 Gecker and Noveck, "Singer Says Opera's Domingo Harassed Her."

門，等到服裝師說安全了，再踏出房門。這似乎又構成了「不友善的工作環境」。更糟的是，女性說她們其實不會向管理層投訴（即使多明哥沒有位列管理層），因為她們怕遭到懷疑或是報復（可能是來自在多明哥身上投資了許多的管理層，而不是多明哥自己）。

警覺可能會收一時之效，但是終究無法取代良好的職場環境。格信律師事務所為洛杉磯歌劇院所作的報告中，堅持機構要替可接受的行為制定比較清晰的政策，並強制要求管理層和幹部接受培訓，這些都是對的。

贊助者壓力。要讓規範獲得執行，一個有用的方法便是贊助者給藝術組織的壓力——不論是公開或是幕後、來自個人或是通過董事會。古典音樂有一大部分的收入是來自贊助者，所以贊助者握有巨大的權力，也應該用於諸如這類投訴者屬於弱勢的案件。這樣的事會發生嗎？名聲會帶來票房和贊助資金。像是多明哥這樣的人物，對他的成本效益分析必須包括受到傷害之藝術家的深層感受、歌劇觀眾裡進步派的深層感受，還有其他贊助者的意見——他們在早期對這類事情的觀點是很分歧的。我在前文也提過很多次，成本效益分析很可能會因為多明哥已經八十歲了而傾向於對他不利，就如同它已經倒向對李汶——一個同樣大牌的明星——很不利了，只因為他變得又老又病。而那還不夠：贊助者要讓女性知道他們不會容忍不好的行為，才會鼓勵女性出面投訴。往前邁進的方法是開明的ＣＥＯ能夠賦權給贊助者（只要他們能了解受虐女性所提出的問題）：芝加哥抒情歌劇院（Lyric Opera of Chicago）就才剛把芝加哥大學法律學院的教員西爾維亞・尼爾（Sylvia Neil）提升為未來幾年的董事會主席——她既是法學講師，也是婦女權利專家。

消費者壓力。比起流行音樂或電影界，古典音樂界對消費者的壓力顯得沒有那麼敏感，因為它對票房的依賴比較少。但是票房當然還是所有藝術都需要、而且夢寐以求的部分。消費者的抗議和抵制——不論是有組織或是出自個人的——都絕對有可能毀掉一場表演。終止與凱文・史貝西（Kevin Spacey）的契約可能比較多的是考慮到觀眾，而不是獨立的道德判斷。這方面也和運動界一樣，我們都可以、也應該善用我們擁有的權力。

蒙羞的明星與他們的作品

這些明星的名譽都蒙塵了。其中三個人似乎應該繼續貼著這恥辱的標籤。然而我認為多明哥的狀況有些不同。他為了報告中認為他真正有罪的事情道歉了，雖然我們不太確定他是否當真了解他的偉大本身帶來了多少壓力和威脅。不過，如果他有這種新的理解和對女性的真正尊重，並且能夠證明這不只是他出於自衛的作態，而是隨著時間，能夠真正體現在他的行為中，我當然會鼓勵公開的和解——在我所舉的四個例子中，就只有這一件——尤其是考慮到他多年來當真在幫助和尊重女性、和許多年輕的藝術家。很可能是不同世代的態度和其他國家的習慣占染了他的行為，儘管明星的勢力的確會造成他無法傾聽的特質，對他的影響也超過應有的程度。嗯，我們就等著看吧。

但丁的詩顯示煉獄裡只有少數傲慢的人，因為要達到那裡，首先必須承認你的壞行為，並且尋求寬恕。不過煉獄也很漫長而且艱難，傲慢的人到了那裡之後，必須表明他們在全心全意的努力塑造自己的性格特徵。對於傲慢的人來說，這首先意謂著平等的傾聽其他人，並向他們表示尊重。

不思悔改的人的作品又該如何呢？我有太多這類人的唱片了。我、或是廣播電台、還是其他的聽眾應該做些什麼呢？我做了一點調查，發現古典音樂界的標準錄音契約是將費用一次性的預付給音樂家，沒有追加酬金，因此，任何購買他們作品的人都不會付錢給他們。而且藝術的價值在於其本身。所以我找不到任何理由不聽他們（至少是李汶）的作品——我可以不聽杜特華和丹尼爾斯——甚至無礙於我們被這些作品感動、感到驚奇，在聆聽的同時也思索著人心、愛與笑聲和邪惡、殘酷之間的黑暗連結。

第八章　男子氣概與腐敗
大學體育的病態世界

當你看著它，會發現裡面有如此多美好，也有如此多糟糕至極的東西。
——布魯斯・阿里安斯（Bruce Arians）教練談論坦帕灣海盜隊（Tampa Bay Buccaneers）四分衛詹姆斯・溫斯頓在二〇一九年的紀錄

阿里安斯教練談論著溫斯頓作為一名運動員的表現，溫斯頓在這個賽季有多達三十次達陣傳球和三十次攔截，締造了國家美式足球聯盟的新紀錄。所有看著溫斯頓的人都會看到阿里安斯所看到的：他的長傳如此有力、如此優雅而且美麗（他在那一年有連續兩場比賽超過四百五十碼）——但是也如此混亂、缺乏精準度，再加上可能是無可救藥的過度自信。（溫斯頓回應阿里安斯的評論時，說：「你看到我的數字了，我很神吧。」[1]）為了讓讀者對他的攔截次數有點概念——它比湯姆・布雷迪（Tom Brady）、阿隆・羅傑斯（Aaron Rodgers）、卡森・溫茲（Carson Wentz）和羅素・威爾遜（Russell Wilson）在那個賽季丟出的攔截次數總和還要多上六次。

阿里安斯的評論或許也能夠用來形容溫斯頓這個人至今為止的生涯：他是如此的前途似錦、有這麼多貨真價實的成就，但是也缺乏紀律、充滿傲慢、怠於遵守及藐視／嘲笑社會的法律——他犯下過竊盜，犯下了未經合意的性行為。（別擔心：就我所知這兩種缺點並不總是一起出現。溫斯頓的「同期」——二〇一五年居選秀第二順位的馬庫斯・瑪麗歐塔〔Marcus Mariota〕——就是大家公認的模範生，他的職業生涯也一樣不平順，不過他的情況似乎是以負傷居一大部分。）

阿里安斯的評論可能也同樣適用於培育出溫斯頓的大學體育界，溫斯頓在二〇一五年參加選秀，並成為該年最耀眼的新星——那個世界栽培了他非凡的運動天賦，並利用它謀取利益，但是卻沒能給他一個大學教育；當他強姦了一名女性、走進漢堡王（Burger King）偷了汽水，還有從「Publix」超市偷走蟹腿時，那個世界都包庇了他；那個世界助長了他那目無法紀的傲慢態度（他一直到很近期都還以這種態度為傲）——他還常受邀做一些激勵人心的演講，教導那些仰慕他的年輕人。

任何人都可以改變和成長。溫斯頓還是有望實現他的運動員承諾，而且，不論他實現了沒有，他都可以成為一個比較有智慧、有禮貌的人。也有跡象顯示這件事其實正在發生，或許是因為厄運與它經常帶來的反省。我喜歡看他比賽，所以我希望這一切都將發生。但是我認為大學體育界則沒有希望了——我是指一級聯賽的美式足球和籃球圈。

職業體育中也有性騷擾和家庭虐待的問題，但是這些問題可以用藝術界的類似方法來解決：保持警覺、強硬的工會、管理層的仔細監督，以及尊重並關注投訴者的聲音。相較之下，一級聯賽的大學體育界卻是整個體制都存在著深層的系統性問題——包括集體行動的問題和外部企業的影響問題——所以困擾這整個世界的性與學院腐敗的問題，始終無法獲得解決。國家大學體育協會（NCAA）已經嘗試了好幾年，卻總是不見成效，這不是因為沒有好人願意為這個目標奉獻畢生。它的問題已經結構化了，所以無從修復。善與惡已經無法分開。因此我們應該聽從NBA總裁蕭華的明智呼籲，擺脫整個系統，用小聯盟系統來取代（就像是歐洲和美國棒球的作法），但是也要再加上球員的「學習學院」。同時可以在學院和大學繼續進行第三級別的運動——這個系統並非沒有深層的問題，但是原則上還可以修復。

我的主張也大概是如此，而這無疑會激怒很多人。

1

1. Joseph Zucker, “Jameis Winston After 30 INT Season: ‘You Look at My Numbers, I’m Ballin’,” Bleacher Report, December 29, 2019, https://bleacherreport.com/articles/2868964-jameis-winston-after-30-int-season-you-look-at-my-numbers-im-ballin.

運動與男子氣概

競技型運動無疑是美國的主要娛樂來源——無論是從觀眾人數還是從收入來看。它們與表演藝術同樣有可問責性的問題，但是也有自己獨有的問題。相較於其他所有的流行文化，運動更容易成為年輕人的榜樣來源。大部分年輕人從來沒有聽說過任何一位聯邦法官，所以亞歷克斯．科金斯基的腐敗即使再壞，也不會構成他們對男子氣概的看法。雖然有些電影演員和流行樂歌手有大量的年輕觀／聽眾，但是在我們的社會中，這些明星不像是明星運動員那樣擔當教育的角色。當我們看到年輕人崇拜流行樂歌手——就像是過去他們崇拜基思．理查茲或是麥可．傑克森（Michael Jackson），而今天則會崇拜犯罪者勞．凱利（R. Kelly）——我們通常不會立刻擔心年輕人將模仿這些偶像來塑造自己的行為，或是把他們看作真男人的楷模：這些偶像被認為不同於常人，雖然出類拔萃，但是有他們自己獨特的方面。雖說勞．凱利對女性犯下嚴重的罪行，但是如果說因此就有十歲的孩子模仿他的行為，似乎還是不可想像的。[2]

相反的，運動界的名人則是大約十歲孩子的典範：他／她們是傑出男性／女性的楷模，也是紀律、力量、速度、耐力的模範。而且，因為美國不曾將偉大和財務的成功完全區分開來，所以他／她們塑造的典範還包括如何利用身體把自己變成億萬富翁。

當我十歲的時候，男孩們主要是在棒球場上尋找英雄，女孩們則沒有相對應的運動場域可以找到她們憧憬的女豪傑。（棒球明星不會都是模範生，但是十歲的孩子知道好人——傑基．羅賓森〔Jackie Robinson〕、威利．梅斯〔Willie Mays〕、漢克．阿倫〔Hank Aaron〕——的善良之處，他們不知道米奇．曼托〔Mickey Mantle〕有酗酒的習慣，或是泰德．威廉斯〔Ted Williams〕對待女性的粗野態度。）現在已經有許多運動領域讓我們找得到英雄和女豪傑，但是，最有影響力的當然還是舉國最關注的運動，在今天，那就是美式足球和籃球。如果詢問人們最喜歡什麼運動，回答棒球的百分比已經滑落到第三位，雖然從電視觀眾的總人數來看，棒球還是領先籃球（兩者都遠遠落後於美式足球），但是棒球已經無法讓年輕人為之激動了。

今天的十歲男孩會仿效的英雄，首推美式足球和籃球的球員，這些年輕男性通常也是受到自己從事的這些運動的男子氣概文化所影響。[3] 這表示他們的英雄是由大學體育系統和高中的供給

2 有些人可能會說：我們還是應該擔心饒舌歌手和嘻哈樂手會美化暴力。我認為這種憂慮有點過度了，不過我不會在這裡展開進一步探討。

3 足球變得愈來愈受歡迎，不過在觀眾人數上還是遠居於劣勢，可參見Marketing Charts, "How Many Americans Are Sports Fans?" October 23, 2017, https://www.marketingcharts.com/industries/sports-industries-80768。有超過百分之五十的美國人說他們是棒球迷，介於百分之六十和七十的人自稱是職業美式足球迷，職業籃球的球迷則有百分之四十；但是只有百分之二十八是職業足球迷。年輕女性會在女子足球中尋找女豪傑的典範，但是男子足球則好像離這甚遠，至少在美國是如此。

系統創造出來的人物。所以，我們現在講的不只是一個職場和它的問題。我們在講的是一個世代的男性形成。

我們可以在書中（也已經有許多書籍）討論不同的運動對男子氣概的不同想像，我不會在這裡再加上一筆，我只是要說不論是籃球或棒球，都有許多技巧必須培養（包括速度、靈巧度和超凡的協調性）。在這兩種競賽中，如果試著把運動簡化成一或兩個項目（籃球講究身高，棒球則要看投球的速度和全壘打這樣的長打），就會一直遭到競技本身的各種進化推翻——史蒂芬·柯瑞（Steph Curry）就是靠著他的靈巧，用「小球」戰術讓所有七呎高個兒的傳奇都黯然失色；勒布朗·詹姆士（LeBron James）總是把球餵給他的隊友，不要求個人一枝獨秀；賈斯汀·韋蘭德（Justin Verlander）和（後期的）卡斯坦·查爾斯·沙巴西亞（C. C. Sabathia）這樣的投手，則是靠著計策和詐術取得成功（而不是靠著壓倒性的速度），或是像馬里安諾·李維拉（Mariano Rivera）的強項則是精準控球和年復一年的一致性，他就只堅持一種投球，但是有無盡的變化；打擊者（例如過去的菲爾·里茲圖〔Phil Rizzuto〕和現役的荷西·奧圖維〔Jose Altuve〕分別是五呎五吋和五呎六吋高）也是用速度、戰略和膽識破解了身高的優勢；像是偉大的威利·梅斯這樣的強棒，也堅持應該同時成為出色的外野手和跑壘者，跳脫個人的數據、幫助到球隊。

當一個十歲的孩子想要模仿這些領域的運動員——或許今天還要再加上足球明星——的確會覺得他們的男子氣概有許多吸引人之處。奧克蘭（Oakland）的前投手——一九四九年出生的維達・布魯（Vida Blue）——說他在長大的過程中，威利・梅斯是「一個年輕的非裔美國人最想成為的那種人」。[4]他是一個再偉大不過的楷模：不只有全方位的技巧（跑壘、投球、捕手、打擊），還有熱情的團隊合作精神、充滿喜悅不發脾氣的性情、化解紛爭的技巧、不抽煙不喝酒——而且（最重要的是）對待女性充滿尊重。

美式足球至少有些許不同。至少它看起來很強調蠻力和能打垮一個人的能力，如果能往其他球員頭上來個致命的一擊，也會立一大功。我並不否認美式足球也需要優雅、速度、敏捷和團隊合作這些重要的技藝。就像在西雅圖（Seattle）的馬肖恩・林奇（Marshawn Lynch）這樣一流的跑衛身上，也可以看到令人欽佩的膽量，只要他下定決心，不管路上擋了什麼，他都會一直往前跑。就連擒抱也當真是門藝術，如果你只靠體重和壓制力，是不可能成功的。不過，如果我們想問美式足球向年輕人傳達了什麼最重要的訊息，那大概稱不上是一個受歡迎的訊息：力量和支配才可以決定一切。

4　引用於Willie Mays and John Shea, *24: Life Stories and Lessons from the Say Hey Kid* (New York: St. Martin's, 2020)。梅斯當然也是我的英雄之一，我認為的英雄還有納爾遜・曼德拉、小馬丁・路德・金恩和賈瓦哈拉爾・尼赫魯（Jawaharlal Nehru）。

詹姆斯・溫斯頓於二〇一七年二月二十二日在佛羅里達州（Florida）聖彼得斯堡（St. Petersburg）的一間小學擔任客座——運動員都會做這類事，以展現他們是個好人，而且也是為了幫運動做公關。他在勵志性的演講中提到：

所有的男孩們，請你們都站起來，女孩們，妳們可以坐下來。但是，我所有的男孩們，都站起來吧。我們是很強壯的，對吧？我們很強壯！我們都很強壯，對吧？我所有的男孩們，來，告訴我：我做得到所有我下定決心要做的事。人們會期待男孩不要柔聲細語。你們都知道我指的是什麼吧？有一天你們都會擁有非常低沉的嗓音，像這樣（他發出低沉的聲音）。有一天，你們都會有非常、非常低沉的嗓音。……但是女孩們——她們被認為應該要保持沉默、禮貌、溫柔。我的男孩們、我的男孩們則被期待要很強壯。[5]

這席話讓校方人員和家長都覺得很憂慮，溫斯頓也在二月二十三日為他的「用詞不當」道歉了。[6]溫斯頓是上千年輕人的英雄，他也是佛羅里達州立大學（Florida State University）的產品（不過他不是那裡的畢業生）。

職業運動中的可問責性

職業運動和其他表演藝術類似，也可以用類似的方式處理：透過集體談判、透過消費者的壓力，而職業運動還有一個額外的因素，就是運動比賽贊助商的壓力（那也是來自他們消費者的壓力）。比起大部分的藝術，體育的世界更像是一個「正常」的封閉式職場，運動員都與單一隊伍有相對長期的契約關係；所以就算存在一個像是哈維・溫斯坦這樣的人，他能夠影響整個運動界僱用生態的危險性很低。（也或許是因為男性運動世界對同性戀有極端的恐懼，又缺乏女性運動員和高階主管，因此在很大的程度上能夠阻止管理層和代表性人物對男性運動員或是想成為運動員的人性騷擾。）

美國的職業運動世界稱不上是一個完美的世界。聯盟和運動員工會在認真處理性侵害、性騷擾和家庭暴力方面，都很可悲的遲鈍。如果要誠實的描述在我高中時期那年代的職業運動生活，大概只會看到性濫交（和藥物濫用）的盛行；然而像是詹・包頓（**Jim Bouton**）這樣直言無

---

5 Alanna Vagianos, "NFL Player to Elementary School Class: Girls Are 'Supposed to Be Silent,'" *Huffington Post*, February 23, 2017, www.huffingtonpost.com/entry/jameis-winston-accused-of-rape-to-elementary-class-girls-are-supposed-to-be-silent_us_58af20a2e4b0a8a9b78012e6.

6 Vagianos, "NFL Player to Elementary School Class."

諱的棒球書《四壞球》（*Ball Four*），[7]最初招來的負面報導卻不是沖著棒球，而是針對包頓，因為體育界不喜歡有人把公認為英雄的幕後實話說出來。職業棒球大聯盟主席鮑威・庫恩（Bowie Kuhn）說這本書「對棒球造成了傷害」，還試圖叫包頓簽署一份聲明，說內容都是虛構的。[8]

包頓描述的玩女人（過去一些偉大的運動員誠實立傳的傳記中也一再出現這類描述）是否包括性騷擾？更衣室的氣氛顯然對女性稱不上尊重，如果有女性在那個世界工作，一定會有很多地方符合不友善工作環境的概念。但也是因為女性在那裡會受到完全的歧視，以至於她們根本不會進到那個職場，所以我們不太能夠說休息室是不友善的工作環境。女性有可能是售票員或是前台員工。但她們就是不被允許進入休息室（即使是以記者的身分），更不要說是出任教練、助理教練或是管理團隊的一員。女性當然更不是球員。絕對不讓女性進入那個地方，還有一個原因是她們可能會看到沒穿衣服的運動員。

因此，所有玩女人的事情都發生在職場外——雖然也不是完全在外面，通常是在球隊指定的旅館和汽車旅館。所以它不會被認為是體育界發生的事：那是運動員的私生活，即使職場注意到了，也會保障它屬於私人事務的性質（就像是職場也保障家庭虐待）。

這些相遇當然有時候會出現性侵害，也常常發生家庭暴力和球員對伴侶／配偶的強姦。但是管理層和球員工會要不然就是對這類行為視而不見，要不然就是對公眾保密。他們不僅不會對這類虐待制定規則並加以執行，還會積極的幫忙掩蓋。不過，雖然是這樣，但是受到虐待的女性通常是與球隊無關的當地女性，所以倒也不是管理層鼓動球員把（同一所學校機構的）後輩學生當作潛在對象，或是默許掩蓋他們對後輩學生的性虐待。這是大學體系才慣有的作法。

到了今天，已經有愈來愈多女性以體育記者的身分出現在休息室。也有許多女性擔任相當高階的管理層。NBA的聯盟辦公室有百分之四十的職位是由女性擔任。[9]也開始僱用女性為助理教練：NBA有十三名（現役或退休的）女性助理教練；NFL現在有四名（坦帕灣海盜隊有兩名，因為布魯斯．阿里安斯大力支持僱用女性教練，首名女性助理教練就是在他擔任亞利桑那紅雀隊〔**Arizona Cardinals**〕教練時僱用的）；棒球界的首名全職大聯盟教練是舊金山巨人隊（**San Francisco Giants**）在二〇二〇年一月僱用的。[10] NBA有過六名女性裁判，還有四人是現

---

7 Jim Bouton, *Ball Four: My Life and Hard Times Throwing the Knuckleball in the Big Leagues*, ed. Leonard Schecter (New York: World, 1970).

8 John Feinstein, "Jim Bouton Opened the Lid on the Closed Ol' Boy Network of Baseball," *Washington Post*, July 12, 2019, https://www.washingtonpost.com/sports/jim-bouton-opened-the-lid-on-the-closed-ol-boy-network-of-baseball/2019/07/12/4580a4c8-a442-11e9-bd56-eac6bb02d01d_story.html.

9 出自蕭華於二〇一九年一月十四日寫給作者的電子郵件。

10 Steve Almasy and Homero De la Fuente, "San Francisco Giants' Alyssa Nakken Becomes First Female Full-Time Coach in MLB History," CNN, January 17, 2020, https://www.cnn.com/2020/01/16/us/san-francisco-giants-female-coach-spt-trnd/index.html.

役；棒球界現在有兩名女性裁判，都還在小聯盟工作，NFL也有一名女性裁判。蕭華在二〇一九年五月宣布了NBA的一個目標：未來新僱用的教練和裁判應該有百分之五十為女性。[11]

隨著有愈來愈多女性出現在男性的職業運動世界，美國的職業運動聯盟也開始必須為性侵害和家庭暴力制定清楚的規則和政策。職場的人際和球員「私生活」的行為準則都被宣告為契約的一部分。所有主要運動的重要運動員都被懸於這些政策之下，但是卻沒有太多一致性。

二〇一四年發生的一件事成了過渡到可問責性的催化劑，當時效力於巴爾的摩烏鴉隊（Baltimore Ravens）的NFL運動員雷・賴斯（Ray Rice）被人發現在電梯裡毆打他的未婚妻，還把她打昏了（這整個過程都被攝影機錄下來）。他遭到逮捕並起訴，契約也被終止，而且被無限期停賽。[12]雖然禁賽的處分在上訴時被推翻，但是自此之後，賴斯就不曾在NFL工作過了。這件事情讓體育界受到與家庭虐待有關的強烈輿論。體育聯盟了解女性也是運動的消費者，更是體育贊助商的產品消費者，所以開始走向明確的政策，帶入更大的可問責性。這導致所有的主要運動項目都有許多其他運動員面臨懲戒。現在需要的是用一致性的積極政策帶來嚇阻和教育，用一致而有效的懲罰體制來支持震懾作用。

棒球界尤其積極。美國職棒大聯盟（Major League Baseball）和大聯盟棒球球員工會（Major League Baseball Players Association）在二〇一五年八月同意對家庭暴力、性侵害和虐待兒童有一個全面的政策，其中詳細列出違反的結果，同時也投入事前的培訓和教育。[13]雖然球隊需要知名球員贏得比賽，但是也不乏知名球員遭到長期停賽：芝加哥小熊隊（Chicago Cubs）的艾迪生・羅素（Addison Russell）是該隊贏得二〇一六年世界大賽（World Series）的重大功臣，他承認自己在家庭內施暴，並因此遭停賽四十場，他也認可強制治療為他帶來了新的認識。[14]（小熊隊發現他歸隊後，對球隊的價值降低了；所以將他下放至小聯盟，然後就讓他離開了。）多明哥・赫曼（Domingo German）——他可能是紐約洋基隊（New York Yankees）在二〇一九年的最佳投手——在冠軍賽進行中遭到禁賽八十一場的處分，這件事當然會對球隊造成傷害。[15]所以，棒球界

---

11 Jill Martin, "NBA Commissioner Adam Silver Wants More Women as Referees and Coaches," CNN, May 10, 2019, https://www.cnn.com/2019/05/10/sport/adam-silver-wants-more-women-as-referees-and-coaches-in-nba-trnd/index.html.

12 Louis Bien, "A Complete Timeline of the Ray Rice Assault Case," SB Nation, updated November 28, 2014, https://www.sbnation.com/nfl/2014/5/23/5744964/ray-rice-arrest-assault-statement-apology-ravens.

13 Paul Hagen, "MLB, MLBPA Reveal Domestic Violence Policy," MLB Advanced Media, August 21, 2015, https://www.mlb.com/news/mlb-mlbpa-agree-on-domestic-violence-policy/c-144508842.

14 Mark Gonzales, "Cubs' Addison Russell Addresses Domestic Violence Suspension: 'I Am Not Proud of the Person I Once Was,' " *Chicago Tribune*, February 15, 2019, https://www.chicagotribune.com/sports/cubs/ct-spt-cubs-addison-russell-speaks-20190215-story.html.

15 Tyler Kepner, "Yankees' Domingo German Suspended 81 Games for Domestic Violence," *New York Times*, January 2, 2020, https://www.nytimes.com/2020/01/02/sports/baseball/domingo-german-suspension.html.

其實展現了他們當真願意痛下決心。

籃球界也由球員工會和ＮＢＡ共同協商出一份政策，在對重要球員做出停賽的處分也並不手軟（通常會比棒球的時間短），處分對象包括沙加緬度國王隊（Sacramento Kings）的戴倫·柯利森（Darren Collison）和朗·亞泰斯特（Ron Artest）。（對亞泰斯特的停賽處分和憤怒管理治療顯然扭轉了他的行為：他後來贏得ＮＢＡ的公民獎，而且還在二〇一一年合法的將名字改成慈善·世界和平〔Metta World Peace〕。）最新的ＮＢＡ政策還與球員工會達成協議，規定聯盟有權力對家庭暴力展開調查，並對球員施以懲處（不論是否已有刑事控告加以解決）。政策也強調諮商和新秀培訓具有教育及預防的作用，還為所有ＮＢＡ球員、合夥人及家人提供全年無休（一週七天、一天二十四小時）的保密熱線。[16]

相較之下，美式足球就沒有出現共同的協議。[17]聯盟有一份模糊、空泛的聲明，但是在與球員工會的集體談判協議中，甚至連提都沒有提到這方面的內容。工會有一個暴力預防委員會，但是它顯然什麼事情都沒有做：新聞記者黛博拉·愛潑斯坦（Deborah Epstein）在二〇一八年六月辭去委員會的職務，她當時的說法是：「我只是不想繼續待在一個有名無實的組織。」[18]有時候還是會做出停賽處分（溫斯頓就受過一次，我們將在後文討論），但是聯盟通常很不活躍，紀律工作主要是丟給球隊，而球隊做出的懲處都是看個案而定，沒有什麼規律性。[19]

國家冰球聯盟（National Hockey League）則沒有政策，都是依照個案開啟程序。[20]

顯然所有運動都需要做得更好：評估一項政策，得看它執行得有多好（儘管棒球和籃球似乎已經做得不錯）。所有運動工會和管理層都應該受到球迷和贊助商的壓力（還要透過啤酒公司和其他贊助商受到球迷的壓力）。但是體育界的狀況基本上和藝術界一樣，都有相對封閉職場的附加優勢。[21]

---

16 Silver email, January 14, 2019.

17 Al Neal, "Which of the Big 4 Has the Best Domestic Violence Policy?" Grandstand Central, August 24, 2018, https://grandstandcentral.com/2018/society/best-domestic-violence-policy-sports.

18 Neal, "Which of the Big 4."

19 由堪薩斯城酋長隊（Kansas City Chiefs）的泰瑞克・希爾（Tyreek Hill）的例子，便可以說明球隊和聯盟之間不穩定的關係。希爾在二〇一四年承認犯下家庭暴力的輕罪（那是一個涉嫌勒頸的可怕案子）；他的大學球隊——奧克拉荷馬州立大學（Oklahoma State）——因此裁掉了他，於是他便加入級別比較低的西阿拉巴馬大學（West Alabama）球隊。接下來在二〇一九年，當他在酋長隊時（酋長隊在第五輪時選中他），同一名女朋友控告他虐待小孩。酋長隊給了他停賽處分，但是幾個月之後，據說ＮＦＬ重新檢視了醫學證據、洗刷了他被指控虐待兒童的嫌疑，所以他現在又回到酋長隊了。

20 Neal, "Which of the Big 4."

21 歐洲職業足球界的性腐敗還在調查中；ＦＩＦＡ（國際足球管理機構）顯然在許多方面都很腐敗，但是它的腐敗行為是否包括包庇球員的罪行，則還需要進一步研究。無論如何，我們都可以這麼說：該體制能夠對性侵害採取清楚的公共規則，並加以執行，因為它的整體結構和美國職業聯盟的結構類似。

現在讓我們轉向大學體育。為了在相關脈絡中觀察美國的情況，我們不能夠忘記在歐洲，並沒有像美國這樣的大學體育球隊。學生們會聚在一起從事非正規的娛樂，但是大學不會贊助球隊進行全國征戰，也不會有大量的觀眾在電視上觀看，或是培訓選手成為職業運動員。取而代之的，是聯盟本身會贊助較低級別的球隊執行這類培訓功能。比較早就決定進入體壇的球員通常會選擇一支低級別的球隊加入，而不是去上大學。[22]

美國的棒球界也是如此。較低級別的小聯盟球隊和聯盟本身的歷史一樣古老，它們大部分附屬於某個大聯盟球隊，並得到它的部分支持。也有不附屬（於大聯盟）的小聯盟球隊，但是這一向是財務窘迫時的提案。原本只有在黑人聯盟（Negro Leagues）才能找到像是薩奇・佩吉（Satchel Paige）和酷爸爸貝爾（Cool Papa Bell）這樣偉大的球員，那時候的黑人聯盟發展得很好。而當大聯盟終於——大部分是心不甘情不願的——向非裔美國人運動員敞開大門時，黑人聯盟就迅速結束了，因為它們已經沒辦法再為（通常是白人的）老闆賺錢了。

今天在我稱之為小聯盟的系統中（包含歐洲的所有運動和美國的棒球），實際上沒有年輕的選手可以直接進到大聯盟。選手會與組織簽約，然後就被放到適合他們的年齡和發展階段的較低級別——可能是3A（AAA）、2A（AA）或1A（A）。[23]美國的棒球的確是一種大學體育，有少部分（而且愈來愈多）最後進入大聯盟的球員有上過大學，有時候還是拿棒球獎學金。在今天，有百分之四・三的球員有大學學歷（雖然大部分是在打球時兼職上完大學）。舉例來說，父母都是老師的柯蒂士・格蘭德森（Curtis Granderson）就是在一邊打球時，一邊取得了芝加哥伊利諾大學（University of Illinois）的商業管理學位，雖然他說這件事非常不容易。[24]不過沒有人會覺得打職棒之前去上大學是正常的發展途徑，而且那似乎會對職業生涯造成延遲，而不是推進。就連學業優異的傑基・羅賓森都只差最後取得學位，就離開了UCLA（不過他的遺孀雷切爾〔Rachel〕——現在已經九十七歲高齡——取得了研究所學位，並成為耶魯大學護理學院〔Yale School of Nursing〕的教授）。

小聯盟系統有一個明顯的缺陷：如果球員的專業運動員生涯很短或是無法成功，他們並沒有學到足以讓他們就業的技能。羅格・卡恩（Roger Kahn）選了一些布魯克林道奇隊（Brooklyn Dodgers）在一九五〇年代早期的球員，追蹤他們離開球場後將近二十年的生活，並寫成令人

---

22 關於歐洲足球學院的事蹟，有兩篇優秀的報導可以參考，可參見David Conn, "'Football's Biggest Issue': The Struggle Facing Boys Rejected by Academies," *Guardian*, October 6, 2017, https://www.theguardian.com/football/2017/oct/06/football-biggest-issue-boys-rejected-academies；與Michael Sokolove, "How a Soccer Star Is Made," *New York Times Magazine*, June 2, 2010, https://www.nytimes.com/2010/06/06/magazine/06Soccer-t.html。

23 其實該系統比我這裡所說的還要略為複雜，不過它的細節與我要討論的論點無關。

24 Ben Maller, "College Graduation Rates of MLB Players," The PostGame, May 18, 2012, http://www.thepostgame.com/blog/dish/201205/grandy-man-only-educated-bronx-bomber.

驚嘆的《夏季男孩》（*The Boys of Summer*）一書，[25]書中最悲劇的部分之一，就是他們離開球場後的經濟生活是多麼匱乏。當然也有例外：卡爾．厄爾斯金（Carl Erskine）和喬．布雷克（Joe Black）成了主管（在當時的種族氣氛中，布雷克堪稱是標誌性的勝利）。但是更多人沒有一份真正的職業，因此無法獲得有意義的退休金──他們也沒有賺到今天的大聯盟那堪稱天文數字的薪水，否則就可以投資和儲蓄。他們的悲傷和失敗是因為未來已經不可能和過去相提並論。（卡恩的書名是引用狄蘭．湯瑪斯〔Dylan Thomas〕的詩文：「我看著夏季男孩走向毀滅」，他指的是不再打棒球就意味著該人的必要性遭到「毀滅」，而不是因為缺乏有效的技能培訓和不存在的退休金制度〔而使人走向毀滅〕。）那些從未進入大聯盟的球員則又如何呢？他們顯然更為淒涼。任何像樣的職業運動制度都應該為運動員準備好，讓他們在其後的人生中仍有收入。

不過在性侵害這個議題上，小聯盟的制度有一個很大的優勢：它大致上算是一個大型的封閉職場，因此可以由大聯盟為所有人訂立清楚的規則，而且可以寫入與球員工會協商的契約中。大部分球員在成為受薪球員的那一刻開始，就得受到這個制度的規範。因此，由棒球界帶頭為性虐待和家庭暴力創立了明確的標準，其實也就不足為奇。NBA也是差不多同樣的積極主動，這反映出NBA的領導地位，不過也可能是因為有愈來愈多球員是在高中後就直接加入NBA。然而，我們應該要留意大學棒球，因為在過去二十年間，大聯盟的選秀愈來愈關注大學球員（有結果證明他們在進入球隊系統後，戰績會比高中選秀者更好）。[26]當然被選秀選中之後，他們還是會先在小聯盟待個幾年。但是大學系統承擔了他們的部分培訓費用。據我所知，目前為止這個走向還沒有產生我們在美式足球界看到的那種企業買入或是其中的性腐敗（籃球界也有某個程度是如此），這當然是因為大學棒球並不是非常受歡迎，也沒有什麼電視轉播。但是這個趨勢還需要觀察，以免腐敗從那裡開始蔓延。

相較之下，美國除了棒球之外的其他流行運動，運動員都是在職涯的相對後期才進入一個「正常」的封閉性職場（或是幾個封閉性的職場，聯盟對它們的控制力較弱，所以紀律事宜便交給球隊），他們會先有幾年是在大學系統和更前期的高中系統中做準備（雖然ＮＢＡ已經愈來愈是例外了）。但是大學系統很腐敗，而且讓一流的運動員相信他們凌駕在法律之上，還讓他們得以接觸到校園中弱勢的女性（她們的投訴都太常遭到忽略）。

一級聯賽（D-I）的美式足球和籃球都已經由腐敗的制度主導（至少更甚於其他運動）。當然有許多D-I運動存在著學院的腐敗，其他的大學D-I運動也會有性醜聞，[27]但是在這兩項運動

---

25 Roger Kahn, *The Boys of Summer* (New York: Harper, 1972).

26 可參見下列文章的綜合研究：Richard T. Karcher, "The Chances of a Drafted Baseball Player Making the Major Leagues: A Quantitative Study," *Baseball Research Journal* 46, no. 1 (Spring 2017), https://sabr.org/research/chances-drafted-baseball-player-making-major-leagues-quantitative-study。

27 布羅克．特納（Brock Turner）案是一個著名的例子，特納是史丹佛的一名白人明星泳將，他強姦了一個酒醉的女

中，發生的大學與大筆企業資金混在一起的腐敗事件不成比例的多，又比其他運動更容易在全國塑造出男子氣概的形象。讓我釐清一下：我不是反對真正走向職業傾向、人才的競爭市場和支付給運動員個人的報酬。其實這就是小聯盟系統長久以來所做的，而且它具有透明性和可管制的優點，我贊成用這作為當前結構的最佳替代方案。目前的大學制度中最大的問題（我們將在後文討論）是企業資金以隱蔽的方式運作，假裝企業體是大學在努力時絕對需要的一部分，但是它們又抗拒大學高層的一切掌控。當然錢並沒有進到運動員個人的口袋。他們是制度的人質，他們受到支配和剝削，同時他們的罪行又會受到掩蓋。

現在也該提提種族問題了。相較於其他運動，美式足球和籃球顯然是以非裔美國人才占壓倒性的多數。這個系統在無償利用他們的天賦之後，又完全不關心運動員的智識教育，這也絕非偶然，而且制度傾向於助長運動員一些男性的不端舉止，那些舉止又恰好符合最具有破壞性的種族刻板印象。

一級聯賽的大學體育：不健全的結構

如果某個學院或大學的美式足球與籃球隊屬於一級聯賽，擁有這樣的球隊需要承擔極大的財務負擔。這個等級的美式足球尤其昂貴。大學必須擁有專業水準的體育場、一流的培訓和訓練場所，以及最好的設備——這倒不是因為運動員當真需要這些炫麗的設施，而是因為這些設施會吸引明星新秀前來就讀，贊助者也想看到這些。最大的一座大學體育場可以容納十萬人。有十間大學的體育場座位甚至比最大的職業美式足球場還要大。未來的球員只會考慮最好的（現在就已經是這樣了），我們看到的是包括場地維護、保養等都需要重大開支。大學靠著建設競相吸引新生。近期的一個典型例子便是芝加哥附近擁有驚人練習設施的西北大學（Northwestern University）海濱體育館，它的建造（還不算入維護）便要價兩億六千萬美元。[28]它現在被公認為十大大學體育競技聯盟（Big Ten Conference）裡最昂貴的美式足球複合設施，但是那也只是勉強獲得明星地位的最低要求。

然後還需要教練。各州裡領有最多薪水的州僱員幾乎都是州立大學的美式足球隊教練。[29]主

性，被判處三項性侵罪成立，但是法官隨即考慮到他的運動天賦和光明的未來，於是決定對他寬大處理，只判他六個月的有期徒刑（而他只服刑三個月）。這個案件引發大眾的憤怒，被害者張曉夏（Chanel Miller）在二〇一九年出版了一本回憶錄，討論她的經歷：*Know My Name: A Memoir* (New York: Viking)。

28 Richard Johnson, "Northwestern's New Football Practice Facility Is Literally on a Beach," SB Nation, April 10, 2018, https://www.sbnation.com/college-football/2018/4/10/17219292/northwestern-new-practice-facility.

29 有幾個州的榜首是籃球教練，還有幾個州是以大學裡的醫療專業人員居首：可參見"Who's the Highest- Paid Person in Your State?" ESPN, March 20, 2018, http://www.espn.com/espn/feature/story/_/id/22454170/highest-paid-state-employees-include-ncaa-coaches-nick-saban-john-calipari-dabo-swinney-bill-self-bob-huggins。

要的大學教練標準薪水介於五百萬到九百萬美元之間，還不包括契約裡明訂的津貼或補助。[30]這也表示不論是在公立或私立學校，美式足球教練通常是學校裡薪水最高的人：最高薪的大學校長一年大概可以賺一至兩百萬美元。[31]（大學附屬醫院的CEO通常賺得比大學校長多，有時候可與美式足球教練媲美，但也只是勉強差不多而已。）球隊裡的其他教練也一樣高薪。球隊還必須到異地的客場比賽，明星運動員一定不願意搭遊覽車前往：以私人飛機為運輸工具是常態。還有這類項目的支出。籃球也很昂貴，不過比起美式足球則遜色了許多。籃球對設備的需求比較低，需要的場地也比較小，而且其實可以交替使用，教練的薪水即使再高，比起美式足球教練的薪水來說通常還算是適度。杜克（Duke）的麥克．沙舍夫斯基（Mike Krzyzewski）（「K教練」）和肯塔基（Kentucky）的約翰．卡利帕里（John Calipari）曾經達到美式足球教練的等級，但是後來就急速跌落了。

大學在向學生、家長、校友和贊助者兜售這些開支時，通常會說一支成功的一級聯賽球隊可以帶來預期中的收入。但是對於大部分在爭奪明星地位的大學來說，這種收入的承諾其實並不實際。在D-I的一百三十支球隊中，只有至多二十隊可以期待賺到錢。[32]利潤主要來自於電視合約，而不是門票收入，而且只有前二十名會被認為有轉播價值（這還是很寬鬆的估計）。一般都以為只要球隊受到好評，校友捐款便會依照它的支出等比例增加，威廉．鮑文（William Bowen）在兩本嚴謹且深具洞察的書中仔細檢視了這樣普遍的想法，並發現它是錯的。[33]

這一切都表示有很多大學在競爭極少數能賺到錢的名額。為了打造一支獲勝的隊伍，他們必須吸引最有才華的球員。但是美式足球和籃球界的頂級天才當然沒有幾人。這就是自然界的樂透獎券。職業聯盟比較不必為這件事煩惱，因為他們獨占了所有可用的人才，他們有一個組織化的系統，透過選秀讓各隊都有機會，他們用了一種堪稱合適的方法，將人才分配到各隊。大學比賽就沒有這種制度了。每年都有一百三十所學校在招生，每年也都有大約二十位極具才華的選手要入學，從他們在高中的成績就可以知道這極具才華的二十人是誰。學校可能會認為要把這麼多錢浪費在練習設備和教練的薪水上很不明智，但是唯有這樣，才能夠招募到頂尖的天才。只想堅守理性界線的學校都會走向失敗。

---

30 "NCAA Salaries," *USA Today*，於二〇一九年十一月至二〇二〇年二月間瀏覽，https://sports.usatoday.com/ncaa/salaries。

31 Dan Bauman, Tyler Davis, and Brian O'Leary, "Executive Compensation at Public and Private Colleges," *Chronicle of Higher Education*, July 17, 2020, https://www.chronicle.com/interactives/executive-compensation#id=table_public_2018.

32 這個數字可以由威廉・鮑文（William Bowen）的分析獲得支持；可參見William G. Bowen and Sarah A. Levin, *Reclaiming the Game: College Sports and Educational Values* (Princeton, NJ: Princeton University Press, 2005)；較早的還有James L. Shulman and William G. Bowen, *The Game of Life: College Sports and Educational Values* (Princeton, NJ: Princeton University Press, 2002)。也可參見Mike McIntire, *Champions Way: Football, Florida, and the Lost Soul of College Sports* (New York: W. W. Norton, 2017), 90。

33 Bowen and Levin, *Reclaiming the Game*; Shulman and Bowen, *Game of Life*.

這個情況落入了典型的集體行動問題的架構：各校在單獨評估時，可能都不想在美式足球和籃球上花太多錢，但是如果成為互相競爭的群體，他們就必須花得越來越多，這就是已故的邁爾斯·布蘭德（Myles Brand）——前NCAA管理者——所稱的「軍備競賽」。[34]

新生的招募競爭的確是一場軍備競賽，要靠昂貴的建築和設備才能夠贏得比賽，而且需要一個完整的球探／行銷團隊，他們遊走於全國各地的高中，甚至要在學生開始申請大學的好幾年前，就開始探尋有才華的人。不過等球員到位之後，還有兩個新的軍備競賽要展開。一個是學術標準的軍備競賽。因為NCAA規定的資格要求是必須符合學術水準的低標，這裡也出現了集體行動的問題，那就是所有規避這些規定的方案都出現了，包括假造課程、由其他學生代寫報告、有舉報的聲音就壓下去，可謂用盡了手段（除了思考如何讓運動員接受真正的教育之外）。接下來談到佛羅里達州立大學時，將討論到一些這類試圖與制度角力的例子，但是其實在許多地方都有發生這類事情。眾所周知的，真正誠實堅持學術標準的學校其實是例外，它們的數量用一隻手的手指頭就數得出來：大概就是史丹佛、西北大學、聖母大學（Notre Dame）還有其他幾個——當然有時候某一所學校在今年是誠實的，但是明年可能就屈服於誘惑了。畢竟既然教練的薪水是大學校長的四倍，學術價值和學術的領導地位相對於軍備競賽承諾會帶來的利益，又能夠抵抗壓力多長時間呢？

不過我在這裡關心的軍備競賽，是指保護運動員免於受到刑事調查和起訴的軍備競賽（這樣才能夠維持他們的運動員資格）。運動員可能會犯的刑事犯罪有很多，包括非法使用和販賣毒品、在商店行竊和其他財產犯罪，還有酒駕。不過，既然我們在這裡討論的這些年輕男性在十歲之後，全部的成長過程中都覺得自己象徵會讓人悸動的男子氣概，而且能夠凌駕於法律之上（法律只適用於次等的人），因此也有許多人會犯下性犯罪：性侵、騷擾、跟蹤。由於整個組織的電視收益可能就只取決於一或兩名天才，因此，如果這幾個天才面臨到刑事犯罪的指控，他就會被（通常包括）擔任鎮上警察、檢察官和法官的大學校友積極的保護起來。

任何集體行動問題的困境都是出自於系統。各方在作為單獨的個體時，下的判斷可能是要維持標準——不過，結構性的邏輯卻會下令悖離標準，以獲得利潤。大學體育的情況還要更糟，因為真正作決定的不是那些認為標準應該遵守的人。（出於這個原因，我也不認為這是經典的「囚徒困境」問題，因為各類的運動員都存在，他們的目標差異也很大，只有其中一些人當真認為消滅學院與性兩個層面的腐敗是好事。）我也在前文提過：教練在許多方面都比大學校長更有權力，反對他們的校長很有可能遭到解僱。

還不止於此。躋身這場戰鬥的所有主要體育學校都有附屬的企業體，他們對當地隊伍的獲

34 Myles Brand, "Academics First: Reforming College Athletics" (speech, National Press Club, Washington, DC, January 23, 2001).

勝都有巨大的經濟利益。學校與企業的連結採取不同的形式。有時候是一間運動服飾經銷商與學校達成了交易並賺取利潤，有時候（就像是Nike與俄勒岡大學〔University of Oregon〕）會連這間企業的CEO都成為對大學很有影響力的贊助者與捐款人。[35]有時候則是有錢的校友和運動服飾經銷商組成複合式的企業體，就像是佛羅里達州立大學的塞米諾爾後援會（Seminole Boosters）。不管是哪一種，這些團體都要為一支決勝隊伍所需的高額費用支付大筆帳單，因此一定會有頗具決定性的影響力。

這些企業體對於維護學術標準或是女性身體的完整性沒有明確的興趣。他們想要的是勝利，和勝利帶來的利益。他們會試圖推翻任何妨礙勝利的政策。這些團體比大學教員和校長都有權力得多。至於在法律方面，我們還將看到他們甚至可以掩蓋非法的行為到什麼程度。

再強調一次：這些企業體顯然沒有創造出真正的體育專業文化。他們是以半掩藏的方式運作，假裝是學術事業的一部分，但是同時又在追求自己的目的。他們堅決抵抗真正的職業化模式，職業化會創造人才市場，讓個人運動員依照他們的市場價值獲得報酬。他們假裝這都是因為運動員還是學生，但是又用各種方法積極推翻真正的教育。他們完全不仿效真正職業聯盟的方式來管理運動員的行為，反而還暗中鼓勵學院腐敗和性方面的不正行為，彷彿他們容許這些不檢點的行為，正好可以彌補他們決心苛扣的那些薪水。

凌駕於法律之上的美式足球：佛羅里達州立大學的例子

如果我們要思考可以如何進行改革，對於擺在面前的不健全結構有一個清晰的範式，將會很有幫助。在過去的二十年間，已經有針對性侵害、學院腐敗和大學體育的許多文章，包括對特定大學的三篇重要研究：喬舒亞・杭特（Joshua Hunt）的《Nike大學：企業如何用錢買下美國的高等教育》（*University of Nike: How Corporate Cash Bought American Higher Education*）是關注俄勒岡大學；[36]寶拉・拉維涅（Paula Lavigne）和馬克・施拉巴赫（Mark Schlabach）的《違規犯行：在大學美式足球的性侵危機中揭露貝勒大學的強姦行為》（*Violated: Exposing Rape at Baylor University amid College Football's Sexual Assault Crisis*）；[37]與邁克・麥金泰爾（Mike McIntire）的《冠軍之路》（*Champions Way*），該書的分析側重於佛羅里達州立大學。三者都有長處，它們大致上都同意、也都討論了大學美式足球結構中的缺點（像是我在此處所討論的）；但是我認為麥

35 可參見Joshua Hunt, *University of Nike: How Corporate Cash Bought American Higher Education* (Brooklyn, NY: Melville House, 2018)。

36 Hunt, *University of Nike.*

37 Paula Lavigne and Mark Schlabach, *Violated: Exposing Rape at Baylor University amid College Football's Sexual Assault Crisis* (New York: Center Street, 2017).

金泰爾的嚴謹報導和紀錄略勝一籌，而且他也適當的注意到該書所受的批評，所以我選擇專注於這個案件，它還有另外一個好處，是可以同時關注到學院和性方面的腐敗。[38]不過佛羅里達州立大學並不是一個孤立的案例。我在這裡用它作為一個範式，是為了展示大學美式足球的整體結構特徵。數據顯示的結果可謂令人沮喪，它顯示性侵害的問題在一級聯賽的美式足球中可謂無處不在，對於規避和掩飾的指控也比比皆是。在一九九〇年之後，有大約百分之五十八的D-I美式足球隊（一百四十八間學校）至少被舉報過一件在性方面的不檢點事件，其中有百分之四十二的事件被移交給刑事司法系統；有百分之二十六的事件涉及至少一名學生被逮捕。[39]

佛羅里達州立大學（FSU）不只投注了極大比例的預算在美式足球，還有一個半私人的企業體——塞米諾爾後援會——在支持FSU的球隊，並指望因球隊獲勝而賺得利益。[40]如同麥金泰爾所指出的，這類企業體一直以來都存在稅務問題：它們一直都說自己是大學的一部分，而且它們的角色「與教育功能有關」，以此來規避徵稅時被視為私人企業（78）。後援會的收入是來自（VR影音播放器）skybox的租金和比賽的其他特許權，還有FSU體育活動的相關媒體及許可權。它的資產總值在二〇一三年是兩億六千四百萬美元（189）。大致上獨立於學校之外運作，也有自己的董事會。它的開支應該要由大學校長批准，但是在二〇一一年，時任校長的艾瑞克·巴隆（Eric Barron）說他從來沒有收到過後援會的支出報告（190）。其他後援會甚至更難以究責：阿拉巴馬大學（University of Alabama）的紅潮基金會（Crimson Tide Foundation）被認為是該大學的「混合型組成單位」，它自從二〇〇四年之後就沒有單獨的報告了（194）。FSU的後援會也對校長的薪水和津貼有貢獻，而且想方設法繞過NCAA對於支付教練薪資的限制，透過另一個基金會直接給付現金（195）。後援會參與了一些會影響大學的商業交易（例如以稅收補貼進行房地產開發），但是卻沒有可問責性（196）。

FSU一直以來都會掩蓋明星運動員的非法活動。在二〇〇三年，有一名運動員因為竊盜和非法賭博遭到審判，但是有教練替他作證，所以他只被判了緩刑。在同一年，有另一名運動員因為性侵而接受審判，但是獲判無罪，法庭上彌漫著對FSU運動員全然聽從的氣氛（47）。還有一名球員——邁克爾·吉布森（Michael Gibson）——因為犯下特別殘暴的強姦罪而被判有罪，他也承認了，並在法院上當庭道歉；而鮑比·鮑登（Bobby Bowden）教練還寫了一封支援吉布森的信，試圖減輕他的刑期。這時，全國婦女組織（National Organization for Women, NOW）的當地分會寫了一封信給該校校長，指出「除非FSU開始嚴肅面對運動員對女性的性暴力問

---

38 我會在行文的括號中列出麥金泰爾書中的頁碼，不過整體而言，他的主張也是廣泛的引用證據來獲得支持：他引用的包括新聞報導、對關係者的訪談、法庭文件等。有興趣的讀者可以追蹤他所用的資料來源。

39 我的研究助理賈里德·梅爾（Jared Mayer）將相關數據匯編之後做成了完整的摘要，可於我的教學網站上瀏覽；匯編數據與分析摘要的作者為：Jared I. Mayer（他預計於二〇二一年取得JD學位），University of Chicago Law School。

40 本段討論括號中所引用的是麥金泰爾的*Champions Way*一書中的頁碼。

題，否則學校就只是一直在向數以百計的年輕男性傳達一個可鄙的訊息，告訴他們強姦是沒有問題的」（48）。簡而言之，FSU就是一直在教導男性的傲慢和性方面的物化。

而且還有學院腐敗的傳統。許多教員告訴麥金泰爾他們受到了壓力，要求他們讓程度不佳的運動員通過考試。麥金泰爾最後選擇專注於一段特別過份和悲傷的描述，放在《紐約時報》的連載，那件事是關於觀光管理學院的腐敗——許多運動員都被建議去修觀光管理學院的課，這些課程有最低要求，不過所有運動員都及格了。麥金泰爾聽到了一名研究生助教克里斯蒂．薩格斯（Christie Suggs）的故事，薩格斯是一名稍有年紀的女性，她有一個十二歲的兒子，她拒絕讓成績不夠的運動員通過考試，並且成了吹哨人。薩格斯被革除了助教職位，還被迫從博士學程輟學，她一直找不到其他的職位，最後就自殺了（201–3）。所以這是一個特別醜陋的學院腐敗的故事，除此之外，我們當然還聽過其他故事——尤其是北卡羅來納大學教堂山分校（University of North Carolina–Chapel Hill）的「紙上課程」醜聞，那是專門為運動員學生設計的課程，報告是課程的唯一要求，而且學生的報告還是由教授代筆。[41]

不過，我們在此討論的主題是性方面的腐敗。有趣的是詹姆斯．溫斯頓說他在高中就是都拿A的學生（56），我也找不到證據說他在FSU的學業有遇上過任何困難。不過，他從很小的時候就意識到自己很特別，而且沒有對手。溫斯頓在阿拉巴馬家中的臥室——他把那個房間叫作「砰砰房」——拍攝了一段影片，影片中可以看到他的牆上排滿了獎牌。他說：「你知道的，當我還是個孩子時，我就已經是超級巨星了。」照他自己的說法，他之所以選擇ＦＳＵ，是因為該校提供給他很多錢（57）。[42]雖然他在美式足球和籃球方面都很有才華，在ＦＳＵ也有一段時間同時投入兩個運動，不過他很快的就決定專注在美式足球，並且迅速成為球星，他在入學第一年就贏得了許多人夢寐以求的海斯曼獎（Heisman Trophy）（那是大學美式足球的最高個人獎項）。

然而出現了麻煩的跡象。他與一名醫學院學生發生了性接觸，且最後讓她受到精神創傷，並且讓她因為這種受到侵犯的感覺，而必須尋求諮商（58）。溫斯頓後來在一份證詞中承認他在ＦＳＵ就讀的第一年間，有超過五十名性伴侶，所以他根本不記得她們的名字。他還說他和室友克里斯・凱瑟（Chris Casher）以前會互相觀賞另一個人做愛，他說那「有點像是實境秀色情片」。凱瑟並說他們經常會和同一批女孩子發生性行為：「那就是美式足球員會做的事。我們就是會這樣做，那就是我們會做的事。」（59）ＦＳＵ的運動員都生活在傲慢和物化的世界中，他們學到女性只是一個物件、不是完全真實的存在，而且很快就把這一課內化了。

---

41 Jeremy Bauer- Wolf, "NCAA: No Academic Violations at UNC," *Inside Higher Ed*, October 16, 2017, https://www.insidehighered.com/news/2017/10/16/breaking-ncaa-finds-no-academic-fraud-unc. 雖然有這件應該受到譴責的事，沒牙的老虎ＮＣＡＡ還是給了該校一張自由入場券。

42 溫斯頓拒絕了麥金泰爾提出的採訪邀約，不過許多寫作材料是他自己說出來的（要不然就是來自他本人的社交媒體帳號，要不然就是來自媒體採訪）；講述材料來自多個資料來源，有些必須保密。

溫斯頓和凱瑟住在校外的私人新建住宅區（那裡主要是供給運動員居住），無人監管。在他們對公寓造成價值四千美元的損害之後，房東想要把他們趕走，但是在他們被指控任何一項足以毀掉職業生涯的重罪之前，體育部門都想方設法支付了賠償金（61）。溫斯頓的其他法律問題也都被縮減到最小：他用非法的BB槍射擊松鼠而遭到逮捕，還被漢堡王指控為偷了汽水。他在二〇一四年被指控在「Publix」超市裡偷走蟹腿，這件事讓他收到民事傳票，還必須服二十小時的社區服務，但是這不是重罪控告，所以不至於影響到他的運動員資格。二〇一四年發生的一件事——他站在FSU學生會的一張桌子上大喊「操她的陰部」（這已經成了網路迷因圖）——讓他被禁賽一場。

現在讓我們談一下艾瑞卡．金斯曼（Erica Kinsman）。因為她從來沒有公開為自己發聲，所以我們必須依照法律文件中的事實，代替她（可以這麼說吧）提出控訴。金斯曼是一名十九歲的FSU學生，在二〇一二年十二月的一個晚上，她在「Potbelly」喝酒，並遇到了一個高高帥帥的非裔美國人男性，他向她要了電話號碼。她的朋友滿懷敬畏的告訴她那個人就是克里斯．凱瑟——校隊的後衛球員。他傳訊息給她、約她見面，於是她就和凱瑟、再加上另外兩名男性一起坐上了計程車。計程車司機說她看起來像是喝醉了。她有一段記憶是空白的，不過她記起來的下一件事就是凱瑟的室友（她不知道他叫什麼名字）硬是壓到她身上。她試著抵抗，但是他卻壓住她，還說沒關係，就讓他做完吧。同乘計程車的第三名男性這時候進到房間裡，根據金斯曼的證詞，他說：「哥兒們，她叫你停了。」凱瑟接著開始拍攝他們的性愛影像。但是那名室友站起身來，把她抱進浴室，把她放在地板上之後，先是把門鎖起來。他做完之後，把她的臉推到瓷磚地板上。金斯曼告訴許多朋友和她的父母：她被強暴了。她有去醫院做強姦的整套檢驗，但是她不知道強姦她的人叫什麼名字，所以也不知道接下來該怎麼辦（雖然檢驗的結果發現她有瘀傷，也在她的內衣上採到可供檢測的精液）。不過就在一月（新學期開學的時候），她在一堂課上看到了對她施暴的人，她也很快得知了他的名字：詹姆斯．溫斯頓。

其後的事就像是麥金泰爾和許多媒體消息告訴大家的那樣，是一次粗劣到可恥的調查。Potbelly的監視器根本沒有被調閱；也不曾傳訊過計程車司機——直到金斯曼自己給出溫斯頓的名字。但是即使到了那個時候，溫斯頓也沒有被叫來訊問；警察只是打電話給他，要求與他預約談話的時間。（溫斯頓也沒有回電給警方。）接下來的電話紀錄顯示警察馬上打電話給體育部門中負責法律「善後的人」，還有後援會、吉博．費雪（Jimbo Fisher）教練以及一名有權有勢的刑事辯護律師。然後那件案子就被束之高閣了。警察並沒有詢問DNA證據（雖然有整套的強姦檢驗結果）；他們也沒有詢問證人。他們就只是不再追究這件指控了。州檢察官威利．梅格斯（Willie Meggs）在二〇一三年十二月宣布撤銷此案，他的理由是該名女性的證詞存在著「重大問題」。同時間，溫斯頓還是繼續走向他的勝利之路：被控以重罪的運動員在案件解決之前不能夠繼續比賽，但是溫斯頓從未遭到控告。關鍵證據也在這時候消失了（包括凱瑟手機裡的影片、

Potbelly監視器錄到的鏡頭）。

如果不是《紐約時報》報導了警方這次有瑕疵的調查，事情可能當真就結束了。[43]學校在那時展開調查，並指控凱瑟拍攝影片是違反了學生守則，對於溫斯頓遭到指控一事，也召開了聽證會。金斯曼的律師說警方調查員斯科特．安古洛（Scott Angulo）（他曾經為塞米諾爾後援會擔任私人保安工作）對金斯曼提出了警告，說塔拉赫西（Tallahassee）是美式足球的重鎮，如果她堅持追究這個案子，一定也會「被人掀底」——她也的確在社群媒體上遭到騷擾。[44]

金斯曼離開了塔拉赫西，在別處完成大學學業。但是她有回來對聽證會委員講述詳細經過。溫斯頓辯解說她的「呻吟聲」代表同意了。聽證會就辦在ＦＳＵ要於二〇一五年的玫瑰盃（Rose Bowl）出賽之前，而溫斯頓是該隊的主力球星。所以整個學校的名譽看起來都岌岌可危。正式聽證會洗刷了溫斯頓的嫌疑。首席法官——退休的佛羅里達州最高法院（Florida Supreme Court）的法官Ｂ．哈丁（B. Harding）——寫下：「我不認為有哪一方的陳述可信度明顯優於另一方。兩者都有其強度和弱點。」（198）拖延戰術奏效了：溫斯頓參加了玫瑰盃——即使ＦＳＵ還是以59–20敗給俄勒岡。

事情還沒有就此結束。金斯曼現在讓她的名字被揭露在大眾面前，她提起了民事訴訟，控告ＦＳＵ違反《第九條》。ＦＳＵ在二〇一六年以九十五萬美元達成和解——就在證言程序開始之前。後援會顯然付了一大筆法律費用和其他相關費用（200）。但是在這時候，溫斯頓卻在二〇一五年的選秀中名列第一順位，正邁向ＮＦＬ的明星之路。

溫斯頓刷新了多項ＮＦＬ新秀的紀錄和其他更多令人印象深刻的紀錄：四千碼傳球的最年輕球員、最多連續四百五十碼以上的傳球比賽、在二十四歲生日之前最多次達陣傳球。但是他的紀錄還混雜了我們將在後文檢視的結局。就如同一名球評所說的，溫斯頓「既令人驚嘆，也令人惱怒」。[45]

同時，他一路以來的性行為也支持了我的論點：職業聯盟對性侵害的處理比大學來得好。二〇一五年時，溫斯頓在亞利桑那州（Arizona）被指控偷摸了一名女性優步（Uber）司機——這可說是某種物化的行為，也符合他在ＦＳＵ的行為模式——該名司機對他的球隊坦帕灣海盜隊提出控告。[46]ＮＦＬ的調查結果認為溫斯頓違反了聯盟對個人行為的政策，因為他「未經她

---

43 Walt Bogdanich, "A Star Player Accused, and a Flawed Rape Investigation," *New York Times*, April 16, 2014, https://www.nytimes.com/interactive/2014/04/16/sports/errors-in-inquiry-on-rape-allegations-agains-fsu-jameis-winston.html.

44 Bogdanich, "Star Player Accused."

45 Kristopher Knox, "The Best Potential Landing Spots for Jameis Winston Next Season," *Bleacher Report*, January 7, 2020, https://bleacherreport.com/articles/2870001-the-best-potential-landing-spots-for-jameis-winston-next-season.

46 Jenna Laine, "Uber Driver Sues Jameis Winston over Alleged Groping Incident," ESPN, September 18, 2018, https://www.espn.com/nfl/story/_/id/24726850/jameis-winston-tampa-bay-buccaneers-sued-uber-driver-alleged-2016-incident.

的同意，逕自以不適當和帶有性意義的方式觸摸了該名司機」。溫斯頓起初否認那項指控，但是後來也公開發表道歉，並說他「會將酒精從生活中去除」。他在二〇一八年季度的前三場比賽中遭到禁賽。[47]他還被要求接受治療干預——值得注意的是他的酒精問題顯然獲得成功的治療——NFL也威脅他如果再犯，會有更嚴厲的處罰。雖然我在前文說過NFL的紀律在本質上軟弱無力，但是它在這個案件中似乎發揮了功效，至少看到目前為止是這樣。溫斯頓還沒有放棄他的雄心，而且可能對威嚇也有反應。他也知道NFL和FSU不一樣，NFL就算沒有他，還是可以運作得很好。

不過，也正是在二〇一七年，溫斯頓對小學生做了我在前文引用的那段令人震驚的勵志演講。在這裡，我們看到的是一個基本上什麼都沒有學到的人。雖然他的目標——激勵學生努力奮鬥——值得讚賞，但是他找到的唯一方法，卻是用帶有性別歧視的刻板印象表達這個想法。男性要有力量、要強，女性就只能保持沉默、不抵抗。不過，既然連一所公立大學都會用納稅人的錢，拿出其中的一百萬元在二〇一六年去擺平對溫斯頓的投訴，而且他走在這條路上的每一步，都有掌權的大學高層和校友對司法體系的腐敗視而不見，那麼，我們又如何能期待溫斯頓會受到威嚇或是得到教育呢？就連NFL都太縱容了。

溫斯頓當然在很大程度上沾染了傲慢的惡習，也學到了物化和傷害人的壞習慣。不過，他同時也是腐敗制度的受害者。他終生都被利用為其他人致富的工具，從來沒有得到像樣的教育。他也很可能因為患有慢性創傷腦病變（chronic traumatic encephalopathy，ＣＴＥ），而在晚年走向患上痴呆症的可怕道路。[48]我們可以責備他，但是最該怪的當然還是大學的美式足球系統。他的人生還能夠扭轉。大學美式足球系統卻已經沒辦法修復了。

溫斯頓的案例特別嚴重，有部分是因為塔拉赫西是個相對小的社區，所以幾乎每個有點關係的人，似乎都很關心美式足球的成功。每一個案例當然都需要調查當地的背景，看它是否讓事情變得更好或更壞。不過ＦＳＵ還是足以象徵大學系統的結構性缺陷。貝勒大學（Baylor University）也一樣掩蓋了一連串過份的強暴案件。就連顯見的道德楷模——柯林頓（Clinton）案的檢察官、前法官肯尼斯．斯塔爾（Kenneth Starr）——都涉入其中，最終還因此丟了工作，他先是失去校長之位，接著又離開了校監（chancellor）的職位。[49]（他在二〇一九年一月簽約成

---

47 Tom Schad, "Jameis Winston Suspended for Three Games, Apologizes for Uber Incident," *USA Today*, June 28, 2018, https://www.usatoday.com/story/sports/nfl/buccaneers/2018/06/28/jameis-winston-suspended-tampa-bay-buccaneers-uber/742691002.

48 最新的證據可參見Dennis Thompson, "Nearly All NFL Players in Study Show Evidence of Brain Disorder CTE," UPI, July 25, 2017, https://www.upi.com/Health_News/2017/07/25/Nearly-all-NFL-players-in-study-show-evidence-of-brain-disorder-CTE/7201500998697。這個證據很可能遭到隱藏，其責任要歸咎於許多人，但是出於我在前文所討論過的經濟理由，參與其中的人大概都不會面臨任何處罰。有百分之九十九的前ＮＦＬ球員都出現了ＣＴＥ的跡象！這裡的可問責性是一個重大問題，不過已經超過本文要討論的範圍了。

49 可參見Lavigne and Schlabach, *Violated*; and Associated Press, "Ken Starr Leaves Baylor after Complaints It Mishandled Sex

為當時的川普總統遭彈劾審判中的辯護團成員，[50]或許真的是適得其所，因為他過去的紀錄顯示他在掩蓋這事兒上頗有專才。）斯塔爾的角色很有趣，因為他是一個有能力、有時候也很正派的人，但是這個案子顯示了大學體育系統牽涉的力量會如何操縱這樣的一個人，讓他違反了在其他情況下他可以保持的原則（即使是輕微的違反）。我在前文提到的各調查書中也都有提到其他事件，包括在這間學校和在其他學校所發生的。

我們也不應該認為籃球可以免於這種有害的模式。路易斯維爾大學（University of Louisville）在二〇一五年和二〇一九年之間發生了一連串性醜聞，包括介紹嫖娼，吸引籃球新秀選擇這所大學，這讓NCAA對它出手重罰，[51]最後還解僱了里科．皮提諾（Rick Pitino）教練——皮提諾也涉及與愛迪達（Adidas）和其他學校體育官員的地下電信詐騙和洗錢計畫，那件事因為FBI的調查而被揭發，並且促成重大的改革努力（我們將在後文討論）。[52]

有越來越多文學作品在報導大學體育的腐敗事件，其中有一個特別令人沮喪的案例，卻還沒有得到足夠的注意，那是發生在聖母大學的事件，聖母大學過去在真正教育運動員和塑造他們的行為方面，都有良好的紀錄。該校由一個教師的體育委員會（或至少過去是）主要負責體育相關事務，而且它很看重大學的學術和道德使命。[53]在早先的案例中，聖母大學都能夠好好的處理惹出麻煩的運動員：尤其是饒有天份的後衛球員曼泰．提歐（Manti Te'o）的事件，提歐與一名女性在網路上建立關係之後，被這名假裝是他女朋友的人騙了錢，然後他設了一個騙局，說這名

「女朋友」已經死了。在這個案例中的適當介入保住了提歐大有可為的職涯，讓他繼續在NFL展開豐碩的職業生涯（他在二〇二〇年與芝加哥熊隊〔Chicago Bears〕簽約）。

Assault Inquiry," *New York Times*, August 19, 2016, https://www.nytimes.com/2016/08/20/us/ken-starr-resigns-as-professor-cutting-last-tie-to-baylor-university.html。

50 John Wagner, Josh Dawsey, and Michael Brice-Saddler, "Trump Expands Legal Team to Include Alan Dershowitz, Kenneth Starr as Democrats Release New Documents," *Washington Post*, January 17, 2020, https://www.washingtonpost.com/politics/impeachment-trial-live-updates/2020/01/17/df59d410-3917-11ea-bb7b-265f4554af6d_story.html?utm_campaign=post_most&utm_medium=Email&utm_source=Newsletter&wpisrc=nl_most&wpmm=1.

51 NCAA, "Louisville Men's Basketball Must Vacate Wins and Pay Fine" ("Decision of the National College Athletic Association Division I Infractions Appeals Committee"), Louisville Cardinals, February 20, 2018, https://gocards.com/documents/2018/2/20/NCAA_Appeals_Decision.PDF. 也可參見Jeff Greer, "A Timeline of the Louisville Basketball Investigation: From 2015 to 2018," *Courier-Journal* (Louisville, KY), February 20, 2018, https://www.courier-journal.com/story/sports/college/louisville/2018/02/20/louisville-basketball-ncaa-investigation-timeline/1035815001。

52 Marc Tracy, "N.C.A.A. Coaches, Adidas Executive Face Charges; Pitino's Program Implicated," *New York Times*, September 26, 2017, https://www.nytimes.com/2017/09/26/sports/ncaa-adidas-bribery.html?hp=&action=click&pgtype=Homepage&clickSource=story-heading&module=inline&region=top-news&WT.nav=top-news.

53 除了大家都知道的事實之外，我對於聖母大學的陳述另外是根據艾琳・亨特・波特（Eileen Hunt Botting）的書面聲明，以及我於二〇一九年八月二十四日對波特進行的一次長時間訪談——波特是聖母大學的政治學教授，也有數年期間是教師體育委員會的成員。

不過到了比較最近，該校顯然比較潛心於投資服裝公司，對於新生的招募和指導就沒有那麼謹慎了。[54]該校招募了普林斯・申姆博（Prince Shembo）入學，這位運動員本來就有不好的紀錄：他在高三時因為一名老師把他的手機拿走，而把桌子丟向那名老師，因此遭到停學處分。[55]他在聖母大學就讀期間，也於二〇一〇年被指控強姦莉齊・西伯格（Lizzy Seeburg），西伯格是聖瑪麗學院（Saint Mary's College）的學生，那是聖母大學附近的一所文科女子學院。遭到強姦使得西伯格的心理受創，同時申姆博的隊友和同學還警告她不要「毀了聖母大學的美式足球」，[56]這使得她在十天之後就自殺了。西伯格的家人堅持認為聖母大學怠乎職守，而且沒有進行調查，而這似乎也是實情：聖母大學否認有任何攻擊或騷擾的事件發生，校方直到事件發生的兩個多禮拜之後，才與被指控者面談（而那已經是西伯格自殺的五天後了），而且直到六個月後，才召開懲戒聽證會。校方接著還說西伯格會自殺，是肇因於原本就存在的心理疾病，但是她的治療師否認了這種說法。[57]同時，申姆博在選秀中被亞特蘭大老鷹隊（Atlanta Hawks）選中，但是在遭到逮捕後立即遭釋出（他被逮捕的理由據說是他把女朋友的狗踢死了）。那隻叫作「Dior」的狗是一隻五磅重的約克夏㹴，牠被發現死於鈍器造成的創傷，肋骨斷裂、肝臟破裂、腹部和胸腔出血、頭部外傷，還有一大串更多處的受傷。[58]在申姆博對他的不正行為認罪、並支付一千美元罰款之後，對動物加重虐待的重罪指控即被撤回。[59]申姆博現在並未受僱於任何一支職業美式足球隊。這個可恥的事件顯示：即使聖母大學算是最有良心的一級聯賽學校之一，它的行為還是很可能因為系統的結構而遭到扭曲。

聖母大學在最近做了一個驚人的決定，在疫情大流行期間，仍然要在二〇二〇年八月火力全開的展開秋季課程，並且要求所有教員和學生回校園報到，這似乎顯示貪婪戰勝了教員和學生的安全，被放在優先的地位。為了獲得美式足球的收入，他們必須把足球隊叫回來。但是既然球員理應是「學生運動員」，所以除非學生和教員都回來了，否則球員也沒有理由回來。安全防護措

---

54 出自二〇一九年八月二十四日對波特的採訪，這段內容是反應她自己的經驗和印象。

55 Randy Gurzi, “2017 NFL Draft: Each Team’s Biggest Draft Bust in Past 5 Years,” Fansided，於二〇一九年八月和九月間瀏覽，https://nflspinzone.com/2017/01/26/nfl-draft-2017-biggest-bust-each-team-last-5-years/27。

56 這段文字由波特在聲明中引用。

57 Melinda Henneberger, “Why I Won’t Be Cheering for Old Notre Dame,” *Washington Post*, December 4, 2012, https://www.washingtonpost.com/blogs/she-the-people/wp/2012/12/04/why-i-wont-be-cheering-for-old-notre-dame; Todd Lighty and Rich Campbell, “Ex- Notre Dame Player’s Remarks Reopen Wound,” *Chicago Tribune*, February 26, 2014, https://www.chicagotribune.com/news/ct-xpm-2014-02-26-ct-seeberg-interview-met-20140226-story.html.

58 Ryan Glasspiegel, “Atlanta Falcons LB Prince Shembo Allegedly Kicked and Killed Girlfriend’s Dog,” The Big Lead, May 29, 2015, https://www.thebiglead.com/2015/05/29/prince-shembo-animal-cruelty.

59 Darin Gantt, “Felony Charges against Former Falcons Dog- Killer Prince Shembo Dropped,” NBC Sports, *Pro Football Talk* (blog), August 12, 2015, https://profootballtalk.nbcsports.com/2015/08/12/felony-charges-against-former-falcons-dog-killer-prince-shembo-dropped.

施並不充分，而對返校缺乏安全感的教員和學生也沒有其他選擇，《紐約時報》的一系列投書將這方面的憂慮展露無遺。[60]

年輕的美式足球員進入的大學體育界本就充斥著冒犯。幾年來的社會薰陶鼓勵他們覺得自己很特別，更養成了他們的傲慢，而招募新秀的過程又加深了這種傲慢。對他們來說，其他人都不是完全真實的，尤其是女性經常顯得很不真實，只是能彰顯他們傲慢的道具。就像是溫斯頓的室友克里斯．凱瑟所說的：輪流與他們從不知道名字的女性做愛（通常還會錄影），「就是美式足球員會做的事」。

附隨損害：大學系統保護了戀童癖

如果是在大學體育系統發生的性暴力，受害者通常是其他學生、或是當地其他機構的學生（像是聖母大學的例子）。但是也有更年輕的受害者，因為大學系統也包庇過一連串的戀童癖。我要討論的案例很有名，所以我可以講得簡短一些。事件的主角是傑瑞．桑達斯基（Jerry Sandusky），他在賓夕法尼亞州立大學（Penn State）擔任美式足球的助理教練（在傳奇教練喬．帕特諾〔Joe Paterno〕的底下服務），幾乎達二十年。[61]桑達斯基幫忙建立了以問題男孩為對象的慈善事業「第二哩路」（Second Mile），醜聞是在二〇一一年開始揭露的，因此大約是在桑達斯基以第二哩路計畫對男童展開虐待的十七年後，當時他是受僱教練的身分。明顯的危機訊號出現在一九九八年，當時有一名家長投訴她十一歲的兒子遭到不恰當的行為，警方也展開調查。桑達斯基也承認他與男孩共浴是不對的，並保證不會再犯。他在一九九九年正式從賓夕法尼亞州立大學退休，但還是保有榮譽職，而且可以隨意使用所有體育設施。接下來又發生了幾起遭人目睹的性虐待事件（包括肛交），也都遭到了舉報和投訴，但是執法單位並未進行調查。直到二〇〇八年，桑達斯基才從兒童相關的體育活動項目中除名。

如果有人想追尋更多的細節，也不難得到。大陪審團於二〇一一年展開調查，但是即使在那之後，阻礙也依然是常態，還有一名法官被證明是桑達斯基這個慈善事業裡的志工。到了最後，所有普通法院的法官都因為與賓夕法尼亞州立大學的體育運動有利益衝突，而必須迴避。（賓夕

---

60 Derek Wittner, "The Risks When Colleges Reopen" (Opinion), *New York Times*, June 13, 2020, https://www.nytimes.com/2020/06/13/opinion/letters/coronavirus-college-reopening.html?smid=em-share. 為我提供消息的艾琳・波特在這波對峙中寫了一封很有說服力的信，挑戰聖母大學的校長——詹金斯神父（Father Jenkins）——說他應當為了保護安全而延長或推遲校門的重啟，這樣才能展現真正的道德勇氣。她說校長和教務長當真很嚴肅的看待她寫的那封信。

61 "Penn State Scandal Fast Facts," CNN, July 1, 2020, https://www.cnn.com/2013/10/28/us/penn-state-scandal-fast-facts/index.html.

法尼亞州立大學和FSU一樣是個小型社群，對美式足球隊的強烈忠誠很容易就勝過道德。）帕特諾長期以來協助掩蓋的事實也浮上檯面，只是他於二〇一二年一月以八十五歲之齡去世，所以不曾遭到起訴。桑達斯基在二〇一二年六月被判處四十五宗性虐待有罪。一個月後，FBI局長路易斯・弗里（Louis Freeh）宣稱賓夕法尼亞州立大學對兒童性虐待的受害者「完全、且一貫的漠視不理」，對於連環犯案一逕加以隱藏。NCAA發現這件事之後，最後對賓夕法尼亞州立大學處以罰款，並禁止該校美式足球隊參加季後賽，禁賽四年（但是這個回應當然令人遺憾，而且——一如往常的——遲到了）。此外，該校在一九九八年到二〇一一年間輸掉了所有比賽。同時，十大聯盟也規定接下來的四個季度中，該校從各盃得來的比賽收益份額都要捐給防止兒童性虐待的慈善機構。對賓夕法尼亞州立大學的上訴和訴訟目前都還在進行中（其進度可以在持續更新的文章〈賓夕法尼亞州立大學醜聞速報〉〔Penn State Scandal Fast Facts〕中進行追蹤）。[62]

這個故事雖然令人極為震驚，但是應該也不足為奇。對大學系統的研究已經讓我們預期會發生這類事。大學體育的一切都是由權力和貪婪驅動的，而這些遭到桑達斯基虐待的、陷入困境而且經濟匱乏的年輕男性，甚至比像艾瑞卡・金斯曼這樣的女性更沒有勢力（金斯曼還能夠勇敢的站出來）。他們也都只被當作物品看待。[63]

改革的失敗

長期以來，一直有許多人認為若是NCAA制定更嚴格的規則並加強執法，就可以改革系統的腐敗。我現在認為改革的努力可分成兩個階段：邁爾斯．布蘭德擔任NCAA主席的長任期——從二〇〇二年到他於二〇〇九年因胰腺癌過世之前；和最近由康朵麗莎．萊斯（Condoleezza Rice）領導的獨立大學籃球委員會（Commission on College Basketball）——它通常被稱為「萊斯委員會」（Rice Commission）。

布蘭德是一名哲學家，而且長期擔任學校的管理人，在他來到NCAA之前，已經與大學的腐敗系統有過長年的交手經驗——他先是擔任俄勒岡大學的校長，Nike過去一直會對該校的許

62 "Penn State Scandal Fast Facts."

63 密西根州立大學（Michigan State）的運動員醫師賴瑞．納薩爾（Larry Nassar）也發生了惡名昭彰的事件，也是以虐待很年輕的運動員為其特徵，但是那個案件是於奧林匹克運動中發生在美國體操協會（USA Gymnastics）的庇護下，所以不是我在這裡要討論的主題——雖然密西根州立大學的確很有問題，該校的美式足球隊也在差不多時間爆發了重大的性醜聞。納薩爾事件讓美國國會在二〇一七年通過了《保護年輕受害者免於受到性虐待和安全運動授權法案》（*Protecting Young Victims from Abuse and Safe Sport Authorization Act*），其中明確規定大學管理者有報告的義務。另一個體育名校——南加州大學（University of Southern California, USC）——也在二〇一六年涉及另一名團隊婦科醫生的包庇事件。

多決定下指導棋，這是因為該校的校友和重要捐款人菲爾．奈特（Phil Knight）有極大的影響力（奈特是Nike的共同創辦人，並長期擔任CEO，現在則是名譽主席），[64]布蘭德接著擔任印第安納大學（Indiana University）的校長。布蘭德在該校曾經下過一個決定——解僱受歡迎的男子籃球教練鮑勃．奈特（Bob Knight），因為布蘭德曾經劃定一條界線，禁止對球員及其他學生加諸暴力和虐待行為，而奈特卻越過了這條界線。

之後卻爆發了騷亂，校園內到處出現破壞公物的行為，還有兩千人集結到布蘭德家遊行示威，並且燒毀布蘭德的肖像。布蘭德和他的太太——哲學系教授佩格．布蘭德（Peg Brand）（現在是韋瑟〔Weiser〕夫人）——被迫暫時搬出他們的家，佩格甚至因為受到威脅，而沒辦法授課。所以，布蘭德對系統的缺陷堪稱有第一手的了解，也很有進行修復的高度動機。他於二〇〇一年在國家新聞俱樂部（National Press Club）所作的演講〈學術優先：改革校際體育運動〉（Academics First: Reforming Intercollegiate Athletics），已經勾勒出一套經過深思熟慮的改革想法，而且就在那場演講的不久之後，他離開了印第安納大學，前往NCAA任職。[65]布蘭德和某些行政職的人員不同，他寫了很多東西，並且謹慎的捍衛他的想法，所以他為後人留下一幅很吸引人的改革模式圖像，即使在他去世之後，仍主導了NCAA一段很長的時間。

布蘭德是大學體育的愛好者，他堅信學院和大學要擁有高水準的大學體育運動，這是學校教育使命中的重要部分。他也相信倫理思想是——或者說應該是——大學體育的重要部分，並且應該將多元和包容的議題置於核心位置。他強調僱用教練必須有更多的種族多元性，並且讚許《第九條》能夠提升女性在大學體育中的平等地位。他和比爾・鮑文（Bill Bowen）不同——鮑文認為體育是學生在大學生活中的一部分，所以強烈批評運動隊伍提前職業化，這樣會把運動員和其他大學生區隔開來，也讓沒有提前職業化的學生不可能參加運動項目的選拔——布蘭德則肯定提前職業化構成了一所好大學的一部分。他指出這就像是許多大學除了一般學生之外，也有培訓專業音樂家的課程。但是他堅持運動員也要適用其他學生的學業標準，並且與其他學生有一樣多的學術機會。他的典型作法是概括性的談論這些觀點，而沒有完全承認D-I的美式足球和籃球已經在多大程度上在大學裡占有自己的一席之地了——它們有服裝公司和其他外部資源的贊助——更籠統的說法是他也不完全承認大筆資金對這些運動帶來的破壞作用。

照這樣來說，他與音樂課程所做的類比其實沒有太大意義：音樂學校不會獲得大筆的企業資金，也沒有全國性的電視網會提供豐厚的報酬以轉播大學的管弦樂團和歌劇。印第安納大學長期以來擁有全國最好的音樂學院之一，在歌劇和音樂劇界的整體表現也最好，所以布蘭德一定知道

64 Hunt, *University of Nike*一書中對其影響力有詳細的描述。

65 我要感謝布蘭德的遺孀——哲學家佩格・布蘭德・韋瑟——送給我一套布蘭德的演講文集，我所寫的內容便是參考這套文集；如果我仍有部分內容遺漏，是因為那些內容沒有收錄在她選輯的重要文稿中。

他的對比是有缺陷的，他也知道印第安納大學對音樂學院學生的學業要求極高。但是他堅持用這個對比，來說明體育運動提前職業化對好大學具有的重要性。不過他經常重複的整體論點是必須對運動員的學業表現制定嚴格的規則，並且確實執行，大學（尤其是D-I學校）的校長必須設定這個基調，並擔當起最終責任。（在這裡，他又一貫的忽略了當情況面臨數百萬年薪的教練和企業體帶來的巨額贊助時，大學校長相對來說是比較沒有權力的。）

整體而言，布蘭德在演講中很強調女性平等，但奇怪的是對比於此，他從來沒有提過性暴力的問題。[66]他舉了許多有問題的行為當例子，包括酗酒、賭博和身體暴力；但是在我讀過的多場演講中，他從來沒有提過性暴力也是大學體育必須糾正的問題。在布蘭德的主政之下，只要學校的吉祥物是用敵意或貶低的方式呈現美洲印地安人，NCAA就會停止在該校舉辦錦標賽——除非像FSU的塞米諾爾人隊（Seminoles）一樣有獲得當地民族的同意。不過這種符號性的勝利也顯示出協會的權力有其限制：改個象徵符號對企業體來說不必付出什麼代價（或是根本不必付出）。這只不過是表示他決意要把性暴力和局部的學院腐敗掩蓋住，然而對道德拋出一點甜頭。

布蘭德努力強化執行對學業的要求。他也想出一種方法更明確的計算畢業率，好幫助NCAA追蹤正發生的事。他是一個真正熱愛大學體育的理想主義者，他把他職位上能夠發揮的權力發揮到最高了。但是他的職位其實沒有太多權力。不令人意外的是——有鑑於已經存在的商業化程度和高度擴散的腐敗程度——他的改革努力只能說是太少也太晚了。[67]

布蘭德的職業生涯顯示了一位優秀、令人尊敬的NCAA主席在找回正直這件事上能走多遠。其實是不太遠。布蘭德的這種改革在D-III看起來仍然是可能和令人嚮往的，比爾·鮑文的書也關注在D-III，並提出了一個可行的進程表。但是布蘭德職涯中的一切都顯示：D-I的修復是不可能透過NCAA完成的。

在愛迪達和幾個D-I籃球隊涉入電信詐騙／洗錢操作之後，運動的相關愛好者覺得危機已經迫在眉睫了，於是便成立了一個獨立委員會，由康朵麗莎·萊斯領導。該委員會在二〇一八年四月發表的報告中有著令人激賞的誠實：「說到大學籃球的危機，首先是不存在可問責性和責任鬆散的問題……腐敗和欺騙的程度現在已經（如我們所知的）威脅到大學比賽的存續與否了。」[68] 委員會直率的質疑是否值得投注修復的努力——那勢必既耗時又困難。最後委員會堅持：是的值得。（熱愛體育的萊斯如果認為情況已經沒有希望了，她顯然也不會同意往這方面投入時間。）

---

66 至少在佩格·布蘭德·韋瑟提供給我的演講文集中沒有。

67 雖然詹姆斯·溫斯頓的事件發生在布蘭德死後，不過邁克·麥金泰爾的《冠軍之路》一書中，則顯示FSU的腐敗早在那之前就出現了，其他學校的許多性和學院方面的腐敗也是如此。

68 “Commission on College Basketball: Report and Recommendaticns to NCAA Board of Governors, Division I Board of Directors and NCAA President Emmert”，於二〇一八年四月瀏覽，https://wbca.org/sites/default/files/rice-commission-report.pdf。

委員會的主要論點是大學學位在美國社會中極具價值，而對許多人來說，走體育這條路是取得學位的唯一路徑。委員會關注在整個大學男籃，因為女子比賽沒有什麼金錢注入，所以也不被認為是主要的腐敗來源，[69]委員會也指出只有很小比例（大約百分之一．二）的大學籃球員能夠進入NBA，但是卻有整整百分之五十九的D-I球員相信他們將來會到NBA打球。「即使一名球員苦惱的發現他無法進入NBA，他仍然可以藉由大學的經歷成長，並替未來擬訂不同的計畫。」因此，委員會堅信大學模式有其價值。不過它也鄭重的指出這是改革該模式最後的機會了。

重要的是，該篇報告指出了所有應究責之處，包括大學之前的培訓：「該是時候讓教練、體育指導員、大學校長、董事會、NCAA領導層和職員、服裝公司、經紀人、大學前的教練——當然還有——父母與運動員本人——承認正是他們的錯誤，才讓我們處於今天的境地。」[70]

該報告提出了許多建議，讓球員在試驗他們的職涯前景時，也可以強化他們在學業方面的選項：允許球員加入NBA選秀，但是即使沒有被選中，也不會失去他們的學業資格；在球員進入研究所學程之後，允許他們轉換過去並繼續打球；准許球員與職業經紀人簽約——這在目前是被NCAA禁止的，但是經紀人可以為年輕運動員的職涯前景提供更多回饋。最具意義的建議之一，是NCAA應該立即建立一個基金（似乎要由各大學支付），付錢讓轉換路線和離開體育項目的運動員仍然能夠完成學位。「學院和大學必須完成他們對學生運動員的承諾，不只是為他們提供運動競技的場所，還應該為他們提供教育。」最後是受限於年齡的規定，年輕的籃球員必須先上完一年大學，所以出現了「打一年就走」制度，委員會建議終結該制度，如果籃球員不想上大學，應該讓他們在十八歲就直接進入ＮＢＡ。

所有這一切都遲來已久了，大致上也都是聰明的作法（雖然我擔心那些十八歲的球員如果沒有替代的生涯路徑，會變得漫無目的）。但是腐敗的部分又將如何呢？委員會講起來很嚴格，但是畫的底線似乎還是一樣的。ＮＣＡＡ得要有強硬一點的懲罰，才會有「足夠的嚇阻效果」。也要加入新的元素：ＮＣＡＡ必須成立獨立的調查部門，負責解決「複雜案件」；而且必須擴大大學校長、教練和其他違規者的個人責任。不過，獨立調查者如果想獲得腐敗的資訊，還是會面臨巨大阻礙：畢竟就連ＦＢＩ都是花了很長時間的調查，才揭露電信詐騙的問題。

萊斯委員會的報告有著令人讚嘆的強硬，也帶來適當的急迫感。不過它似乎註定要失敗。首先、也最明顯的，是它沒有提到美式足球存在企業買入，但是那當中確實存在著大量的金錢和腐敗。籃球界不可能單獨改革自己的制度。我不知道背後發生了什麼事——萊斯涉入美式足球界甚深，所以應該可以期待她提出一份兩者共通的提案——但是其中完全沒有提到美式足球，這等於是宣告那份報告註定徒勞。它建議的修復手段會讓大學支出一大筆錢，但是如果最花錢也最賺錢

69　不過北卡羅來納大學的學院醜聞還是涉及女性球員和她們在學業上的指導教授。

70　出自萊斯在介紹這篇報告時事先準備的評論內容。

的運動沒有被提到，大學為什麼要買單呢？

再者，該報告沒有辦法改變目前這個企業贊助體制下的財務結構，和它所創造的邪惡誘因。雖然有經濟上的懲罰，但是學校最大宗的收入來源還是電視契約，所以就算被威脅禁止參加季後賽，那也只是收益的一小部分，而且這只能針對很少數的學校。最後，該份報告對性侵害這個必須緊急處理的問題完全噤聲。它只用了「複雜案件」這樣籠統的用語，這很難讓我們相信新的強硬規定當真會以該有的嚴肅程度處理這個問題；我們也沒有理由認為就連警察都失敗或是無法直指核心的地方，憑NCAA的調查員就可以成功。至於嚇阻作用也很難說：到底要怎樣才能嚇阻我在這裡所描述的這類行為呢，學校為了繼續這些有利可圖但是腐敗的方式，又甘冒風險到什麼程度呢？

無可否認的，該份報告詳細說明了可能的懲罰：在競賽方面的處罰最高可達季後賽禁賽五年，金錢方面的處罰則包括失去所有季後賽的收入分成。但是，如果相關各人仗著他們凌駕在規則之上，這些威懾又能達到多大的嚇阻效果呢？這些體育項目都認為他們整體而言凌駕在刑法和民法之上：所以又怎麼會怕一向被認為是無牙老虎的NCAA呢？

毀棄了現行系統：下一步呢？

我們可以從現在所處的這裡換到哪裡去呢？籃球的答案相對簡單，而且也已由蕭華提出：儘可能的趕快轉換到我所稱的小聯盟系統，取代目前這個在大學就提前職業化的系統（但是繼續保留D-III）。以籃球而言，未來就是現在，這有兩個原因可以說明：首先是籃球的天賦和體能相對而言成熟得早，大家也有共識要鼓勵球員在十八歲就加入ＮＢＡ，不需要在大學虛度無意義的一年。而以美式足球來說，因為身體質量似乎需要較長的時間發展，所以我們看不到十八歲的人選擇這條路。第二個（也很重要的）點就是籃球是很國際的運動，會吸引來自歐洲、澳洲、中國和其他國家的球員，他們都是透過小聯盟的系統投入職業運動。所以ＮＢＡ其實已經把許多其他國家的專業球隊當作實際上的小聯盟了（就像是棒球界一直以來都會往日本和韓國的職業球隊挖掘人才），還有使用球隊自己的小聯盟。尚不止於此：ＮＢＡ還會與國際籃球總會（FIBA, International Basketball Federation）聯合舉辦籃球無疆界（Basketball Without Borders）教學營，在全球各地培養菁英球員；這個教學計畫已經嘉惠了一百三十二個國家的三千兩百名參與者。費城76人隊（Philadelphia 76ers）的喀麥隆（Cameroon）籍球員喬爾・恩比德（Joel Embiid）就是出身自該計畫。除此之外，ＮＢＡ還在澳洲、中國、墨西哥、塞內加爾（Senegal）和印度開設自己的ＮＢＡ全球學院（NBA Global Academy），由ＮＢＡ培訓的教練向頂尖球員傳授比賽的基本法則，「以及如何照顧他們的身心，並將比賽的價值應用到他們在球場外所做的一切事情」。[71]

同時在美國，有NBA的G聯盟長期以來用小聯盟系統的身分存在：它最先是由大衛・史騰（David Stern）發展起來的，後來在蕭華的領導下得到大幅的擴張。[72]今年將在墨西哥市（Mexico City）新增一支球隊。[73]G聯盟替高中畢業後的菁英球員（如果他們還沒有準備要進入NBA）提供了一條新的「職業跑道」：它的契約包括替五個月的賽季支付十二萬五千美元，還有全年的教育計畫和獎學金計畫（如果該名球員在打球的日子結束之後，還想追求大學學位）。如果這些計畫要服務到所有能藉此獲益的球員，需要擴大到相當程度。如果要以該計畫回應萊斯委員會報告中的憂慮，資助大學獎學金的部分尤其重要：大學學位很有價值，然而只有一小部分想加入NBA的人最後能夠獲得一張大學文憑。NBA和球迷必須鼓吹贊助商（例如開特力〔Gatorade〕，它讓G聯盟使用它的名稱）為這個目標做出貢獻。不過到目前為止，所有的跡象都很好：G聯盟靠著預付的市場作風，用較高額的支付吸引來頂尖新秀。[74]頂尖高中的籃球招募今年也與G聯盟簽約了。[75]

這就留下另一個懸而未決的問題：許多球員是靠著（腐敗而令人絕望的）大學系統才進入頂尖大學的，他們現在又靠著這個系統被錄用了。這個新的小聯盟體系會讓他們變成怎樣的人呢？其中會引發擔心的其實有兩類人：一種是確實得到小聯盟契約的菁英球員，另一類則是不到那個水準、但或許還是可以獲得大學籃球獎學金的球員。若是第一群人，我們必須說：如果他們不是讀大學的料，就不應該在那裡，而是應該尋求職業教育，最好是由NBA提供金錢援助。而對於第二群人，我們還是有D-III的球隊，如果他們真的夠格成為學生運動員，就會有許多獎學金。鮑文的書中詳細指出D-III系統當真存在錄取標準降低的問題。但是那些問題可以用他建議的方式解決，只要有NCAA的協助——NCAA現在可以重新專注於解決D-III的問題，因為D-I將不復存在了。（鮑文指出有一小群菁英學校——我很高興的宣布也包含芝加哥大學——已經採用了更好得多的錄取標準，不再讓教練有權力開出保證錄取的名單。）

所以：有了NBA的積極作為，那一天就不遠了，D-I大學籃球將成為過去，代之以真正的職業化、市場競爭、讓個人運動員得到預先支付並受到聯盟的規範。問題還是存在，但那也是整

71　Silver email, January 14, 2019.

72　對於G聯盟的歷史和其球隊的綜合描述，可參見Wikipedia, s.v. “NBA G League”，於二〇二〇年一月瀏覽，https://en.wikipedia.org/wiki/NBA_G_League。

73　Ben Golliver, “NBA’s G League to Add Mexico City Franchise in 2020: ‘A Historic Milestone,’ ” *Washington Post*, December 12, 2019, https://www.washingtonpost.com/sports/2019/12/12/nbas-g-league-add-mexico-city-franchise-historic-milestone.

74　Joe Nocera, “If NCAA Won’t Pay High School Players, the NBA Will,” Bloomberg, April 17, 2020, https://www.bloomberg.com/opinion/articles/2020-04-17/if-ncaa-won-t-pay-top-high-school-players-the-nba-will.

75　Chris Haynes, “Why the Nation’s Top Prep Player Is Opting for the G League,” Yahoo! Sports, April 16, 2020, https://sports.yahoo.com/why-the-nations-top-prep-player-is-opting-for-the-g-league-170038681.html.

個棒球史上一直存在的問題：在運動員生涯結束之後、或是如果要用什麼取代運動員生涯的話，球員要如何賺錢謀生。

美式足球也可能朝這個方向發展嗎？這會有嚴重的阻礙。兩項阻礙分別是缺乏國際提供的球隊（除了加拿大的加式足球聯盟〔Canadian Football League〕之外），因為美式足球純粹就是北美洲的運動；以及美式足球團體其實到很後期才成熟，這使得ＮＦＬ的小聯盟系統相對而言成本比較高。但是，最大的阻礙還是企業投資者和大學管理層顯然完全缺乏意願。並非他們不承認這個系統的腐敗、或是看不到它如何侵蝕學院和社會生活的健全度。而是操作這個系統的人（企業體和受他們擺弄的大學管理層）毫不在乎。我還要再加上：坐滿了體育場中十萬個高價座位的狂熱球迷似乎也不在乎，因為我紀錄的這些事實對於任何想知道的人而言，其實都不難查證，而ＮＣＡＡ的無作為或甚至是串謀，也是明擺在大眾眼前的事實。（回想一下邁爾斯・布蘭德將鮑勃・奈特解僱時，他和佩格・布蘭德的生命是因為球迷而受到威脅，而不是因為企業投資者。）顯然沒有人足夠關心，甚至還不夠任命一個大學美式足球的萊斯委員會。但是我們也不能夠對球迷太過苛責：他們對於修復這個制度無能為力，雖然許多熱愛這個運動和熱愛他們大學的人可能有此意願。集體行動的結構和（最重要的是）那些尋求勝利者的貪婪，造成了它最終仍然無法修復。

不過，法律最近給了大學系統的遺留一個堪稱是致命的打擊。加利福尼亞州議會（California State Legislature）在二〇一九年九月通過、並由州長葛文・紐森（Gavin Newsom）簽署了《公平競賽報酬法案》（*Fair Pay to Play Act*），允許大學球員收取代言費——這等於是在挑戰數年來一直反對這個作法的勢力。[76]NCAA反對的理由是大學運動員還是學生，這個法律會毀掉大學體育。他們還說這是違憲的（雖然我們不知道這個主張的法律依據何在）。其他州也有樣學樣。就算NCAA要宣布加州的學校沒有參賽資格以作為反擊，然而只要其他州確實跟進加州的作法，那麼這種策略就無法奏效了。

藉由這整套系統獲利的人如此情急的阻止年輕運動員自己賺錢，更清楚彰顯出這套系統的腐敗。（我相信也是在種族主義的醜陋遺緒污染之下，才使得美式足球的統治集團蔑視自己的運動員，這裡的情況並不亞於球員聽到國歌而下跪的例子。）這個決定似乎意謂著**D-I**的終結，而且也不再假裝運動員是當真在受教育的學生（他們其實是被利用來為其他人提供利益的客體）。

不出所料，NCAA做出了看似孤注一擲的反應，他們想要維持業餘身分的假象，以及自己對大學運動員生活的掌控。一個工作小組準備了一份報告在二〇二〇年四月發表，報告中建議放寬規定，讓**D-I**運動員在有限的範圍內獲取代言費和使用他們自己的名字、肖像之類的。[77]

---

76 Alan Blinder, "N.C.A.A. Athletes Could Be Paid under New California Law," *New York Times*, September 30, 2019, https://www.nytimes.com/2019/09/30/sports/college-athletes-paid-california.html.

77 "NCAA Board of Governors Federal and State Legislation Working Group Final Report and Recommendations," April 17, 2020, https://ncaaorg.s3.amazonaws.com/committees/ncaa/wrkgrps/fslwg/Apr2020FSLWG_Report.pdf, 13.

（NCAA也——雖然遲了——更新了性侵害的政策。[78]）他們試圖繼續假裝這些球員還是學生，而不是僱員，尤其是靠著禁止他們使用學校的校徽或穿著制服代言。但是這樣就表示學生還是不能夠拿到報酬，他們的才華也無法得到公平的市場價值評價，這才是真正的問題所在。沒有人會被這種說法愚弄，球員更是毫無可能。要拯救這個系統，唯有做到真正的職業化和人才市場的開放，但是在「學生運動員」這個虛構的世界中，這些都是不可能的。如果沒有小聯盟系統，真正的職業化只是天方夜譚。這種虛構的D-I業餘身分可能也快走到終點了：美國最高法院在二〇二〇年十二月受理了一件先前是第九巡迴法院的案件（第九巡迴法院在二〇二〇年五月作出判決，結果對運動員有利），同意要在二〇二一年作出裁決，決定NCAA限制大學運動員領取報酬的範圍是不是違反了聯邦的反托拉斯法（反壟斷法）。[79]

美式足球的下一步是什麼呢？美式足球和籃球不一樣，還沒有替大學系統的消亡做好準備。它的未來有幾種可能性（暫不考慮對大學系統進行有意義的改革，那是不可能的）。其中一種——也是最好的一種——是快速朝向NBA的方向移動，創建一個有意義、有真正金錢價值的小聯盟系統。這樣做的所費不貲，過去可以從有才華的年輕運動員身上賺得利益的人，大概也不樂意很快的轉往這個方向。第二個方法是讓運動員在大學的保護下成為職業選手，但是不要再假裝他們是學生：他們就像是受僱的藝人。我覺得這是（除了現行系統之外）最糟的選項，因為它保留了許多腐敗的誘因，而且如果是需要替代職涯選項的運動員，這個方法似乎就幫不上忙了。

那麼第三個方法是什麼呢？許多父母都知道、也有許多其他運動的頂尖運動員說過：美式足球對年輕人的身體（尤其是腦部）有很大的危險。連勒布朗・詹姆士都說他不會讓自己的小孩去打美式足球，那麼它的消亡還會遠在天邊嗎？[80]嗯，當然還是有可能的，因為還是有許多人熱愛美式足球。而且我們也很難忽略它的戰術具有的魅力、或是它帶來的那些美麗的瞬間。或許它最後會以比較像是奪旗式美式足球（flag football）的形式存在（有數以千計的小學和中學已經替換成這種美式足球了）。但是即使到那時，還是需要解決腐敗的問題。我的預測是只有改成小聯盟才能徹底達成這件事。

而詹姆斯・溫斯頓的下一步又是什麼呢？坦帕灣海盜隊在二〇二〇年三月二十日簽下四十二

---

78 NCAA在較早期發表過理論性的討論：Deborah Wilson et al., *Addressing Sexual Assault and Interpersonal Violence: Athletics' Role in Support of Healthy and Safe Campuses* (NCAA, September 2014), https://www.ncaa.org/sites/default/files/Sexual-Violence-Prevention.pdf。最近它則訂出了一套施行規則：*Sexual Violence Prevention: An Athletics Tool Kit for a Healthy and Safe Culture*, 2nd ed. (NCAA and Sports Science Institute, August 2019), https://ncaaorg.s3.amazonaws.com/ssi/violence/SSI_SexualViolencePreventionToolkit.pdf。

79 Liptak, Adam, "Supreme Court to Rule on N.C.A.A. Limits on Paying College Athletes," *New York Times*, December 16, 2020, https://www.nytimes.com/2020/12/16/us/supreme-court-ncaa-athletes-pay.html.

80 Tony Manfred, "LeBron James Explains Why He Won't Let His Kids Play Football," *Business Insider*, November 13, 2014, https://www.businessinsider.com/lebron-james-explains-kids-football-2014-11.

歲的自由球員湯姆・布雷迪，取代二十六歲的溫斯頓成為海盜隊的首發四分衛。溫斯頓在三月二十一日和球隊道別，溫斯頓在那時寫到：「我以海盜隊一員的身分度過了五個最棒的賽季。帶著滿滿的愛與尊重。我期待與你們大家在二月再會。」[81]這就是溫斯頓——他帶著過度的自信，自豪的宣稱自己還將參加來年的超級盃（Super Bowl）（超級盃是唯一一個在二月份舉行的NFL比賽）。隨著日子一天一天過去，都沒有看到球隊拿出首發四分衛的報價，而且其他球隊也各自做出了不同的選擇，溫斯頓卻還懸在半空中，他顯然越來越沮喪，他發佈了一段自己推動一台SUV（運動型多用途車）的影片，展示他驚人的力氣——那是一台二〇二〇年的福特（Ford）Expedition車款，重量達將近三噸——他把那輛車從完全停止的狀態往上坡推了大約三十秒。然後人還能像沒事一樣的慢跑。[82]

直到四月初，溫斯頓的去處還懸而未決。海盜隊教練布魯斯・阿里安斯聲稱他有驅策其他球隊對溫斯頓報價，但是他真正要表達的卻令人存疑，他似乎是在說溫斯頓很努力，但是也暗示他在該季的最後兩場比賽中有「退步」。（這種居高臨下的論點讓我有點同情溫斯頓，因為他的幾名接球員受傷了，他們在那兩場比賽中都沒有出賽。）有些球隊規避對溫斯頓作出決定，他們的說法是溫斯頓在過去有名聲問題，所以他們必須和他「坐下來談」，但是在COVID-19肆虐期間，這件事顯然辦不到。（他們不能和我們其他人一樣用Zoom嗎？）我一直用溫斯頓的例子來說明大學系統的腐敗，不過在這種種狀況中，最引人注目的地方是他這個例子現在似乎還可以用來說明其他事情：在講到四分衛的位置時，我們可以看到ＮＦＬ長期以來都存在著種族主義。[83]我們必須一再強調黑人運動員基於種族而受到的詆毀，一直以來都與大學系統中不當的激勵方式脫不了關係，正是大學系統助長了那類病態的男子氣概楷模，然後由白人主導的美式足球界又轉過身來大肆嘲笑這些楷模。

選秀過後，溫斯頓（他剛與交往多年的未婚妻結婚）在四月底與紐奧良聖徒隊（New Orleans Saints）簽了為期一年的契約，成為傳奇人物德魯·布里斯（Drew Brees）的兩名後備四分衛之

81 Rick Stroud, "Jameis Winston Says Goodbye to the Bucs," *Tampa Bay Times*, March 21, 2020, https://www.tampabay.com/sports/bucs/2020/03/21/jameis-winston-says-goodbye-to-the-bucs.

82 Samantha Previte, "Jameis Winston Pushes SUV Uphill in NFL Free-Agency Desperation," March 23, 2020, https://nypost.com/2020/03/23/jameis-winston-pushes-suv-uphill-in-nfl-free-agency-desperation.

83 在這段期間內，還有另外一名沒有簽約的明星球員，他是凱姆·牛頓（Cam Newton），也是黑人。牛頓在六月二十八日由愛國者隊（Patriots）簽下。在今天的ＮＦＬ，最成功的兩名黑人四分衛分別是西雅圖的羅素·威爾遜和堪薩斯城（Kansas City）的派屈克·馬霍姆斯（Patrick Mahomes），他們都是出身於相對富裕的中產階級背景，而且皮膚較白。馬霍姆斯有個白人母親。至於威爾遜，維基百科（Wikipedia）對他的介紹中說計算結果顯示他的ＤＮＡ有百分之三十六屬於歐洲人（Wikipedia, s.v., "Russell Wilson"，瀏覽日期為二〇二〇年三月，https://en .wikipedia .org/wiki/Russell_Wilson），這件事被特別提出來顯得饒富意義。這兩位球星都避開了困擾許多人的刻板印象，但是這倒不能歸功於ＮＦＬ。

一。他作出審慎的發言，表示自己很榮幸能有這個機會向球壇的大師學習。[84]反而是布里斯現在讓人看到他對種族的不平等一無所知，他為自己一席不敏感的言論道歉了三次，[85]我們可以期待溫斯頓一方面是那位大師的學生，同時也可以成為他的老師。就我而言，我希望他能過得好。

本章已經超出性侵害的範圍，這裡的討論在解析一個當真很龐大的腐敗事業，傲慢和貪婪使得它變本加厲，長期以來腐蝕了學院、社會和性方面的生活。但是，如同我從一開始所說的：性虐待是一種權力的濫用，其實無法將兩者截然二分。要讓它畫下句點，最終還是要靠著讓腐敗的權力結構得以解消——這除了要積極的執行法律和規定之外，還要以新結構取代舊的結構。過去的改革失敗了。不過還是存在著有助於未來的良好模範。我們迫切的需要做出一些不同的事。

---

84 John DeShazler, “Jameis Winston Finds Fit, Looking to ‘Serve’ with New Orleans Saints,” New Orleans Saints, April 29, 2020, https://www.neworleanssaints.com/news/jameis-winston-finds-fit-looking-to-serve-with-new-orleans-saints.

85 Andrew Beaton, “Drew Brees Apologizes after Backlash to Anthem Remarks,” *Wall Street Journal*, June 4, 2020, https://www.wsj.com/articles/drew-brees-apologizes-after-backlash-to-anthem-remarks-11591281201; Nancy Armour, “As Protests Rage over Racial Inequality, Drew Brees’ Tone-Deaf Comments Show Saints QB Is Willfully Ignorant” (Opinion), *USA Today*, June 3, 2020, https://www.usatoday.com/story/sports/columnist/nancy-armour/2020/06/03/drew-brees-saints-willfully-ignorant-flag-national-anthem-george-floyd/3137613001.

結論 前進的道路

問責不帶惡意，寬容而非投降

一種「獨特而強勢的興趣」

在我第一次寫下這句話的時候，哈維·溫斯坦因強姦而被判有罪。沒有審判是完美的，這一宗當然也不例外，但是，即使他只是具有支配力的男性之一，對他的審判也只是認真看待女性聲音的例子之一，不過，這依然標誌了即將來臨的未來，標誌了平等尊重和關懷的文化——如果我們繼續嘗試，勢必將創造出這種文化。由七名男性和五名女性組成的陪審團，根據原告的單方說法（沒有其他物證或證詞），就認定足以排除合理的懷疑，最後作出了有罪判決。陪審團顯然也足夠細緻、留意、不帶有意識形態：他們認為在其他指控中，證據不足以判決有罪。所以，他們的裁定並非表示男性就是四面受敵的物種，它讓我們看到極端傲慢的男性漸漸開始為無禮和自大的人生付出代價。

這本書討論的是關於性方面的物化和性虐待。但是從更廣泛的意義來看，這本書的主題也是傲慢之惡——這樣的人習慣於傾向覺得自己凌駕在其他人之上、不當真把其他人當一回事、否認其他人有完整的自主權，也不會真正傾聽他們的聲音。我曾經提過權力的濫用有許多種形式。男人對女人（有時候是對其他男人和男孩）在性方面的支配，是傲慢的支配中一種特殊的形式，它與種族的傲慢支配不太相同，也相異於傲慢在我們這個充滿罪惡的世界中呈現出的其他多種形式。本書的目的不是要比較所有種種的支配形式，並追溯它們的差異，本書想要擇定一個國家，專注於它在近期歷史中的其中一種形式，並探究已經對於它做了什麼，而又還需要做什麼事。

雖然種族的支配是一種極致的邪惡，也是另一個主題了——和我在這裡的主題也有連結，因為黑人女性經常被特別選作性支配和虐待的對象——不過我們也可以用亞伯拉罕・林肯對奴隸制的說法，來形容男性在性方面對女性的物化和虐待：這是一種「獨特而強勢的興趣」之下的產物，經過幾個世紀的孕育，已經唯有極堅定和長時間的努力才可能根除。

大部分的努力必須仰賴家庭和學校，要鼓勵年輕男性和女性愛護他們自己的自主權和完整性、珍視各自和每個人的平等，並且站出來反對虐待；要鼓勵年輕男性尊重女性、把她們看作是與自己平等的個體；要了解男性絕對無權與另一個人（無論女或男）發生性行為——除非獲得對方明確的同意。但是同儕之間存在強大的壓力，所以，即使家庭想要傳遞不具備性別歧視的價值觀，也未必總有優勢。我們也必須盡我們所能的，嘗試在更大的文化中反映出平等尊重和不帶傲慢的價值觀。但是這很難。我希望我對物化和傲慢所做的診斷，能夠幫助人們思考為什麼改變是如此困難、要如何才能夠更進一步。

這裡就是需要法律的地方了。如果法律適當的反映出平等尊重、不可物化的價值觀，而且良法確實獲得執行，心存好意的人就不需要窮盡個人之力做抗爭了。法律為我們所有個人的努力提供了堡壘。這當然是一個不完美、有時候還有漏洞的堡壘，但是只要承認職場性騷擾不只是個人的事、不只是一種不幸，它還是違法的，單只是承認這件事，就可以帶來令人驚奇的差異。這也就是為什麼本書同時關注了性格的特徵和法律。兩者是居於共生的關係（不論好壞）。在一段很長的時間中，它大致是往壞的方面發展：不適當的法律助長了男性特權，讓女性不夠重視自己的聲音、或是站出來主張自己的平等。而現在，法律的問題慢慢少了，變得比較像是一部分的解決方案。我們要對造成這個進步的所有人，包括律師、原告、法官、政治人物等致上感謝之意。

「對正確之事保持堅定」

我的法律系學生在進入法學院時，通常會希望自己能帶來社會的改變和一個更好的世界。接著，他們會發現法律不一定能讓世界變得更好，有時候甚至會阻礙進步。但是在女性平等的領域，正如同我在「女性主義哲學」課堂上對好幾代法律系學生所說的：我能夠說美國女性正是透過法律和律師業，才達到相當令人欣喜的進步——這是因為她們自己、還有她們的委託人的精力和投入，即使有時候得面對重重險阻。我喜歡讓法律系一年級的學生看《控訴》，這是為了提醒他們強姦法在一九八〇年代是長什麼樣子，是那些不知名的律師和勞動階級原告做的一些事，才讓世界對所有女性變得比較友善。能夠取得這樣的進步，是因為過去能夠——現在也要——「對正確之事保持堅定」。這在每一個案件中都必須加以重複，在每一州也都要如此。所以直到現在，我們才能夠前進到某處，而不是原地踏步。

正如同迪亞娜．伍德法官提醒我們的那樣（見第五章），性騷擾法要靠法官適用，但他們不會總是作出正確的決定，他們也不完全了解女性面臨的騷擾有多麼嚴重。儘管如此，我還是認為總體趨勢顯然是朝向好的方向。單只是迪亞娜．伍德成為第七巡迴上訴法院的首席法官這件事——這樣她就可以在法院的審議中帶進她豐富的法律知識、她的工作倫理、還有她對於性別偏見與歧視的內在理解（就像是露絲．貝德．金斯伯格法官在美國最高法院所做的事，只是她更為著名）——這項任命本身就是那些女性在進入法學院時還無法想像的變化。今天的法學院學生不論男女，不只可以成為訴訟中的辯護人，還可以立志成為法官，我們也要期待（這還稱不上既成事實）從長遠來看，聯邦和州法院都會比較願意傾聽性虐待受害者的聲音。國會中的女性在近期有大幅增加，這也讓我們期待女性的聲音可以在立法層級愈來愈被聽到。

但是，「獨特而強勢的興趣」也還未消失。邪惡仍然足夠頑強，人們通常卻都過於軟弱。

林肯說要「對正確之事保持堅定」，他說這句話的時候，大概還很難想像爭取種族公平要花多久的時間，又有多麼艱難——可恥的是，這直到今天也還沒有結束，它的結局既悲劇又可怕。重建的路上充滿令人欽佩的努力和希望，甚至也有法律。但是它引發的反彈實在是太過劇烈，白人特權又再次建立，還穩固的維持了一百年，因此，小馬丁．路德．金恩在他的偉大「夢想」演講中，一開頭就說「一百年前，……」，就是暗指《解放奴隸宣言》（*Emancipation Proclamation*）已經作成一百週年了（它是作於「黑人對於法感到不滿的炙熱夏天」）。今天的我們依然面對著頑強的種族主義和結構的不平等，所以也只能夠認為這些傑出的努力仍未完整。金恩說過一句著名的話：「道德宇宙的弧線很長，但是它彎向正義。」他知道進步會很緩慢，但是仍然值得期待——我也是——歷史的整體動向仍將朝向種族的正義。

我們很難相信在女性平權的領域，同樣追求正義的運動卻無法同樣取得成功。女性確實面臨反對聲浪，但是我不認為她們會被打敗。我看到女性已經在美國生活中的許多部分取得有權力的位置。在世界各個國家的高等教育中，女性的成就也已經超越男性，這似乎預示女性取得權力和完全的平等已經是不可逆的趨勢。不過我們也不能夠隨隨便便就這麼樂觀：一八六五年時，我們也絕對想不到會有三K黨（Ku Klux Klan）的禍害和吉姆．克勞（Jim Crow）法時代那看似永無止盡的不幸。種族主義和性別歧視看起來都絲毫不合理，所以有理性和道德的人一定很難相信它是如此深入——到了通常也深入自己內心的程度。這就是但丁的《煉獄》特別深刻的地方：但丁是這首詩的主人公，他展開了自以為是在超然觀察邪惡的旅程，但是卻幾乎在所到之處都發現自己的影子。

我們知道女性的未來可能很艱難。對支配的需求是人類生活中一個深層的需求，也許我們所有人都有某程度的這類需求。而且因為這麼久以來，習俗、法律和文化都使男性的傲慢之惡益發茁壯，因此，爭取平等的尊重勢必需要與長久以來的支配結構互相競爭——然而要推翻它是很難的。其中包括不平等的家事和照顧工作的分工，絕大部分男性在生活中辛苦工作時，都需要一名不出頭的內助為他提供不對等的支援，並需要維持他們在性方面能力很強、具有支配地位的形象，就算是實際上不存在親密關係或是共鳴——其實對某些人來說，尤其是在不存在的時候才更需要。

我認為哈維．溫斯坦令人作嘔，但是也同樣令人可憐，我甚至無法想像他的內心世界，或是他由這些（在某些方面顯得）荒唐可笑的剝削行為中，到底可以獲得什麼，所以我們很容易認為大概沒有幾個人會像他一樣，這些也不會複製到下一代。我們當然都應該努力培養孩子，讓他們能夠實現平等尊重和互惠的理想，如果我們夠幸運成為人師，也要在工作中培育、並親身展示這些理想。但是我們不能夠只是假設這個理想一定會在下一代實現。

抱最好的期待，做最壞的打算，我們必須更加倚賴法律，若非世界上存在許多邪惡之事，其實我們也不需要制度了。我已經建議了許多應該採取的具體方向，要讓性侵害和性騷擾領域的法律更能夠滿足需要。至於那些抗拒法律的領域——我稱之為「傲慢的堡壘」——我們必須尋求其他類型的結構改變，例如修改對僱員監督的結構（第六章）、讓工會有更大的權力糾舉藝術界的性騷擾與虐待（第七章），並廢除一級聯賽的大學美式足球和籃球，轉而支持小聯盟系統，由法律和集體談判進行監督（第八章）。

「不對任何人心懷惡意」

新近取得（部分）權力的女性很容易轉向報復，並且用報復式的憤怒看待我們在奮鬥中的盟友。我們也的確看到某些人因為報復而洋洋得意：例如「指控」文化必不可少的嚴厲譴責，在社群媒體和網路上頻繁出現的某種天啟式語調，還有——或許是最危險的——渴望透過公開羞辱，而不是法律或社會的正當程序懲罰那些有權有勢、但是傳出不正行為的男性。由於女性的強烈聲音極少在公共領域被聽到，所以我們很容易有兩種其實是錯誤的想法：首先是報復式的憤怒是女性主義奮鬥中必需的工具；再者，只要女性講話人聲、要求公平待遇，那她就是在表達報復式的憤怒、在試圖為支配的男性帶來痛苦。

有時候，對於公平的強烈要求和主要想加諸痛苦的報復式憤怒，的確很難區分開來。正義的確經常帶來痛苦。舉例來說，麥克．彭博（Michael Bloomberg）在二〇二〇年二月出席第一次民主黨辯論時，伊莉莎白・華倫（Elizabeth Warren）當面批評他對女性的言論，並對他提出挑戰，要他放過那些控告他公司的女性（她們控告他的公司是為了擺脫她們簽署的保密協議）。在我看來，華倫顯得很強硬，但是並沒有生氣，她只是很堅定的、用律師的方式極力促成她的案件。但是後來，媒體的報導卻說她很生氣，人們通常也都同意她很生氣的說法。我認為華倫替她的要求給出了理由，而她的要求是奠基於不要再有歧視的前瞻性原則，這將替職場中的每一個人創造一個更好的世界。指控她在生氣——即使這句話是出自所謂的友方——通常是因為只把女性的要求看作是小孩子的無理取鬧，而不是試圖在改善未來，所以讓人覺得她們沒有理由。

許多女性主義者相信對女性主義的奮鬥而言，報復式的憤怒是有力的幫助，雖然她們也（像麗莎・泰斯曼一樣）相信那會讓人格扭曲。但是我不認為這有什麼悲劇性的緊張關係，因為只要是報復類型的憤怒，目的就是在回溯式的施加痛苦，對女性主義的奮鬥沒有絲毫幫助。我贊成金恩所說的：那種憤怒是「混亂的」，而沒有「根本的」目的。它源自於盲目的反擊衝動，絲毫不關心什麼才有助於（像是金恩所說的）「建立一個〔女性〕和〔男性〕可以共同生活的世界」。

譴責不好的政策、反對提出這些政策來爭取高位的人，是創建美好未來的一部分。但是事件（例如總統選舉）都存在個人因素，當然也會讓合理又符合原則的譴責很難脫離只是想打敗對手取得勝利的慾望。我們都需要仔細思考其中的區別，要確保我們發出的憤怒總是指向未來——我稱之為「轉化的憤怒」——這種憤怒說的是：「那真是太可惡而且糟糕了：絕對不能夠再讓它再度發生。」有原則的表達憤怒卻被聽成報復式的憤怒，這件事讓我感到悲傷，而更悲傷的是人們還崇尚並喜歡這樣歸罪式的情緒。

至於用羞辱方式給予的公開懲罰：社群媒體等於把我們帶回了女巫審判和遊街示眾的作法，那種文化可能會為人們帶來社會學家厄文・高夫曼（Erving Goffman）所稱的「受損的身分」（spoiled identity）——不曾經過任何正當程序，也沒有再重新融入的可能性。我一直批評在刑法中使用公開羞辱的方式——例如犯了某種罪的人要在他們的汽車、人身或財產上佩掛標牌或公告板。[1]批評這種懲罰的人提出五項強有力的論據：(1)這類懲罰侵犯了人性尊嚴，把整個人說成是有缺陷的，而不只是單一行為；(2)這背離了法治的理想，由暴民來執行處罰；(3)綜觀歷史，它們常被證明是不可靠的，當真做了壞事的人被轉化成只是不得人心的人；(4)它們經常會增加社會的暴力，因為它們帶來絕望，煽起絕望後的報復；(5)它們懲罰了許多不違法的事，促成「控制網的擴大」，增加了社會的社會控制。[2]

在我看來，這些論點都有其長處。不過最近由犯罪學者提出的羞辱性懲罰版本，則至少有以

---

1 可參見Martha C. Nussbaum, *Hiding from Humanity: Disgust, Shame, and the Law* (Princeton, NJ: Princeton University Press, 2004)。

2 我在《躲避人性》（*Hiding from Humanity*）一書的第五章中，對這五點有相當篇幅的探討，我的目標是要反對丹・卡漢（Dan Kahan）的論點，卡漢是法學界中。以羞辱的方式施加懲罰的主要擁護者。

下緩解因素：該人必須先被起訴、審理，並且被判有罪。羞辱只會被加到處罰階段。即使是這樣，這類處罰還是會遭到我說的五項反對。但是在網路文化中——那裡也像是用了許多地方和時代會用的刑枷、頸手枷和懲罰性的黥面和烙印——都沒有先經過審判，而暴民就是地區檢察官、法官、陪審團和執行懲罰的人。暴民的憤怒和報復式的羞辱取得新的優勢，這對創立一個有禮和相互尊重的世界是一大威脅。我們很難過的看到有些女性主義者——她們本應能夠看到這些策略的醜惡之處（它們與歷史上那些責怪女巫和其他形式的厭女都有連結）——到了現今，反而有時候似乎會對公開羞辱（不論是羞辱男性或是羞辱不同意見的女性主義者）表達讚譽。

「對所有人心懷『慈愛』」

林肯對於「惡意」的譴責，顯然是在指責並非以「公正和持久的和平」為目標的報復主義。但是他所謂的「慈愛」又是什麼呢？在林肯的聖經語言中，「慈愛」是翻譯自拉丁文的「*caritas*」和希臘文的「*agapê*」，這是聖保羅（St. Paul）在哥林多前書十三章（1 Corinthians 13）中讚許的偉大美德。現在被翻譯為「愛」。但是每當金恩被問及他所指的「愛」是什麼，他經常說這種愛不是性愛或浪漫的愛。它甚至不要求你喜歡那個人，所以它也不是友愛。「*agapê*」是具有包容性和普遍性的，它是由每個人的價值核心或善所指揮的。它與尊重人性的尊嚴密切相關，但是更顯溫暖：它延伸到兄弟姐妹的情誼之中。

與傲慢之惡相反的美德並不是謙卑——休謨認為謙卑是把自己看得比別人更低。這種美德與尊重密切相關，而且願意傾聽其他人的聲音，而不是以極高的優越感拒絕這些聲音。這種美德的最好說明是能夠包含金恩那種包容性的愛。它意謂著在所有人身上看到尊嚴與價值的核心，進一步的，還有看到改變與成長的潛力（即使這已經因為該人的行動歷史而變得模糊與枯萎）。因此，它對行為和背後的人之間作出牢固的區分。行為可以徹底譴責，但是該人則會一直保持潛力和行動。這也就是為什麼但丁的地獄如此令人恐懼：那些人被剝奪了潛在性，所以也失去了希望。活人被送進地獄本身就是一種很致命的物化形式，他們被奪去了自主權、主體性和可能性。

在這個時代，譴責具有其正當性，警惕也無法鬆懈，我認為女性主義者也應該、而且首要之務是成為有愛的人。既然女性要求她們的聲音被聽見，我們也必須下定決心在所有分歧中傾聽對方，傾聽男性的聲音——不論他們是否同意我們，不論他們是否表現良好——這樣才能夠創造一個對話的文化，同時也是一個有移情想像力的文化。我們要在尊重人類潛力的風氣中，盡力的傾聽與聽到。而且由於潛力有時候是看不到的，所以我們也必須是在實際上信賴、願意付出信任的人——雖然那樣的信任在某種程度上並沒有被證實，也無法合理的加以說明。就算人們的希望得不到理由的支持——其實希望從來就沒辦法完全用理由加以支持——女性主義者也應該懷抱希望：希望長期以來一直建立在支配下的男女關係可以迎來林肯所謂的「自由新生」，讓相互性和對自主權的尊重逐漸取代傲慢。

只有那種新的自由和那種愛，才能夠真正創造公平和持續的和平。

謝辭

我在芝加哥大學的法學院和哲學系固定開設「女性主義哲學」課程，已經許多年了，所以我首先要謝謝我歷屆的學生們，無論男女——包括法律系學生和研究生——他／她們極富想法並為我帶來挑戰的問題，總是能夠形塑我的想法。我的同事創造了理想的工作環境，他／她們也總是可以提供支援，又隨時抱持懷疑，不吝提供自己的時間和論點，但是也不會輕易妥協，而且不怕挑戰困難的問題。我在芝加哥大學的早期歲月中，有卓越的刑法理論家斯蒂芬・舒荷佛帶來彌足珍貴的洞見。我旁聽過他的「刑法」課，後來還與他合開了一門叫作「性自主與法律」的研究所課程。凱瑟琳・麥金儂是芝加哥大學的固定客座教授，但是她婉拒接受我們提供給她的永久教職。她——身為老師和同事——總是能夠為大家帶來啟發，也有著令人驚奇的樂觀態度，她總是思考如何讓事情變得更好、把女性和男性聚在一起，她也總是能讓她的學生（不論男女）用新的方式看待世界。即使我們經常存有分歧，但是我認為她能夠提供極佳的理解。同時還有兩位法官

——也是系上的同事——形塑了我的想法，並教導我許多法律執行面的事：他們是理察・波斯納法官（他現在已經從第七巡迴上訴法院退休）和迪亞娜・伍德法官（她直到很近期都還是同樣第七巡迴上訴法院的首席法官）。看著他們將法律具體化，並指出其中的缺陷，會替我有時候過於抽象的哲學思路帶來現實感。索爾・萊夫摩爾是一位最棒的合作者和朋友，我們兩人一起合辦了一場研討會（會議的主題是網際網路如何用於厭女的目的），後來編成了《發動攻勢的網際網路》（*The Offensive Internet*）一書（Cambridge: Harvard University Press, 2010）。我要對這些向他致上感謝之意，也要謝謝他對該書大部分章節作出的合宜評論。

寫作本書的計畫是始自我受邀至倫敦國王學院（King's College London）迪克森潘法學院（Dickson Poon School of Law）的楊忠禮政治、哲學暨法律中心（Yeoh Tiong Lay Centre for Politics, Philosophy, & Law）開幕式演講時，對方特別要求以女性主義為主題，以彰顯這個新開設的中心以女性平等為主要的關懷焦點之一。我極為感謝約翰・塔修斯（John Tasioulas）對我提出邀請，並安排了一個很棒的女性主義思想家小組，共同討論我的演講（那是本書第四章的初始版本）；他們的優秀評論和我試圖作出的回答都還放在網路上。約翰說他記得在該場合中，「政治宿敵都為了妳的書而齊聚一堂」，這並非表示我們都同意彼此，而是我們都依照但丁所謂謙卑的精神傾聽彼此。我希望該經驗可以在未來繼續重複許多次。那篇論文的編輯工作在事後由我的一名研究助理——艾米麗・杜普瑞（Emily Dupree）——巧妙完成，並發表在我親愛的朋友

——喬許・寇恩（Josh Cohen）——的紀念論文集中——那是由黛博拉・薩茲（Debra Satz）和安娜貝爾・雷維爾（Annabelle Lever）所編輯的《那些重要的信念：民主、正義、權利》（*Ideas That Matter: Democracy, Justice, Rights*）一書（New York: Oxford University Press, 2019）。喬許也是第三章的重要推手：他和德布・查斯曼（Deb Chasman）——兩位都是《波士頓評論》（*Boston Review*）的編輯——將我的該章草稿（經編輯後）發表在一個以憤怒為主題的論文特輯中，同時出版了小冊子，和刊登在《波士頓評論》的線上版本中。他們的編輯甚有幫助，我自己在修訂原稿時，也採用了他們大部分的校訂。

第二章是我在聖母大學哲學系的菲利普・奎因紀念講座（Philip Quinn Memorial Lecture）所作的演講。菲利普過去是我在布朗（Brown）大學的同事，而且一直是我敬重的朋友，他選擇去天主教機構，並且一直嘗試為那裡帶去大家所期待的、最好的東西。為了彰顯這個場合的高貴之處，我也選擇對但丁描述的煉獄——我認為是天主教哲學傳統中最豐富、也最卓越的面向——展開反思。我要感謝保羅・魏斯曼（Paul Weithman）對我的邀請，並有勞他安排其他人朗讀我的講稿，因為所選的日期剛好是我女兒去世的前一週。

我要特別感謝NBA總裁蕭華對（以運動為主題的）第八章所提供的協助——蕭華也是我們法學院的校友——他為我提供了許多背景知識，也與我分享他自己的想法和計畫；並且要感謝NCAA的管理者——邁爾斯・布蘭德——的遺孀佩格・布蘭德・韋瑟，她提供了大量未出版的布蘭德演講文稿給我；並感謝聖母大學政治學教授艾琳・亨特・波特（Eileen Hunt Botting），有關於聖母大學的體育和學術方面的背景資料，都是她提供給我的；也感謝索爾・萊夫摩爾和艾倫・納思邦（Alan Nussbaum）對我的草稿所作的評論；還有所有法學院同仁於二〇二〇年四月在進行專題討論會時，給了我極具挑戰性和幫助的評論——當時的狀況是所有實體的運動比賽都被暫停了。

哈佛大學哲學系的吉娜・舒頓（Gina Schouten）為第六章和第七章寫了一些很棒的評論，她原本要在預定於二〇二〇年三月十八日在布朗大學舉辦的研討會中發表。由於COVID-19的疫情蔓延，該次研討會一直無法舉行，但是我依然取得了她的評論，也對她感到無上感激。

在二〇一九年夏天和二〇一九年到二〇二〇年之間，我有幸擁有兩名優秀的研究助理——他們是莎拉・霍夫（Sarah Hough）和賈里德・梅爾（Jared Mayer）——本書第二部分和第三部分所討論的各種議題，都有賴於他們對相關文獻的研究。若是沒有他們的協助，我勢必無法完成這本書。

從頭至尾，我都對我的經紀人賽黛・克萊默（Sydelle Kramer）有難以言喻的感謝，還有我在諾頓（Norton）的最強編輯艾蓮・梅森（Alane Mason），感謝她的鼓勵、一流的編輯功力，以及對我很有幫助（通常也很嚴格）的評論。

我的女兒瑞秋（Rachel）在二〇一九年十二月三日過世，她在一場成功的移植手術之後，又死於抗藥性感染。在我寫作本書第二部分和第三部分的大部分時間中，她都在醫院中度過，在她生命的最後幾個星期，其實我也在寫作第六章的草稿（關於聯邦法官的部分）。瑞秋是一名律師，她對動物權懷抱極大的熱忱。讀者可以在下列網址中讀到她的生平：https://hd-ca.org/news/in-memoriam-rachel-nussbaum-wichert。我在本書之後的下一本書（已經在進行中了）打算繼續她的承諾和想法。但是這本書也與她有關，因為她也致力於捍衛所有生命的尊嚴和權利——尤其是那些最弱勢的人。她也對權力的濫用和自戀式的自我誇耀十分敏感。每當我坐在她的病房裡，寫到有關於司法體系和亞歷克斯・科金斯基的行為時，只要想到他正是瑞秋那型人的反面人物，也是她極力對抗的類型，我就會有動力繼續寫下去。科金斯基那惡劣的行為——以一種奇怪的方式（但是不能說歸功於他，或者其實還完全相反）——幫我忍受了白髮人送黑髮人的悲劇，並幫我找到一個方法哀悼瑞秋。在與這個仍然由傲慢和權力濫用取得勝利的世界對抗時，她的溫柔、高貴和不容懷疑的正直，對我們所有人來說都是一盞指引的明燈。因此，我要將這本書獻給她，作為對她的紀念。

國家圖書館出版品預行編目資料

傲慢的堡壘：重探性侵害的問題根源、問責制的未竟之業，以及追求性別正義的道路該如何前進？／瑪莎．納思邦（Martha C. Nussbaum）著；堯嘉寧譯. -- 初版. -- 臺北市：麥田出版：英屬蓋曼群島商家庭傳媒股份有限公司城邦分公司發行, 2022.10
面；　公分. -- (Courant ; 11)
譯自：Citadels of pride : sexual assault, accountability and reconciliation
ISBN 978-626-310-320-7（平裝）
1. CST: 性別歧視　2. CST: 性別差異　3. CST: 權力
544.52　111014722

Courant 11

傲慢的堡壘

重探性侵害的問題根源、問責制的未竟之業，以及追求性別正義的道路該如何前進？

CITADELS OF PRIDE: Sexual Assault, Accountability, and Reconciliation

作　　者／瑪莎．納思邦（Martha C. Nussbaum）
譯　　者／堯嘉寧
責任編輯／許月苓
主　　編／林怡君

國際版權／吳玲緯
行　　銷／闕志勳　吳宇軒　陳欣岑
業　　務／李再星　陳紫晴　陳美燕　葉晉源
編輯總監／劉麗真
總 經 理／陳逸瑛
發 行 人／凃玉雲
出　　版／麥田出版
10483臺北市民生東路二段141號5樓
電話：(886)2-2500-7696　傳真：(886)2-2500-1967
發　　行／英屬蓋曼群島商家庭傳媒股份有限公司城邦分公司
10483臺北市民生東路二段141號11樓
客服服務專線：(886) 2-2500-7718、2500-7719
24小時傳真服務：(886) 2-2500-1990、2500-1991
服務時間：週一至週五09:30-12:00．13:30-17:00
郵撥帳號：19863813　戶名：書虫股份有限公司
讀者服務信箱E-mail：service@readingclub.com.tw
麥田網址／https://www.facebook.com/RyeField.Cite/
香港發行所／城邦（香港）出版集團有限公司
香港灣仔駱克道193號東超商業中心1/F
電話：(852)2508-6231　傳真：(852)2578-9337
馬新發行所／城邦（馬新）出版集團 Cite (M) Sdn Bhd
41, Jalan Radin Anum, Bandar Baru Sri Petaling, 57000 Kuala Lumpur, Malaysia.
Tel: (603) 90563833　Fax: (603) 90576622　Email: services@cite.my

封面設計／廖勁智
印　　刷／前進彩藝有限公司

■2022年10月　初版一刷

定價：499元
ISBN／978-626-310-320-7
其他版本／978-626-310-322-1（EPUB）